励耘好校长

郎晓建题

做新时代
办学治校的"探索者"

燕山励耘好校长培训项目论文集

北京师范大学教育培训中心　编著

ZHEJIANG UNIVERSITY PRESS
浙江大学出版社
·杭州·

图书在版编目（CIP）数据

做新时代办学治校的"探索者"：燕山励耘好校长培训项目论文集 / 北京师范大学教育培训中心编著. -- 杭州 ：浙江大学出版社，2023.1

ISBN 978-7-308-23348-4

Ⅰ．①做… Ⅱ．①北… Ⅲ．①校长－学校管理－北京－文集 Ⅳ．①G471.2-53

中国版本图书馆CIP数据核字(2022)第232955号

做新时代办学治校的"探索者"：燕山励耘好校长培训项目论文集
北京师范大学教育培训中心　编著

策划编辑	张　婷	
责任编辑	顾　翔	
责任校对	张一弛	
封面设计	周　灵	
出版发行	浙江大学出版社	
	（杭州市天目山路148号　　邮政编码　310007）	
	（网址：http://www.zjupress.com）	
排　　版	杭州林智广告有限公司	
印　　刷	杭州高腾印务有限公司	
开　　本	880mm×1230mm　1/32	
印　　张	10.75	
字　　数	250千	
版 印 次	2023年1月第1版　2023年1月第1次印刷	
书　　号	ISBN 978-7-308-23348-4	
定　　价	69.00元	

踔厉风发赋动能，笃行不怠绘宏图

——写在北京师范大学励耘好校长成都、北京（燕山地区）、嵊州三地

校长培养工程结业暨研究成果出版之际

习近平强调："教师是教育工作的中坚力量。有高质量的教师，才会有高质量的教育。"[1] 我国已经进入全面建设社会主义现代化国家、向第二个百年奋斗目标进军的新征程，对高素质、创新型人才的需求空前强烈。因此，基础教育事关国家发展，事关民族未来。基础教育在人才培养方面具有基础性、全局性、先导性的特点，只有基础教育办好了，才能建成高质量的教育体系。小学校长是学校的灵魂，一支高素质的校长队伍是实现基础教育高质量发展的必要条件。校长或有潜质的校长后备干部应该深刻领会与把握我国一系列关于高质量教育、教育现代化、教育强国等战略部署的内涵与实质。《关于进一步减轻义务教育阶段学生作业负担和校外培训负担的意见》《新时代基础教育强师计划》等新修订的义务教育课程方案和课

---

[1] 习近平在看望参加政协会议的医药卫生界教育界委员时强调：把保障人民健康放在优先发展的战略位置 着力构建优质均衡的基本公共教育服务体系[N].人民日报,2021-3-7.

程标准等政策文件先后出台，对提高学校育人质量，提高教师队伍素质，落实核心素养等方面提出了更高站位、更深内涵、更大力度的要求，同时也对学校发展规划、学校治理与变革以及校长专业能力提出了新要求。同时，以人工智能为代表的现代信息技术引发了教育领域的新变革，如何加强人工智能与教育教学的深度融合，与时俱进，顺势而上，利用人工智能技术提升学校教育质量，减轻教师教学负担，同样是对校长专业能力的重大考验。

总之，全面提升校长专业能力是新时代的要求，也是教育高质量发展的需要。在新时代建设高质量教育体系的背景下，如何让更多的好校长成就更多的好学校成为受到普遍关注的话题，而如何更好地让后备校长成长为合格、成熟校长，让合格、成熟校长成长为卓越校长、教育家型校长，成为中小学校长培训的重要内容。

励耘好校长是北京师范大学教育培训中心发起并培育全国中小学校长、校长后备干部队伍的品牌项目，秉承以提升校长专业能力、促进学校发展为中心任务，采用"双导师""双班主任"制的创新模式，着力培养和提升校长在规划学校发展、营造育人文化、领导课程教学、引领教师成长、优化内部管理和调试外部环境等方面的领导力，促进学员沿着"后备校长—合格校长—卓越校长—教育家型校长"的专业路径持续发展和成长，致力于为区域培养一批好校长，从而改变当地的教育生态，带动区域教育整体质量的提升。

自2010年山西晋中百名校长培养工程起，励耘好校长项目先后为广东省广州市番禺区（2012—2015年）25名校长、山西省长治市（2018—2020年）48名校长出版了研究论文集。2023年，对于励耘好校长项目来说是具有特殊意义的，浙江省嵊州市、北京市（燕山地区）、四川省成都市三个地区的学员同期出版了自己的论文集。3年来，108名来自这三个地区的后备校长、合格校长在理论导师与实践导师的共同指导下，在学术班主任与行政班主任的一路陪伴下，在学校文化与学校规划、学校德育、课程与教学、教师专业化发展、教育大数据等各方面进行了多维度、多层面、立体式、沉浸式学习，学习期间多次奔赴北京、重庆、武汉、嘉兴等地的知名学校参观访问，校长之间形成了跨地区的专业学习共同体，营造了合作学习的文化氛围。大家在做中学、在学中做，线上与线下结合，读书与实践结合，且学且思且行，不仅更新了教育观念，开阔了办学视野，增加了学识和才干，收获了成长和进步，更为重要的是，他们还以学校管理过程中遇到的难题和学校需要提升的关键点作为贯穿三年的研究题目，学会了用理论解决现实问题的方法，形成了自己阶段性的教育教学思想或管理思想，在这里，我们对他们久久为功形成思想结晶表示祝贺。

时代赋予使命，责任体现担当。我们非常期待参加过励耘好校长项目的每一位校长、校长后备干部，在未来的校长任职生涯中，能始终将为党育人、为国育才作为办学治学的初心使命；始终坚持以立德树人的目标为引领，深入推进育人方式变革；始终将追求高品质办学，走内涵发展道路作为学校新时代的发展方向；始终以敢为天下先的胆识和气魄主动宣传和贯彻最新教育政策，主动投身新时代教育事业建设，主动适应新技术变革，在推动教育高质量发展的历程中只争朝夕，踔厉风发，沿着这条正确的道路跑出加速度，再上新高度。

感谢顾明远、裴娣娜等诸位先生对励耘好校长项目的持续关心和支持！特别鸣谢顾明远先生为文集题词及对校长们给予殷殷嘱托！

励耘好校长项目组：张亚南　刘增利　李　罡　马熙玲　黄秀英
2022 年 11 月

目 录
CONTENTS

第三篇 | 学校德育

第四篇 | 教师专业成长

第五篇 | 园本文化建设与教师培养

第一篇

学校发展规划和文化建设

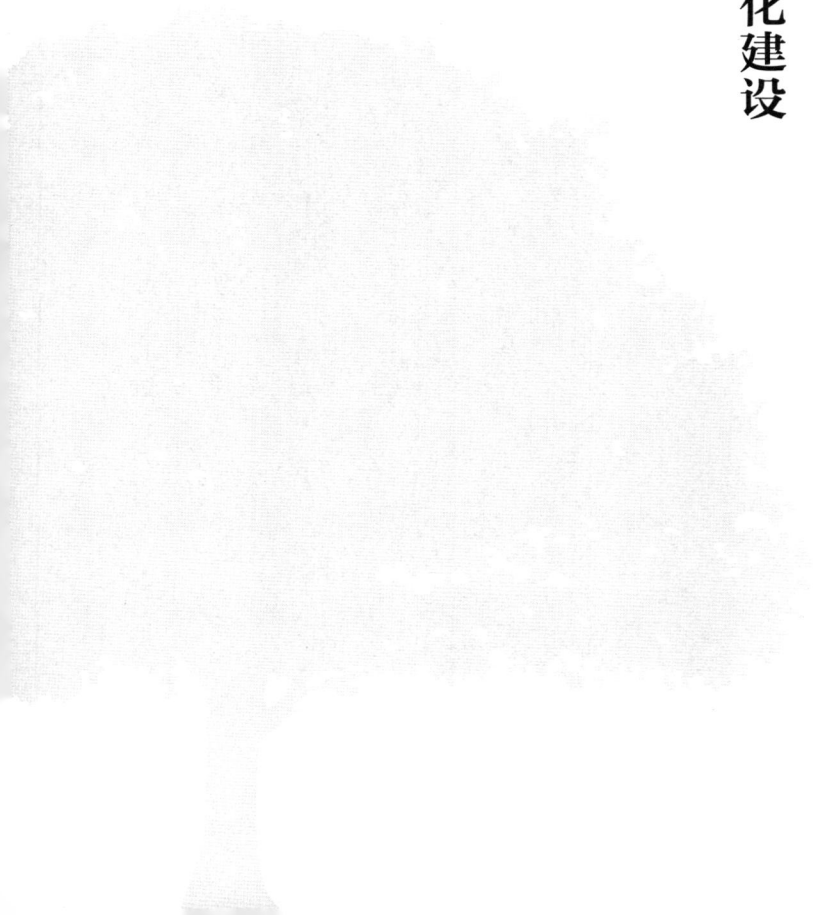

北京市燕山东风中学"五美教育"育人模式的行动研究

北京市燕山东风中学　李树新

一、绪论

（一）研究背景

为了提升学校的办学质量，培养全面发展的人才，我校提出了"五美教育"的教育理念，旨在利用一切美的因素来引导学生感受美、欣赏美、创造美，在一系列的德育、智育、体育、美育、劳育学习和实际活动中培养健康的人，培养学生美德、美智、美体、美行、美境的行为习惯与品质，为国家培育优秀的社会主义建设者和接班人。

（二）研究意义

1. 理论意义

整体育人是中学教育的德、智、体、美、劳各项内容的综合育人指向。对"五美教育"的教育理念的研究，有利于我们更好地理解中学生的发展规律，更好地理解中学的办学规律。这一研究，也有利于我们更加地深入地理解综合育人和促进人的全面发展的本质特征和实施途径。

2. 实践意义

随着改革开放的深入，人们越来越多地意识到美育在整个国民教育中的重要地位和作用。然而，关于美育的观念还存在着一些误区。例如：美育就是艺术教育，而艺术教育就是传授艺术知识和培训艺术技巧。这导致人们不能准确地定位美育，从而对美育做出狭隘化和功利化的理解。

本研究将有助于找到符合理想与现实的综合育人的途径与方法，更好地提升学校的办学品质，更好地促进学生的全面发展。

（三）文献综述

1. 国内外研究现状评述

目前教育界对教育美学的研究已经取得了一定的进展，出现了一些比较系统的理论方面的专著。如青年学者叶学良在 1989 年撰写了一部我国先期的教育美学专著《教育美学》；江西师范大学的何齐宗在其专著《教育美学》中对教育美学的中心问题"教育美"进行了一定程度的探讨；朱光潜先生的《谈美书简》给予我们美的启示，帮助我们逐步地认识美，理解美，掌握美的体系；等等。但是来自鲜活实践的行为研究，特别是从学校教育理念的角度出发所做的研究还比较欠缺。本课题试图紧密结合我校的特点，以美启智，以美导善，以美化情，创建独具特色的育人理念和模式。

2. 概念界定

我校提出的"五美教育"主要是：诚信向善德行美、书香浸润内涵美、活力奔放健康美、举止端庄行为美、整洁优雅环境美。用美的文化感染人，用美的艺术熏陶人，用美的形象塑造人，用美的活动引导人，用美的教育成就人。我校通过独具特色的校园文化建设，将美的理念贯穿在课程建设、教学方法、校园活动以及教师的言传身教等具体细节中，在育人的过程中将美的内涵与外延扩大。

（四）课题研究的目标

针对"尊重生命，以美育人"的办学理念进行研究，从美德、美智、美体、美行、美境五方面入手，力争通过德育管理、课程实施、环境建设等途径，对学生以美正德、以美启智、以美健体、以美导行、以美浸濡，从而研究构建中学育人的新模式。

我们通过研究，探索在学科教学中引导学生用审美的观点学习知识技能的途径和方法；探索在德育活动、体育运动、艺术活动、综合实践活动中引导学生用审美的意识看待事物、为人处世的途径和方法；探索用校园文化之美熏陶学生、培养学生优雅志趣的途径和方法。

（五）研究方法

1. 文献研究法

在课题研究的准备与启动阶段，通过该方法，掌握国内外校园德育、美育的研究动态，广泛学习古今中外著名教育专家的固有经验，分析我校德育、美育基础。

2. 问卷调查法

该方法包括调查、观察、测量、访谈等，主要了解当前学生的课堂、课间活动方式和审美观的状况，了解学生对校园美育文化、对本课题研究的认同感、期望和收获。

3. 行动研究法

通过对研究方案的实施，在实践中不断反思，探索有效的途径与方法，进一步调整研究计划，在不断总结经验的基础上，深入研究，形成"尊重生命，以美育人"教育方式的机制。

4. 个案分析法

收集典型的案例进行分析研究，从中挖掘和提炼科学有效的举措，及时予以推广。

二、"五美教育"教育理念的内涵

（一）以美正德

德育课程，以美正德——诚信向善德行美。我校德育工作以"求真、崇善"为宗旨，注重活动的冲击力、感染力和日常养成教育的熏陶力、浸透力，把"诚信、学习、合作、创新"作为学生价值培养目标，并通过北京教育学院专家指导，构建了较科学、完整的东风中学德育课程体系。

1. 学守则，养规范，做举止端庄行为美的东中少年

真正发挥课堂的主渠道作用，重视学科特有价值的自然传播，在学科教学中渗透社会主义核心价值观，真正让德育走进知识，走进学生生活。在新生入学时，我们开展《中学生守则》和《中学生行为规范》的学习活动——利用班会解读《中学生守则》和《中学生行为规范》的内容，举行抄写《中学生守则》硬笔书法比赛，评选"美德少年"等。这些活动，促进了学生核心素养的提升和全面发展。

2. 利用校内外有效资源，开发德育校本课程

为了让德育实现春风化雨的教育效果，面向初一新生，学校开设了"有'礼'走遍天下"德育课程，帮助学生养成良好的学习和生活习惯；面向初二、初三正值青春期的学生，学校开设了"青苹果乐

园"德育课程，帮助学生正确对待青春期出现的各种生理、心理和交际问题。除此之外，学校还开展"法制教育进课堂"活动，定期对学生进行法制宣传教育。

依托首都文化资源丰富以及北京市开展中小学生社会实践大课堂两大优势，我校积极开展"走出校园，走近文化"活动，定期组织学生参观名人故居、抗日战争纪念馆、国家博物馆、美术展览馆等。我校师生还先后走进山西、山东、陕西等地开展研学活动，让学生在这种立体的学习形式中获取知识，感受文化的浸润。

（二）以美启智

智育课程，以美育智——书香浸润内涵美。在"尊重生命，以美育人"办学理念的指引下，学校对现有的物资、人力资源进行了课程化开发、整合。目前由校领导牵头、以教研组为依托、以文化渗透为主题、以自然时间为轴心、以教学学年为单位的学科育人活动已建成体系。

1. 以文载道，在诵读中丰润心灵

语文学科比其他学科承载着更多的文化功能和社会功能，为了让学生在语文学习之外能够进一步地陶冶情操、怡养性情，每年10月我们都开展"经典诵读活动"，让学生在诵读经典的过程中走进文学经典，丰富心灵情感。比如2017年10月，为了礼赞党的十九大，语文组的经典诵读以"礼赞十九大，情诵民族魂"为主题，将爱国诗歌、传统诗词、《红岩》改编剧搬上了舞台，为全校师生进行了一场振奋人心的爱国主义教育。除此之外，语文老师们开展的"诗书大会"活动，同样让学生们感受到了阅读带来的精神愉悦和心灵收获。

2. 以史明智，在历史中知古望今

我国有着5000多年的悠久历史，作为教育工作者，我们有责任、有义务让学生了解它、走近它、传承它。因此，每年3月我们都会在文综组的组织下在初二年级开展历史剧展演活动。《昭君出塞》《商鞅变法》《霸王别姬》《木兰从军》《完璧归赵》……在十几平方米的舞台上，同学们通过经典得当的选材、精彩专注的表演、丰富充沛的情感为我们献上了一顿顿色香味俱全的历史文化大餐，更为我们展现了年轻一代对祖国历史的理解与解读。

3. 以言为桥，在英语中对话世界

12月是一个承前启后的月份，在这个月之后全世界都将迎来新的一年。为了培养学生"放眼世界，放眼未来"的思想意识，我校在每年的12月举行英语节活动。在活动中英语组的老师们也许会带着学生们将英语文学中一个个经典故事搬上舞台，也许会组织学生来一场中西文化大比较，也许会让学生用英语来讲述中国故事，也许会通过音乐来打开文化艺术交流的大门……对于文化来说"民族的就是世界的"，而我们的英语节便旨在通过丰富多彩的活动，让学生了解其他民族的文化，培养学生的世界眼光。

除此之外，我校还开设了"无土栽培""科学实验""几何画板与几何图形""打破蛋壳问到底""你好李白""听那条鱼说""电子相册制作""中国民俗古风音乐词曲欣赏"等20多门学科校本课程，编印了《英绘时光》《剧润心田》等校本教材，帮助学生看到一个更为广阔的学科世界，从而构建更为完整的知识观和世界观。

（三）以美健体

体育课程，以美健体——活力奔放健康美。为了落实学校"活力奔放健康美"发展愿景，我校积极挖掘校内外体育资源，根据已有条件及学生需要，在体育课程教学中逐步增加特色项目教学及学生体质健康测试等，在提升学生身体素质、运动能力上效果显著。

1. 践行阳光体育，切实落到实处

每年冬季，我校都会举行长跑活动，要求每个年级的学生每天跑步不少于1500米。当天有体育课的，在课上由体育教师组织千米跑；当天没有体育课的，由班主任组织进行球类（篮球、排球、乒乓球、羽毛球、板羽球）、健身类（跳绳、踢毽子）、体操类（垫上运动）、游戏类（多人多足、20米×60米往返接力、拔河）、队列（原地转法、广播操、韵律操）、长跑（1500米）等一系列丰富多彩的体育活动。我们保证落实每天上下午30分钟的大课间体育活动时间，每天坚持做好广播操、自编操、武术操，举办特色活动等。

2. 丰富体育课程，提升身心素质

近几年我校积极开发校内外教师资源，开设了足球、篮球、羽毛球、武术、健身龙、大龙、跆拳道等体育校本课程。我校舞龙队、武术队自成立以来，不仅在校内进行了展示，还和街道合作走出了校园，走进了社区。每年的农历二月初二，我们的学生在东风广场上将大龙、健身龙、南拳这些传统艺术形式呈现给广大市民。这不仅是对我校课程成果的展示，更是对传统文化的传承和弘扬。

3. 开展体育活动，培养体育精神

每年10月，我校都会举办体育节，还会开展足球嘉年华、足球家校联盟、篮球家校联盟等活动，让学生在比赛的过程中学会合作与团结、拼搏与进取。同时，我们也让家长、社区的体育爱好者加入学生的体育教育，让学生对体育的理解往更宽、更深的方向发展。在近几年的区篮球、区足球比赛中，我校篮球队、足球队均获得了好成绩。2019 年，我校被评为国家级篮球特色校。

（四）以美导行

美育课程，以美修身——举止端庄行为美。作为北京市传统美术特色校、北京市金帆书画院美术分院，我校一直着眼于对学生健全人格的塑造。学校开设了一系列美育课程，以审美感知能力和鉴赏能力的培养为基础，提升学生的艺术素养和人文素养，促进学生全面发展。

1. 夯实美术教学基础，开辟更多成长道路

我校为喜欢美术、有美术特长的学生专门开设了美术兴趣小组，除了每周的专业课程之外，我们每学期还会组织他们进行校外美术写生、参与各种美术比赛。尤其是自 2017 年我校成为北京金帆书画院美术分院以来，我们为学生开拓了更加广阔的学习天地——到北京山水美术馆参观、参加炎黄艺术馆的展览等，这些都让学生走出了校门，走入了更广阔的成长空间。

2. 尝试多种学科融合，辐射美术教学影响

借助我校的美术教学优势，我们很多老师也开始了和美术学科融合的跨学科尝试。比如语文组申请了区级课题"初中语文与美术学科融合教学模式的探究"，艺术与科学组立项了"初中美术与其他学科课程整合的研究"课题。用美术中的纸黏土来呈现语文中的成语故事，用美术绘画来呈现古典诗词的意境，用科学课中的物理知识来设计一款台灯，借歌曲《说唱脸谱》来感受脸谱艺术。这些尝试不仅打破了学科界限，更培养了学生的综合能力和素养。

3. 创新特色美育课程，实践育人润物无声

我校按照国家要求开齐开足音乐、美术和书法课，还与东风街

道、少年宫、燕山离退办合作，开设了剪纸、书法、国画、扎花、园艺等 30 多门美育选修课。同时，我们还邀请有特长的家长和学生走进课堂。每年 5 月我们都会举办美术节或美育课程展，给学生提供展示自己作品的平台。2018 年 5 月，在我校的"流光溢彩·美韵东中"美育课程展中，我们还在以往静态展览的基础上加入了动态表演——腰鼓表演、披肩走台、古风展示、现场面点制作、现场篆刻等。在系列美育课程的支撑下，学生们所学的知识不再仅仅是静态、死板的文字和数字，学生拥有的更是一种深刻的生命体验，获得了一次有益的精神成长。

（五）以美浸濡

劳育课程，以美树人——举止端庄行为美。习近平在全国教育大会上明确要求"要在学生中弘扬劳动精神，教育引导学生崇尚劳动、尊重劳动"[1]。根据当前中小学劳动教育的实际情况，我校在进一步强化劳动教育课时保障的同时，大力开展劳动课程建设，使其在立德树人中发挥更重要的作用。

1. 建立校内实践基地，培养学生劳动技能

学校开拓菜园、药园作为学生的劳动实践基地，每学期各班组织学生给基地播种、除草、浇水、施肥等。在实践中，学生体验了劳动的乐趣与艰辛，培养了观察能力和动手能力，也增强了班级的团队意识和集体责任感，还让学生真正懂得了一分耕耘一分收获，在劳动和汗水中学会了珍惜。

---

[1]　习近平：坚持中国特色社会主义教育发展道路 培养德智体美劳全面发展的社会主义建设者和接班人［N］.人民日报, 2018-9-11.

2. 开展主题系列活动，树立学生劳动意识

每年五一国际劳动节，我校都会开展"劳动最光荣"主题系列活动，让同学们了解五一国际劳动节的由来，了解我国不同时代的劳模风采，举行"争当小劳模""我的班级我打扫"等主题班会活动，将"劳动最光荣"这个主题思想转化到每个同学的实际行动中去。

3. 组织校外劳动实践，锤炼学生劳动品格

劳动教育不仅包含劳动兴趣、劳动习惯、劳动意识，还包含劳动创造以及劳动追求。因此，学校努力把劳动教育从校内延伸到校外。每学年我校都会组织学生去校外实践教育基地活动，让学生完成有关生活自理、农事劳动、山体植被认知等方面的指定任务，学生在劳动中完成自我体验和自我教育，并逐渐形成劳动品格。

以学校文化促进教师队伍建设的实践研究
——以前进二小蓬勃文化创建为例

北京市燕山前进第二小学　石丽君

学校教育品质的提升在很大程度上得益于教师队伍的整体素质提升。鉴于教师队伍建设逐步受到高度关注的现实，学校应充分结合校情开展具有针对性的学校文化建设，以文化涵育推动教师队伍提升。北京市燕山前进第二小学（以下简称前进二小）从学校文化建设出发，将学校文化特点和规律作用于教师队伍建设，以期用学校特有的"蓬勃文化"来激发教师专业发展的内生动力，形成师资专业发展提升路径，在提高教师队伍专业素养的同时培育学校教师队伍的核心价值体系。

一、学校文化和队伍建设的价值整合

学校文化是每所学校独有的办学理念的隐性核心和课程基石，对全校师生的教育价值观的形成起到默化潜濡的作用，是凝聚人心、促进发展、扩升学校影响力的重要力量。

（一）为教师队伍建设植入文化养分

安东·谢苗诺维奇·马卡连柯在《普通学校的苏维埃教育问题》中说："如果有 5 个能力较弱的教师团结在一个集体里，受着一种思想、一种原则、一种作风的鼓舞，能齐心一致地工作的话，就要比 10 个各随己愿地单独行动的优良教师要好得多。"可见学校文化对教师队伍建设的推动价值之大。影响教师专业素养和能力发展的学校文化因素很多。宏观层面上包括精神文化、物质文化、制度文化和行为文化等因素；微观层面上的文化因素更是不胜枚举，在不同的境况中，小到一盆绿植、一句话语、一个眼神，都有可能对教师形成不可估量的影响。这些因素融合、凝聚起来，被综合地作用到教师队伍建设中，能够有效地推进教师队伍建设。

蓬勃有为是教育者的奋斗姿态，也是前进二小学校文化建设对于师生精神风貌的价值追求。前进二小的"蓬勃文化"，是从多年的教育实践中生长出来的教育主张，落实在学校工作的方方面面。前进二小开展的蓬勃文化实践研究，不仅关注国家教育政策和观念，也积极引领教师队伍对蓬勃文化内涵理念达成认同，引导教师成为学校蓬勃文化的融入者、遵从者和构筑者，愿意遵循和传承学校的核心价值观。蓬勃文化有效激励教师队伍自主发展，成为影响教师队伍正向发展的文化动力，推动不同层次的教师获得不同程度的发展和持续发展，形成教师梯队发展的态势，进而达到助推学校办学品质提升的目标。

（二）为学校文化建设输入团队力量

教师队伍建设的成效终将反作用于学校文化建设。当教师队伍不断实现自我发展、团队进步，学校这个组织整体也必然得到相应发展，学校文化得到建设，办学品质得到提升。

蓬勃文化成为聚合学校价值观、激发教师队伍工作能量的内隐动力。随着蓬勃文化的内涵日渐明朗化和立体化，教师队伍建设得到进一步深化，蓬勃文化成为师生认同的文化观念、价值观念、生活观念，彰显了学校的精神样貌。同时，蓬勃文化催生了蓬勃党建、蓬勃课程、蓬勃德育、蓬勃课堂的发展。蓬勃教师的激励机制成效尤显，教师队伍蓬勃的生命价值成为蓬勃文化的有机组成，有助于梳理出脉络清晰的蓬勃文化意蕴，也进一步拓宽了蓬勃文化的内涵和外延，丰厚了学校的办学理念，形成学校的品牌效应。

二、学校文化建设促教师队伍建设增值

2013 年，前进二小历经拆迁回到原址，新任校长踏进教学楼，看到的是老旧的教学设备和亟待装修的室内环境。毫无经验的新任校长要尽快改善办学条件，同时还要应对人员超编、资金匮乏、条件艰苦等多重挑战。环境决定心境，陆续有教师调离学校，其中不乏优秀的骨干教师和青年教师。新校长的工作重心、当务之急是改善条件、稳定"军心"。由此，蓬勃文化建设立足于稳定教师队伍，成为文化立校的根本。

（一）环境文化稳固师者之心

环境文化建设是一门艺术，也是一门科学，更是一项系统工程，需要集中团队智慧。学校努力调动教师的积极性，不厌其烦地征求意见，反复沟通修改方案，标定学校文化的外显表征，精雕细琢陈述表达，积极打造具有蓬勃气韵的校园环境。校园环境建设尤其要坚持育人导向，以服务学校发展为宗旨目标，以提升文化品位为核心要义，定位于将人与自然、科技与人文、传统与现代、经典与时尚多元融汇于一体的环境文化，与自然状态和谐统一，形成主题鲜明的人文景观，同时赋予学校精神内蕴，形成了"三楼三苑三壁画，

一石一栏一秀场"的整体景观格局。

学校重构了蓬勃文化的标志系统，校徽、校训、校歌、办学思想在学校的各处醒目亮相。这是学校的形象载体，蕴含着办学理念与价值追求。校徽的设计充分体现了集体智慧：学生、教师和家长广泛参与，项目组在众多设计方案中层层筛选、反复讨论、精心修改，形成校徽的最终图样；项目组又广泛征集大家的理解，集成了校徽释义。

教师参与校园建设的过程也是对校园文化逐步认同的过程。因自己付出努力而得到改善的校园环境带给教师的不仅是舒适感，更有成就感、幸福感和归属感，能起到稳固"军心"的作用，教师的工作将更加踏实、更有干劲，使环境文化更具教育意义和价值。这是从校园文化的层面改善教师队伍的精神风貌。

（二）蓬勃文化增益师者之能

学校文化建设之功不可能毕于一役，组织成员也不会一拍即合。学校文化是在长期的教育实践中创造、积淀、磨合，终能为大部分成员所认同和遵循，成为校之所存、校之独存的价值观念体系、行为规范准则。前进二小30多年来磨砺玉成的"生命价值教育"办学理念，积淀为学校的综合特性。生命价值的最好状态在于蓬勃的状态。学校逐步明确了建设"蓬勃文化"的目标追求，渴望"蓬勃文化"能够起到夯实基础、激发能量、加强动力的作用，落位于更好发挥育人功能和传承办学思想的责任感。

蓬勃文化的内涵应有其独特而自洽的表达，并成为全体成员认知和遵循的价值体系、行为准则，体现学校个性化、特色化、品牌化的基因传承。通过对蓬勃文化更为深入的研究和实践，全体干部教师凝聚共识，凝练表述蓬勃文化的内涵与核心价值，使之更加准确、简约、生动、得体，言之有物而内核坚固，特色突出而易于传诵，聚焦核心要素"踩着蓬勃的节拍前进"，有效提升队伍建设的文化辐射力，成为全体教师愿意为之努力的目标口号、个人发展遵从的理念准则，进而展现出学校的蓬勃风采。

通过反复交流访谈、明晰思辨，学校逐步概括出蓬勃文化的校本描述。蓬勃，《现代汉语词典》释义为"繁荣、旺盛"，是生命和事物的最好样态。生命的蓬勃之态，在于旺盛的生长力，在于灵动的活力，在于激越的张力；学校的蓬勃之貌，在于师生的积极进取，在于团队的勠力同心，在于组织的昂扬向上。建构生命价值教育办学理念引领下的蓬勃文化，旨在涵养师生的蓬勃之态，塑造学校的蓬勃之貌，引导生命追求富有活力的蓬勃之美，让生命具有积极向上的蓬勃之力。学校通过打造蓬勃党建、塑造蓬勃品格、建设蓬勃课程、积蓄蓬勃力量、推动蓬勃发展，使生命价值教育在校园的每一寸空间落地生根，开出蓬勃之花，结出蓬勃硕果。

蓬勃文化自洽表达的历程是办学理念赓续传承和扬弃更新的过程，是愿景形成和认同的过程。大家为之协同努力、蓬勃奋斗，得益于文化的积聚力量。这种力量指向对学校现实问题的解决，指向对生命价值教育的更明确诠释，是能够席卷全体的，让教师易于理解、愿意落实的价值认同。

三、学校文化与教师队伍建设互促共生

蓬勃文化是一种无形的精神力量，潜移默化地影响着每个成员，使学校如同根深叶茂的大树，不断地稳根基、强主干、盛枝叶，对

教师队伍形成深远而有力的影响。同时，教师队伍建设的成效也会对蓬勃文化建设形成强有力的支撑。二者相辅相成、相得益彰，共同成为学校发展的动力源泉，有力促进学校的内涵发展。

（一）夯实蓬勃根基

蓬勃文化是坚持社会主义办学方向、体现"扎根中国大地做教育"的学校文化，是践行"为党育人，为国育才"初心的学校文化。学校把引导教师树立正确的教育价值观作为夯实教师队伍蓬勃根基的核心任务，因为它决定的是学校的办学品质。通过蓬勃文化建设，不断领航教师涵养家国情怀，引导教师响应时代关切，使教师明确教育的使命是培养民族复兴的种子。教师教育观念不断更新，理论不断丰盈，并运用这些理念不断改进自己的教学，使教学行为不断精进，教学能力不断提升，从而促进了自身的专业成长，实现学校办学品质的提升。

建设蓬勃文化的目的是挖掘人的生命价值，落位于人的成长和发展。我们努力把队伍建设与学校文化建设结合起来，立足于夯实教师队伍的专业发展根基，开展"蓬勃有为"系列主题活动（见表1-1），力争"以文化人"涵育蓬勃师风，夯实蓬勃根基。

表1-1 "蓬勃有为"系列主题活动统计表（2017年起）

序号	时间	活动主题
1	2017年8月	蓬勃迈进"30+"系列活动（全体师生）
2	2018年2月	做蓬勃有为的奋斗者（全体教师）
3	2018年3月	涵养蓬勃"四气"（面向党团员教师）
4	2018年5月	做蓬勃有为的"急先锋"（面向干部队伍）
5	2018年9月	做蓬勃有为的执行者（面向全体教师）

续表

序号	时间	活动主题
6	2019 年 2 月	做蓬勃有为的追梦人（面向全体教师）
7	2019 年 4 月	"坚守初心，蓬勃追梦"校本培训（面向全体教师）
8	2019 年 8 月	做蓬勃有为的德育人（面向全体教师）
9	2020 年 5 月	做蓬勃有为的担当者（抗击新冠肺炎疫情期间面向全体教师）
10	2020 年 9 月	做蓬勃有为的尽责者（抗击新冠肺炎疫情期间面向全体教师）
11	2021 年 2 月	做蓬勃有为的"犇"跑者（面向全体教师）
12	2021 年 8 月	做蓬勃有为的"行动派"（落实"双减"主题）

蓬勃文化作为一种精神风骨、一种氛围含蕴，是引导人、激励人、鼓舞人的一种内生动力，是凝聚人心、磨砺斗志、催励奋进的一面旗帜，可以对师德师风、人格气质、思维方式等产生深刻的影响。在蓬勃文化的感染和熏陶下，教师的思想得到塑升，心灵得到陶冶，个性得到发展，教师队伍有效提升，师德更加高尚、业务更加精湛、充满蓬勃活力的高素质教师队伍是强劲承托起学校发展的稳固根基。

以"蓬勃有为"的价值旨归感召教师主动求变，以合作共赢的氛围激励教师专业自觉，以持续学习的组织文化敦促教师不断提升自我，推进教师队伍素质的整体提高，从而以师风带动校风建设，实现队伍建设与学校文化建设互促共生。通过学校文化建设形成文化自觉状态的教师梯队发展模式，使不同层次的教师获得不同程度的提升，从而形成"蓬勃文化—蓬勃教师—蓬勃发展"的良性循环。

（二）强健蓬勃主干

学校制度文化是教师成长环境中的一个重要组成部分。建立一套良好的学校制度可以最大限度地发挥教师的主观能动性，从而强健"蓬勃之树"的主干。在"良制"营造出的学校氛围中，教师不仅能畅快地实施教育教学，同样也能尽情地享受教育人生。学校重视建构以民主、信任和支持为主要标志的制度文化，形成易于操作的促进师生蓬勃发展的实践框架，确立蓬勃文化落位于师能建设的重要路径与举措，探索蓬勃文化视阈下的规则机制、激励机制、评价机制，引导教师树立正确的目标导向和行动准则，激发教师的专业发展内驱力，燃爆教师的工作激情，实现队伍建设成效的新突破。

前进二小以"内修素质、外塑形象"为指向，以"制度方正、情理圆融"为原则，以"阐扬交流、表彰激励"为手段，积极探寻队伍建设的新方法、新途径，党、政、工、团多管齐下，协同构建政治素养和师德师风新格局，取得了积极效果。学校搭建群团成长平台，系统谋划教师团队发展方略，落实"一梯四级"梯队培养计划，指导教师订立和调整发展规划，引导教师岗位成才、专业成长、事业成就，从当前起点跃升到新的高度，让更多的教师有更加广阔的发展空间，使更多教师体悟到领导的器重、同事的赞叹、学生的认可、家长的肯定。通过举办经验交流会、优秀教师教学思想研讨会等，增强教师的职业自信心和事业成就感。对教师的进步和成绩予以鼓励和肯定，让教师在拼搏流汗之后能体验到成功的喜悦、精神的欢娱。

有效的考核与奖惩制度是教师队伍建设的必要措施。学校对教师的工作质量进行公正的考核和评定，及时表彰和激励优秀教师。学校每年评选"蓬勃教师"，这是一种良性的激励机制，通过一套民主、规范、完善的评选机制，将工作中敬业奉献、具有教育智慧、富于创新精神、做出特殊贡献的教师评定为"蓬勃教师"，并给予一定额度的绩效奖励。"蓬勃教师"评价机制调动了全体教师的积极性，使教师工作更有干劲和激情了。学校还制定了《前进二小班主任考核方案》，修订了《前进二小教师年度考核方案》，更加注重过程性评价、增值性评价，极大地增强了教师的责任感和使命感，提升了主观能动性。

厚植蓬勃文化的前进二小，队伍建设成效凸显。在这样一所普普通通的京郊小学，全国优秀教师、正高级教师和多名北京市优秀教师蓬勃脱颖，而更多的教师在常态工作中也能展露蓬勃姿态：遇到急难困重的工作，干部们常把"这里有我、我来负责"挂在口头，他们是工作中的"急先锋"；学校倡导蓬勃作风，分配工作任务时，越来越多的中青年教师说"我来、我上、我行"，勇立潮头、直面挑战的冲劲越来越足；塑造教师的蓬勃心态，年长教师"争做打气筒、不当泄气阀"，他们凭着丰富的经验成为工作中出谋划策的高参。树立蓬勃典范、评选蓬勃教师，成为教师队伍建设的激励机制，"我思考、我行动、我担当"的蓬勃作风愈加凸显。"有思想、善研究、勤奋斗、会合作"的蓬勃教师正在与日俱增。

（三）舒展蓬勃样态

建设蓬勃文化、实践蓬勃文化、彰显蓬勃文化的是教师队伍，但学校文化最终还是要落位在学校的课程建设上，落位在学生的蓬勃成长上。随着研究的不断深入，我们逐步形成了蓬勃课程的基本架构（见图1-1）：以学科基础知识为根本，夯生命蓬勃之基；以体育类课程为轴体，健生命蓬勃之体；以艺术类课程、科技类课程为两翼，塑生命蓬勃之美、创生命蓬勃之新；以家庭、社区为实践园地，植根于生长与生活，形成协同共育的生命蓬勃之境。

图1-1 蓬勃课程基本架构

近年来，篮球、足球、京剧、朗诵等特色课程成效突出，学校被评定为全国篮球特色示范校、全国足球特色示范校、全国"中华优秀文化艺术传承学校"，京剧社团的节目连续两年登上北京电视台。蓬勃课程彰显出新时代少年儿童的蓬勃样态。

如今"蓬勃"已成为校园高频词，渗透在德育、课程、体育、管理、服务、环境等方方面面，成为学校的核心价值和行动引领，成为师生的理念认同和实践遵循，成为散落在校园各隅的精神气质，是全体教师的理念认同，不断引导教师队伍探求治学之严谨、创新之激情、儒雅之风范和理想之追求。渐渐地，蓬勃文化、蓬勃课程、蓬勃教师、蓬勃少年、蓬勃团队等系列文化元素植根于每个前进二小人的心田，成为周知共识的热词熟语。

如今的前进二小教师团队表现出昂扬的蓬勃风尚，整个校园洋溢着蓬勃的活力：校风正——上勤下顺，源清流净，学校领导对工作尽职尽责，率先垂范，蓬勃进取；教风严——全体教职工爱岗敬业、乐于奉献、勤于学习、敏于思考，以良好的精神状态昭显蓬勃师风；学风浓——学生灵动活泼，全面发展，蓬勃向上。今后，前进二小将以更加饱满的精神状态，向着全新的发展目标，踩着蓬勃的节拍，继续前进，让校园里的每一个生命都活出蓬勃的样态！

燕山羊耳峪小学厚德文化创建研究

燕山羊耳峪小学 张丽娜

一、选题缘由

我校是一所办学规模相对较小、生源相对较少的学校，要想在多所优质学校中脱颖而出，打造特色，成就品牌学校，其核心在于塑造校园文化的凝聚力和创造力上。我校构建"厚德文化"有利于营造和谐的教育氛围，有利于教师的专业成长，有利于学生的全面发展，有利于形成关注师生发展的良好环境，有利于把我校建成教师自豪、学生幸福、家长满意、社会认可的特色学校。

二、"厚德文化"实践与探索

今天我们提立德树人、提文化育人，我们应该为此实实在在地做点儿什么，不能再仅仅停留在口号上、做表面文章上，我们要做的是打造高品位的文化人，这也是校园文化的最重要的功能，通过此功能能实现我们的培养目标：把学生培养成具有优秀做事能力、良好行为习惯、优秀做人品格，以及感受幸福生活的身心素质，适应社会发展需要的合格小公民。

工作策略：围绕我们的育人目标，将厚德文化通过影响激励、统筹规划分步实施，开展厚德教育主题系列活动，积累厚德教育开展的策略和方法，从而保证厚德教育落实到学生，让学生从厚德教育切实得到感悟、启示和发展。活动即课程；设计的过程力求体现一体化构建的过程，力求体现立体化。

实施路径：深入研究与探索全方位多角度实践，分层细化打造学校管理文化、教师文化、学生文化、班级文化、课堂文化等，将理念与实践有机融合，通过多种途径探索实践，看办学理念是否体现了实践的系列度（学校的方方面面）以及理念内涵的深刻度，努力实现学校"厚德"理念下教育教学的高质量发展。

（一）厚德理念下的德育文化建设

目标的实现需要脚踏实地地真抓实干。教育，不是做给别人看的，而是要让我们的学生有切实的收益。因此，必须开展触动学生心灵的教育活动。

1. 完善少先队组织机构建设，培育有理想信念的厚德少年

为了引导少先队员们继承和发扬少先队的光荣传统，增强少先队员的光荣感和责任感，使其从小立志向、修品行、练本领，特在每年的少先队建队日开展以"争做新时代好队员"为主题的庆祝建队日大队干部竞选活动。各中队利用班队会时间观看大队委员竞职演讲及才艺展示的视频，少先队员们积极参与踊跃投票，选出新一届的大队委员。建队日当天由学校领导为新一届大队委员授队干部标志，所有大队干部进行就职宣誓。每次新一届少先队大队委员的诞生，都会给我校的少先队工作带来新气象。通过评选小、中、大队长提升少先队组织的教育功能，有效地增强少先队员的归属感、光荣感，培养少先队员的组织意识和集体主义精神，锻炼少先队员做组织主人的能力。

2. 设置值周生监督检查岗位，培育有责任担当的厚德少年

为了促进学生良好行为习惯的养成，促使学生比学赶帮，为我校树立优秀的校风和学风，又为了发挥学生主体作用，让学生参与到自身道德建设上来，培养一批优秀的学生骨干力量，我校近年来开始设置值周生监督检查岗位，要求全校各班级学生积极支持值周生工作，自觉服从值周生的监督与管理。对值周生也提出相关要求：在岗期间准时到位，忠于职守，做好值守记录，以身作则，大胆管理，公正无私，吃苦耐劳。每周在升旗时公布"流动红旗班集体"，在广播时逐班反馈问题，提出整改措施。

加强学生的自我教育、自我监督、自我管理。评价反馈及时跟进，以提高学生培养的有效性。

3. 设立班级志愿服务岗，培育有志愿精神的厚德少年

以班级为单位，让每个学生成为班级的主人。每个班级设置的岗位不同、岗位数量也不同，但都是基于班级中学生存在的问题设岗。一个岗位一个职责，一个角色一个任务，小岗位练兵中培育的是学生们志愿服务的精神，这是未来社会公民应有的素质，所以要从小培养，使孩子的人格健全。德育本身就是帮助别人，志愿服务是一种很好的载体。

4. 评选"25 德"厚德少年，培育有健全人格的厚德少年

学校以评选"25 德"厚德少年的举措，培育有健全人格的厚德少年。我校研讨心动德育实施方案，以"25 德"为主线，结合学生实际做调整，补充完善，以"两德"——"节俭德""倾听德"为主题逐步落实，以"调研现状""发布标准""评选标兵""表彰厚德少年"的步骤深入开展。我们利用每周举行升旗仪式的时间，由班级发起倡议，公布专项厚德少年评选标准，使全体学生明确近期任务及奋

斗目标，通过一段时间的检查评比，而后颁布厚德少年获奖证书。

学校以厚德教育为基点，以"25 德"为抓手，对学生进行行为习惯养成教育，注重从小处入手，倡导知行合一，抓行为习惯，夯实成人根基。

（二）厚德理念下的课程文化建设

学校在保证国家和地方课程开齐开足的基础上，开发多元校本课程。打破班级界限，做到"把选择课程的权利还给孩子，把个性发展的权利还给孩子，让孩子充分享受尊重教育的全过程"。学校从"立德筑梦""润德启智""尚德至美"几个方面开发校本课程（见表1-2）。

表1-2　羊耳峪小学厚德课程结构

课程类型	立德筑梦		润德启智		尚德致美		
	道德思想	社会责任	人文情怀	科学创造	健康身心	艺术审美	劳动实践
国家基础课程	道德与法治	班/队会	语文、英语	数学、科学、信息技术	体育	音乐、美术	劳动技术

续表

课程类型	立德筑梦		润德启智		尚德致美		
	道德思想	社会责任	人文情怀	科学创造	健康身心	艺术审美	劳动实践
地方校本课（必修）	新童谣、小学生礼仪	我爱北京、学做志愿者、中小学毒品预防专题教育	中华传统文化、诵读	数学思维训练、3D打印	体育与健康、小团体心理辅导、跳棋	书法、铿锵鼓乐队、魅力衍纸、立体纸模、篆刻艺术、传统毛根制作、口风琴、小合唱、软陶制作、手势舞、十字绣、毛球艺术画、手工diy（自己动手）、儿童画	综合实践活动
拓展社团课程（选修）	建队日国旗班军训	社会大课堂	"小桔灯"分层阅读	动力机械、机器人	小足球、跆拳道、篮球训练营	创意手工、扎染、风筝、快板、舞蹈、书法、国画、葫芦烙画	植物栽培
综合实践课	模拟法庭	安全教育及防灾演习课程	我们的节日	科技创意	冰雪课程	扬帆戏剧社	劳动基地实践

（三）厚德理念下的课堂文化建设

未来教育的核心是思维，课堂上不仅要找知识点、教育点，还要找到思维关键点，发展学生思维是我校厚德课堂所追求的目标。

尊重和理解学生，优化教与学方式，努力构建生态课堂，构建相互倾听的学习课堂。

- 课堂快乐。教得愉快、学得满意。

- 课堂平等。师生之间、学生之间体验参与。

- 课堂尊重。师生互相尊重，双方共同营造和谐愉悦氛围。

- 课堂宽容。学会互相欣赏。

- 课堂批判性思维。敢于善于质疑，提出高质量问题。

探讨"厚德课堂文化"是什么，"合作对话的课堂""创新思维的课堂"是什么，模式是什么。

做到三个关注：关注学生学习习惯的养成、关注学生学习方法的掌握、关注学生学习兴趣的培养。

提升教师专业能力，提高课堂教学效率。教师是教育发展的第一资源，没有高水平教师就没有高质量的教育。

提升课堂教学实效，由重教转向重学。

在教育观念上：正视学生差异、因材施教、区别对待，注重学习方法的指导，让学生由学会进而会学。

在教学目标上：将教学目标发展为学习目标，关注学生知识、能力基础和生活经验，为学生设计学习方案。

在教学过程中：注重情景的创设、注重团队学习、注重多感官教学、注重评价调控，实现教法与学法的优化。

在教学手段上：杜绝死记硬背、题海战术，关注学生思维的培养、良好氛围的创设，激发学生学习兴趣，帮助学生消除环境、身体、情感上的压力，克服学习障碍，提高学生参与学习的深度和广度，促进学生对知识的理解与应用，使学生成为课堂的主人、学习的主角、教学活动的中心。

注重过程性评价，每节课后及时评价。

（四）厚德理念下的团队文化建设

以学习型组织建设模式为引领，加强干部教师队伍建设，使教师个人与学校休戚与共，实现双赢。

营造学习氛围：主阵地、分战场。

提升学习能力：广泛、快速、高效。

实施"三个一"工程：推荐精品文，一周一篇；分享教育故事，一个月一篇；读书沙龙活动，一个学期一次。

建设学习型团队：建立学校有效学习链；遵循一个系统学习模式——学习反思—对话互动—实践—再学习反思—再对话互动—再实践；建立几种团队学习方式；构建多级学习系统。

召开教师个人职业发展规划分享会。要求教师用数据说话，拿事实说话。以每位教师制订的职业发展规划为本、为纲，结合教师发展需求，结合"信任、理解、宽容、激励"的教师文化，为教师发展搭建成长的平台，满足个性化发展需求，助力实现职业价值，提升职业幸福指数。

团队学习从培训开始。每到一个新的学期，全体教师的第一次会一定是团队拓展培训，目的在于在假期后唤起教师们的精气神，为确保新学期开学工作的顺利开展，提升学校教师团队凝聚力。

以"教师领导力"为主题的团队培训就是在轻松愉悦的游戏氛围中展开的。培训形式不同于以往的单纯授课形式，不仅有理论讲解，还有游戏互动，充分调动了教师们的积极性，在一个个游戏中，教师们明白了深刻的道理：大家是一个团队，每一个队员都要扮演好自己的角色，在共同的目标下，相互支持，相互信任，合作奋斗，实现团队的突破。

关于团队建设的成效，仅就组内开展集体教研活动而言：各组形成了组内文化，发挥团队优势，以课堂教学为核心，加强组内教师的理论学习，重视集体备课，深入钻研教材。立足常态课堂，羊小（羊耳峪小学）约课、教学视导课、教研组主题研究课、"扬帆杯"青年教师展示课、骨干引领课、跨学科综合实践课六课协同推进，将学科教研活动与课堂教学实践相结合，开展有针对性的课堂教学活动，在教学实践中磨炼、提高，打造业务过硬的专业化教师团队。

教师文化：让学校教风"信任、理解、宽容、激励"不仅成为一句口号，而是要实实在在地落地，促使每一位教师争做厚德教师。

良好的道德情操，在教育孩子养成良好的行为习惯和培养良好道德品质中起着至关重要的作用。教师要想以"厚德"教育学生，自己就必须先成为"厚德"的教师，不能只是空洞说教。所以，要求学生做到的，我们自己一定要亲力亲为，为学生做好榜样。

（五）厚德理念下的学校对外关系构建

随着教育新时代的要求，学校的办学模式、办学观念也要随之改变。学校治理是学校内涵化发展的根本保障。由学校管理迈向学校治理，看似一小步，却是助推学校内涵化发展的一大步。

今天的学校教育需要我们广开思路、突破围墙、走出去，与驻区企事业建立联系，挖掘一切教育资源为广大师生所用，树立"共享""创新"的学校对外关系理念。

1. 学校与家庭携手育人

学校、家庭和社会充分发挥育人作用，加强沟通、密切配合、协同推进，构建家、校、社密切配合的养成教育体系。发挥家长学校、家长委员会作用。加强学校家庭教育指导，以养成教育为重点，提升家长养成教育能力水平。开办家长课堂。学校倡导每个家庭努力打造学习型家庭，每月推荐一篇家教文章，使家长们在讨论群发表感想，彼此交流心得体会，初步形成家校育人策略——推荐文章—互动交流—育儿体会—固化教养课程——中国老家规，这就是教养。家规是家庭的无价之宝。（餐桌家规、生活家规、出门家规、访人家规、处事家规……）

家庭是人生的第一所学校，家长是孩子的第一任老师，要给孩子讲好"人生第一课"，帮助扣好人生第一颗扣子。

2. 学校与社区共享资源

燕山地区有其特殊性，我地区的中小幼学校分布均衡，多年来形成了九年一贯、五四分段、对口直升、绿色衔接的良好格局；目前东风地区形成了1个街道对应2所幼儿园、2所小学、1所中学的格局。

学校与街道社区保持紧密联系，特别是街道教育科。学校的一些大型活动，会诚邀街道领导前来参加；街道开展活动需要我们的师生参与，学校也会积极配合。

3. 学校与学校融通衔接

为了整合幼儿园教育、小学教育和初中教育资源，在燕山教委领导、教研中心指导下，学校从细处入手，抓住关键点，找准落脚点，开展中小课程一体化项目建设，做好幼小衔接适应工作。

中小衔接：我校以课程一体化建设为契机，对接东风中学提出的"站在培养学生关键能力、养成终身好习惯的角度做贯通教学"这一课程改革目标。

学校以"小桔灯"分级阅读课程为载体，将课内外阅读、中小学阅读有效衔接，开展"训练阅读思维，提高阅读能力"的研究，初步以"信息提取能力、解释推断能力、概括分析能力、评价赏析能力、联结运用能力"五大模块为衔接切入点，与初中阅读课程进行适度衔接，在语文阅读学科找融通点、拉线、织网，横纵交织，构建课程一体化。后续，我校将以"模块化课堂诊断、数据化质量分析、主题化教学研讨、课题化教学研究"为实施路径，深入开展一体化课程建设项目的探索与实施。

幼小衔接：梳理总结固化幼小衔接工作成果，并将其作为教育教学的一项常规工作，列入每学期的工作计划；通过开展活动，使处于幼小衔接阶段的教师了解小学阶段学生的行为习惯、心理特点和学校的教育目标、要求、方法、风格等，从而使处于衔接年级的教师能有意识地使自己的教育教学和管理风格接近相邻学段、主动适应学生特点，为学生尽快适应新学段的学习生活打好基础；通过对衔接教育的探索，促进幼儿能顺利过渡，从生活、活动、学习、心理等方面较好地适应小学阶段的学习环境。

面对中国教育现代化 2035 教育目标提出的形成全社会共同参与的教育治理新格局，我们也在尝试、努力构建这样一种新型关系并形成长效机制。

充分把握学校治理的政策方向，提升学校治理能力和治理水平，推进教育治理体系和治理能力现代化进程，将使教育在高质量发展的道路上昂首阔步。

星城小学养正育人文化构建的行动研究

燕山星城小学　景芝玉

星城小学多年来以"养正文化"为学校的办学思想，"正"是星城小学学校工作的核心。所谓养正教育，是指学校依据社会发展的要求和受教育者的年龄特征，通过以知养正、以情怡正、以规矩正、以行践正、以文显正，努力践行"童蒙养正，以正育人"的办学理念，倾心培养内涵博雅、气质高雅、举止优雅、语言文雅、文章典雅的新时代好少年的一种教育思想和教育模式。

一、养正教育的实施途径

通过经典文化熏陶、传统美德感染、潜移默化育人，落实以知养正、以情怡正、以规矩正、以行践正、以文显正。

（一）以知养正——多角度开发学生智能，形成养正特色课程

以文化育人为主线，以养正教育为学校发展特色，着力构建多元开放的校本课程体系。在课程的研发中要充分考虑学生的多元需求，将社会主义核心价值观以及新时代学生核心素养作为课程体系建构的基础，通过创设无边界课堂，让课程成为成长的阶梯，有效地开发与利用校内外资源，拓宽学生的学习范畴，促使学生把所学知识与真实生活相联系，并自觉地把课程活动结果延伸到生命、自然和社会活动中。

（二）以情怡正——潜移默化育人，打造养正环境体系

优美的校园环境具有独特的教育作用。校园环境建设要体现"经典文化浸润，潜移默化育人"的教育思想，力争通过三年的整体规划，做到：漫步校园，满目诗情画意，孩子们置身其中感受着自然的静雅和谐；徜徉楼宇，活动空间布局合理，功能齐全，为孩子们提供了展示自我、发展自我、提升自信的平台；放眼墙壁，养正文化魅力四射，经典文化熠熠生辉；行走其间，唐诗宋词、国粹经典触目可及；丰富的阅读空间更是抓住每一个契机，为孩子们提供享受阅读的机会，真正做到时时文化浸润，处处养正育人。

（三）以规矩正——经典文化熏陶，培养学生向正品格

以经典文化切入，做好育人工程，将经典诵读、国学课程以及文化节等活动纳入育人工程的重点项目，以经典文化营造"学会做人，学会做事"的育德氛围。

不断开发系列互动课程，注重学生对活动的体验与感受，以每年的入学礼、入队礼、毕业礼为契机对学生进行品行教育，通过有仪式感的活动课程使学生体验做人、做事的礼仪规范，感悟朴素的生活哲学，以求自身素养与素质的提高，并为成人后的良好行为品质打下坚实的基础，实现养正教育的养心养德目标。

（四）以行践正——研究性德育促发展，丰富养正德育体系

星城小学的养正教育重在滋养，学生自我意识的觉醒是养正教育的内核。星城小学的研究性德育活动是一大办学特色，研究性德育即让学生在研究中认识事物，提升自我认识能力。

探索推进"六正德育"。"六正德育"是打造学校德育家园的需

要，全校师生员工在学校中形成共同的做事方式，建立起基于星城小学的共同体，从而产生"家"的感觉。要为学生的终身发展打下坚实基础，就必须从小培育涵养学生正直的品德，使学生成为品行正派、为人正直、充满正义感的现代公民，通过"六正德育"，造就文雅品正的学生、身正为范的教师、正气长存的学校。

（五）以文显正——做人与作文、体验式学习养正特色品牌体系

养正教育的亮点在于德育与教学相融相契。做人与作文教学特色已成为学校名片，学校不断探索"做人与作文"教学特色的和谐发展，挖掘潜力，与各学科形成教育合力，让学生体验作文之乐，感悟做人之理。

把作文教学融入丰富多彩的校园生活中，关注"我身边的小事""我身边的榜样"。我们认为学生写作的整个过程也是弘扬校园正气的过程。身边的小榜样是最有教育意义的，因此学校的作文教学强调童年趣事，定格小镜头，从细微之处提取教育因素。其实这就是将社会主义核心价值观融入校园的体现。孩子的可爱之处就在于他们是成长中的人，他们总是小错不断，在很多细微之处都需要指点。从孩子认知出发，从生活实际出发，是我们"做人与作文"课题研究的首要关注点。

二、养正教育的德育实践

围绕养正教育的核心价值观，星城小学坚持德育教学不分家，坚持唤醒学生的自我意识，引导学生自我养正，坚持探索研究性德

育，不断提高德育的实效性。研究性德育，一是要研究德育观念传播的途径和方法，让德育入脑入心；二是研究学生的年龄特征和心理需要，让德育观念能拨动学生的心弦；三是引导学生在研究中提高道德认识能力和道德践行能力。为了实施研究性德育，学校提出了"四让""四给"和"五化"。

（一）"四让"

提出一个问题，让孩子自己去寻找答案；

创设一个平台，让孩子自己向前走；

提出一种现象，让孩子自己去观察思考；

给孩子一点困难，让孩子自己去解决。

（二）"四给"

给孩子一份尊重，因为尊重是最好的教育；

给孩子一个微笑，因为微笑能带给孩子温暖与快乐；

给孩子一句鼓励，因为鼓励能让孩子更加自信；

给孩子一点欣赏，因为欣赏能让孩子学会悦纳他人。

（三）"五化"

1. 德育途径多样化

坚持课程育人、文化育人、活动育人、实践育人、管理育人、协同育人、全程育人，充分发挥"三结合"教育网络作用，实施学校、家庭、社会一体化工程，实现德育途径的纵向衔接和横向整合，发挥整体育人的作用。德育途径，对应内容；一项内容，多条途径；有主有辅，协调配合；分工合作，形成合力，提高德育实效。

2. 习惯养成规范化

养正重在良好习惯的养成。无规矩，不成方圆。学生从小树立规则意识，才能遵守法律和社会公德。为了培养学生的规则意识，学校以落实《中小学生守则》和《小学生日常行为规范》为目标，落实"星小学生十礼"，德育处坚持以文明行为习惯的养成为主线开展各项教育活动，在坐、立、行、走、言方面培养学生的行为习惯，在听、说、读、写、思方面培养学生的学习习惯，分低年级、中高年级设立逐渐提高的标准。总之，各项教育活动都应有习惯养成的目标内容、方法和评价标准，从而增强师生各种良好习惯的自觉性和主动性，彰显我校的养正特色。我们设立红领巾执勤岗，以学生教育学生。立足细节，立足规范养成。注重充分发挥班级小干部作用，每周一中午召开小干部会，总结上一周工作，提出主要问题，再由小干部反馈到班主任和各班，形成师生齐抓共管的良好局面。

3. 班会典礼系列化

班会活动和学校各种仪式典礼活动是德育的重要途径，我校各年级各学期都有明确的汇报班会主题，使学生通过不同主题的班会受到教育、得到锻炼、不断向正。每个学期的开学典礼、每学年的毕业典礼以及一年级的入队典礼也是开展德育活动的良好契机。学生从隆重的典礼中懂得规矩，感受庄严，涵养精神。我们要整体规划设计班会活动和各种仪式典礼活动的主题内容，使各个年级各种活动的内容形成系列，前后衔接，发挥整体育人功能。

4. 主题活动特色化

主题活动突出养正特色，如开展围绕争当"养正好少年"的主题活动，开展以"我做主，我快乐，我成长"为主题的校园班级主题活动，每年六一评选年级"十佳养正好少年""养正好儿童""美德少年""厚德之星""智慧之星""尚美之星""健体之星""创新之星"等，激励学生不断成长。

5. 实践活动丰富化

社会实践活动是德育的重要途径。美国学者弗朗西斯·威兰德通过多年研究，认为在语言的、行为示范的、实践的三种德育中，实践的德育是最好、最有效的。

每学年，学校都会组织各种规模的学生社会实践活动十余次，我们不仅带领学生走进中国科学技术馆、北京天文馆、首都博物馆、北京野生动物园、北京园博园、李大钊烈士陵园等单位，还走进北京威力雅污水处理有限责任公司、北京燕化服务公司等，让学生参观他们父母工作的地方。我们还让孩子们走进社区参与研究性德育活动调查研究，走进超市亲身体验购物，等等。现在，社会实践大课堂活动已经成了学生每学期最盼望的活动之一。

在学校养正理念引领下，我们会不断完善德育课程，在具体的做法上深入实践与创新，从而让星城小学的研究性德育落地开花。

三、养正教育的课程体系建构

（一）"五养"课程体系

星城小学课程团队一直致力于养正课程体系的探索，注重课程建设，拥有五横、三纵、多结合、全维度的"养正课程体系"（见图1-2）。五横——国家、地方、校本、课外、社团横向联动；三纵——体育、科技、艺术纵向支撑；多结合——校内与校外相结合、普及与提高相结合、传统与现代相结合、长课与短课相结合、必修与选修相结合；多维度——涉及艺术与欣赏、设计与技术、社会与发展、科学与实验、体育与运动等。

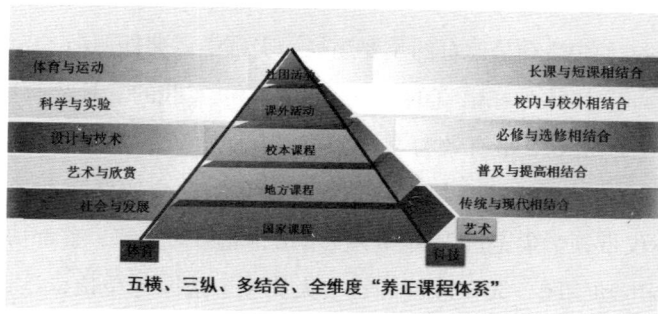

图1-2 养正课程体系

在"养正立人，让每一个生命绽放精彩"的课程理念下，遵循"让生活成为学生的课程（无边界课程），让课程成为学生成长的阶梯"的原则，结合新时期学生核心素养指标，在原有基础上学校建构了"五养"课程（见图1-3）。

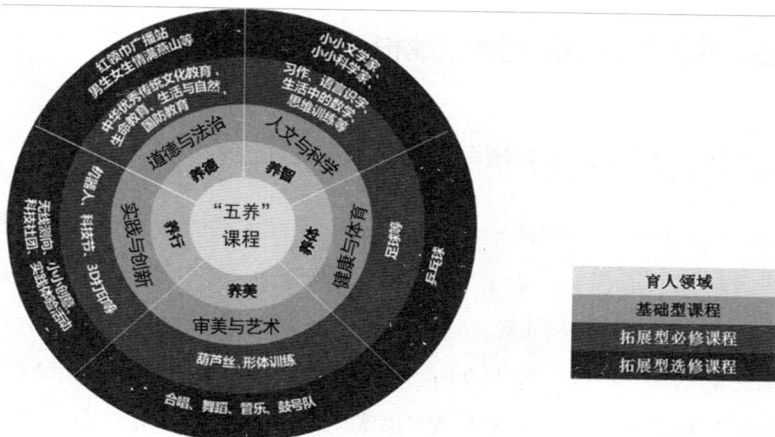

图1-3 "五养"课程

养德、养智、养体、养美、养行五位一体，基础必修与拓展选修相辅相成，课程目标与学校育人目标精准对接，努力让学校成为"学生快乐探索的学园"。

（二）"五养"课程设置

在课程设置方面，我们从以下几个角度出发。

结合学校养正文化，在各个年级开展了"国学讲堂"的课程，让孩子们诵读经典、学习优秀的传统文化。

进行与学科相关的延展，如音乐学科的电子琴、民族鼓，英语学科的色拉英语、西方文化，科学学科的小小实验室等，不是单一的课堂知识的延展，而是以点带面，给孩子开拓出新的领域。

重视传统文化的传承，开展了有趣的传统游戏课程，老师带着孩子们跳房子、踢毽子、拔根、抖空竹，感受传统文化的魅力。还开设了戏曲课程黄梅戏。

在考虑内容角度的同时，我们也从学生综合素养的养成教育为切入口，开发了很多课程。

科技方面，学校聚焦科技领域，先后开设无人机、无线电、3D打印、机器人、创客等科技探索类课程，鼓励学生积极参与到科技活动中来，打开思路、开阔眼界，播撒希望的种子，为培养科技创新型人才奠基。

体育方面，重点聚焦足球、篮球，在提高学生运动技能水平基础上为学生中高考奠基。"以球辅德、以球育人"早就作为校园足球的发展目标写进了校"十三五"规划中，学校积极开展校园足球联赛，积极参与市、区级足球联赛，战绩卓越，佳绩频传。2018年，学校入围全国足球示范学校，并获得了加入全国一校一品校园体育联盟殊荣。

劳动技术方面，低年级有宝贝当家课程，学习基本的家务劳动；高年级有编织等，还利用校园一角的空地开辟了开心农场。孩子们在老师的指导下依据节气播种收获，乐趣无穷。

艺术教育方面，聚焦传统文化，将写字与书法特色相融合，力争通过两年的联动发力让星城小学的孩子都能写漂亮的规范字，力争在三年内培养出一大批热爱书法的特长生，从而培养学生对祖国文化的认同感。另外，学校还有音乐、美术方面的艺术课程。学校舞蹈团、合唱团屡获佳绩；民乐团、管乐团借助社会力量稳步健康推进，目标直指"金帆"。

国防教育落地有声，校园国旗护卫队成立、军训进校园等活动推进了国防教育示范校落实，学校荣获了北京市规范化升旗学校称号。

四、养正教育的课堂建模

星城小学在养正教育理念下，总结出"五养"课程体系，建设"四要素"养正课堂模式，"四要素"养正课堂模式由校模和学科模构成：校模为各学科教学模式结构的总架构基础；学科模在校模的框架下，根据学科自身特点，提炼出本学科的教学模式，落实在课堂实践中。

"四要素"养正课堂模式重在创设情境，激发师生的生命力和积极进取的精神，激活学生的潜能。学生在自主学习的过程中，自主地、能动地、富有创造性地建构自己的知识结构。在课堂教学活动中，不同主体之间相互交流、沟通、理解、补充和影响，达成共识、共进、共同发展。结合学校的课堂教学模式和数学学科的特点，我们提出了体验式学习双环教学模式。

体验式学习就是学生借助丰富的学习材料或情景模拟，主动地、全身心地投入学习，亲身经历具体体验、反思观察、抽象概括、行动应用的过程，在学科知识、学科能力和交往技能上有所获得，直至产生内在变化。在北京市教育学会的"十三五"立项课题的研究中，我们已经取得了初步的研究成果，构建了适合我校实际情况的体验式学习双环教学模式（见图1–4）。

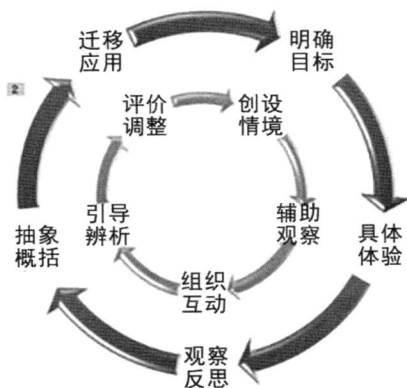

图1–4　体验式学习双环教学模式流程

外环是学生进行体验式学习的目标流程，内环是为了达成目标教师需要做的相应准备。内环是本课题研究的重点内容。该模式既可以是一个独立循环整体，又会在课堂教学中反复出现，也就是在一节课上可能不止一个循环。

第一环节：目标驱动或问题驱动。学生带着明确的目的学习，学习的效果会更好。在本环节，教师主要创设能够贴近学生生活、贴近大多数学生认知起点的问题情境，激发学生体验探索的欲望，使学生明确体验探索的目标。

第二环节：组织引导学生进行体验。本环节是体验式学习的关键环节。为了让学生能够有效地进行体验，在本环节教师要引导学生设计活动方案。虽然在体验的过程中失败也是一种可贵的体验，但是课堂教学没有更多的时间让学生一次次重来，所以活动设计就很有必要。然后学生根据自己的计划开始体验探究。

第三环节：观察与思考。本环节教师的任务是进行适时的帮助与引导，做一个合作伙伴。

第四环节：分享、抽象、提炼概括。在本环节，教师尽可能地做一位听众，做一位组织者与引导者，给学生充分展示、交流、讨论、辩论、质疑的机会，这也是一种体验。在此环节学生达成感知与领悟的统一。

第五环节：应用验证。本环节教师要引导学生将他们的结论在新的情境中进行验证，在验证中进一步提升，由此进入一个新的循环。

五、研究结论与反思

总之，文化是一切活动的基础，教育的本质在于如何选择、继承优秀文化和创新先进文化。能用文化解决的问题就不用结构解决，能用结构解决的问题就不用制度解决，如果一所学校太过依赖制度和管理，极有可能流于形式，只有基于文化才能做出有品位的教育。

通过对学校养正育人文化的梳理、探究、实践研究，增强学校发展动力，规划引领学校在新时代有新发展。课题研究促进了学校全体师生形成发展共识，提升了组织凝聚力；以课题研究为载体，激发了管理团队"一盘棋"意识，提升了管理队伍的发展规划能力及领导力；通过课题研究，梳理构建学校的教学文化、德育文化、教师培养文化、学生发展文化、环境文化、特色文化，形成了完善的学校养正文化管理体系；通过课题研究，打造学校的文化品牌，提升学校办学品质。由于时间原因，研究的一些想法和成果还未能及时固化，我们课题组成员会以此次阶段性结题汇报为契机，进一步做好"十四五"规划，在"十四五"期间通过文化引领推进学校高质量发展。

基于 SWOT 分析的北京开放大学燕山分校转型发展研究

燕山成人教育中心　朱宗宗

一、研究背景及意义

（一）研究背景

1. 政策背景

在北京市第十五届人大一次会议上，北京市市长陈吉宁首次提出"城教融合"的发展理念，这一发展理念是指城市与教育相互促进、融合发展。"城教融合"的发展理念与首都北京的功能定位高度契合，目标就是要把首都北京建设成国际一流、和谐宜居、具有国际影响力的都市。教育部明确要求，开放大学应服务全民终身学习，向社会最大限度开放教育资源，满足不同类型、不同层次人群的学习需求。在此背景下，作为我国开放教育主力的开放大学，北京开放大学燕山分校（以下简称燕山开放大学）坚持开放办学，为全民终身学习提供形式多样的教育服务，大力开展学历教育和非学历教育，承担起国家建设学习型社会和终身教育型社会的责任使命。这是燕山开放大学生存的大挑战，也是燕山开放大学发展的新契机。

2. 经济社会转型

在城教融合背景下，房山区提出了业城融合和创新驱动两大主题，提出"一区一城"发展战略，提出加快构建"一核、二区、三轴"

的城市发展空间布局的思路。结合燕山地区实际，燕山工委办事处（房山区派出机构）提出了"一城两业"的发展构想，打造自身发展特色。燕山开放大学需依托北京开放大学优质资源，结合"一区一城""一城两业"的发展战略，充分发挥在学历教育、市民教育、老年教育、家长教育、党员教育等方面的资源优势，拓展办学空间和办学思路，高质量完成政府和上级部门下达的各项教育任务，以服务区域经济社会发展为出发点和落脚点，满足人民群众日益增长的精神文化需求，全力促进城市和教育融合发展。

（二）研究意义

北京广播电视大学①在过去的几十年里，具有加快建设终身教育体系、建设国家新型大学的基础条件，培养了大量人才，为国家的发展做出不小的贡献，也形成了成人高等院校远程教育的独特形态。本文旨在围绕燕山开放大学发展现实情况，在学理研究和实践探索过程中，研究广播电视大学转型开放大学的发展策略，研究结果对于帮助基层开放大学有效服务区域经济社会发展和丰富开放教育理论具有重要的意义。

二、研究思路与方法

从开放大学转型发展的现实背景出发，围绕广播电视大学转型发展的必要性进行阐述。对部分国家和地区已有经验进行借鉴，结合区域发展需求和燕山开放大学发展现状进行调研。在此基础上，探讨促进燕山开放大学转型发展的策略建议。

---

① 北京广播电视大学燕山分校是燕山开放大学前身。

（一）文献研究法

搜集国家、地方教育行政部门有关开放教育发展的政策、文件，国家开放大学和基层开放大学有关文献及研究成果，进行整理分析，对基层开放大学今后的发展趋势问题有了更加深入的了解。

（二）交流访谈法

多次召开研讨会，就城教融合背景下燕山开放大学的转型发展策略与燕山教委领导、燕山开放大学领导和老师们进行了深入的交流。各方研讨交流，结合燕山地区经济社会发展实际和学校发展现状，为规划燕山开放大学转型发展策略和路径奠定了基础，凝聚了共识。

（三）行动研究法

以问题为导向，组建研究团队，从研究的视角解决工作中出现的各种问题。利用燕山开放大学各部门业务，及时调整、总结工作思路和方法，提升理论水平。及时发现问题，有针对性地开展转型发展的研究，及时进行反思反馈，总结经验，把相关的理论运用到教育教学管理全过程，促进学校的发展。

三、基于 SWOT 视角分析燕山开放大学

本研究基于 SWOT 视角，从燕山开放大学的优势、劣势、机会、威胁四方面进行分析，梳理了广播电视大学燕山分校转型燕山开放大学的制约因素，进而对基层电大的转型策略与发展路径进行探索，为基层开放大学的发展提供参考，拓展办学思路。

（一）S（strengths）优势

1. 地理位置较好

燕山开放大学位于燕山地区中心地带，校门口就是地铁燕房线终点，还有多条公交线路，交通十分便利，方便成人们在工作之余来校学习。

2. 学支能力较强

燕山开放大学目前有在编教职工 20 人，副高级职称 5 人，中级职称 8 人，硕士研究生 2 人，大部分教师从事开放教育多年，爱岗敬业，具有较强的学支服务能力。

3. 具备生源基础

燕山地区常住人口 8 万余人，辖区内有石油化工联合企业燕山石化等多家企业。企业根据生产需要，每年都要招收一批新的产业工人，他们都是燕山开放大学转型后的潜在培养对象。

4. 体系具备优势

燕山开放大学下设学历教育部和非学历教育部。非学历教育部主要涵盖市民学校、家长学校、老年大学、党建服务中心等部门。根据职能，燕山开放大学主要承担地区学历教育、市民教育、家庭教育、老年教育、党员教育工作。同时，燕山开放大学还是燕山地区党群服务中心、党建品牌孵化中心、教育党建创新工作室的基地，党建相互连接、通联，党建氛围浓厚。2020 年，燕山开放大学还主动承担了新时代文明实践燕山分中心主要工作，在燕山工委宣传部的领导下，整合地区各类优质教育资源，指导地区各级、各类文明实践活动。燕山开放大学教育服务体现在终身教育的方方面面，实现了地区全覆盖，贯穿于人的成长全过程。通过几年实践，燕山开放大学已形成了"党建引领、贯通教育"办学特色，成为"活力、美丽、幸福"新燕山建设的重要力量。

（二）W（weaknesses）劣势

1. 师资有待提升

燕山开放大学教师形成了一定的规模，但教师现有的教育背景与转型后对教师的要求契合度不高。所以，确定转型后，需分析教师背景及专业需求并进行培训，使师资与转型发展需求相匹配。

2. 转型需要时间

北京广播大学燕山分校转型燕山开放大学，需要统一转型发展思路和方向，制定中长期发展规划。在上级部门的支持下，学校依据发展规划，通过重新定岗、原岗深造、转岗培训，充分发挥现有人员的潜能。要完成以上工作，需要一段较长的时间。

（三）O（opportunities）机会

1. 促进城教融合

依托北京开放大学办学体系优势，燕山开放大学可以充分发挥学历教育、市民教育、老年教育、家长教育、党员教育等教育资源，拓宽办学渠道，高质量完成地区政府交办下达的各项任务，服务城市建设和经济社会发展。

2. 终身教育的需求强烈

古语云："活到老，学到老。"随着燕山地区经济社会的发展，出于学习兴趣、职业选择、个人发展，非学历教育的需求纵贯人的一生，终身教育、终身学习成为必然的学习形态。燕山开放大学可以利用自身优势，面向燕山幼儿、少年、青年人、中年人、老年人开展各类非学历教育培训，成为燕山地区学校教育的完美补充，展现更大作为。

（四）T（threats）风险

1. 办学后劲不足

一是燕山开放大学所收学费的近40%要上交上级广播电视大学，所剩办学资金太少，基层政府又没有足够的财政支持，造成燕山开放大学自身只能维持正常的教学秩序，无力进一步加大美化学校环境和改善办学设施的投入。二是燕山开放大学教师待遇和福利对比普教学段教师偏低，这对师资队伍的稳定性影响较大，优秀的教师不愿来也留不住，燕山开放大学办学后劲不足。

2. 市场竞争激烈

随着全日制普通高校扩招，民办高校和一些名校的成人教育部门也在争夺开放大学有限的生源，开放教育生源日益萎缩。更为严重的是，燕山地区所在房山区仅开放大学就有3所，还有北京奥鹏远程教育中心有限公司等民营机构，成人教育市场竞争激烈。近3年，燕山开放大学专科、本科学历教育春秋两季招生人数基本维持在55人左右，相比以前招生规模有明显下降。

3. 品牌逐渐边缘化

近年来，燕山开放大学软件建设滞后，特别是学员需要的教学课件内容陈旧，教学资源更新不及时，不能满足学员需求。硬件条件虽然达到了一定的水平，但在服务中未能发挥应有的效果。教学质量保证体系不够完善，教学能力建设相对不足，教学思路也比较落后，教学内容偏离市场需要。总体来说，现阶段燕山开放大学专业设置的适用性及灵活性不够，毕业生市场认可度不高，燕山开放大学文凭的含金量降低。政府在开放教育上的投入减少，教育主管部门的工作重心主要放在普教，曾被社会普遍认可的广播电视大学学历教育品牌逐渐被边缘化。

四、燕山开放大学转型策略

（一）明确办学定位，实现持续发展

明确清晰的办学定位是学校发展的基础和前提。教育部发布的《国家开放大学建设方案》中明确指出，基层开放大学应在基层广播电视大学基础上共同建设，突出实用性，坚持面向人人。服务成长是开放大学办学特色，要保持高校属性，为国家培养人才。依据本地区经济社会的发展水平，突出地域特色，基层开放大学应主动作为，积极服务地区经济发展需要。燕山开放大学，并非北京广播电视大学的翻版，要始终坚持"开放、融合、服务、发展"的办学思路，不断优化办学质量。燕山开放大学应结合学校发展现状和区域发展实际，坚持学历教育与非学历教育并举，科学处理基业（学历教育）、正业（社区教育）、主业（继续教育）三者间的关系，以供给侧结构性改革为抓手，明确服务燕山学习型城市建设、构建终身教育体系的功能定位，实现学校可持续性发展。

（二）提升办学质量，稳定教育规模

燕山开放大学需在北京开放大学领导和支持下，充分利用体系办学优势，提高办学质量。

一是要始终把"以学员为中心，服务学员成长"的理念作为教育教学的出发点和落脚点，进一步完善适应开放教育学员需求和市场

需求的教学形式、课程内容，创新考试方式、管理制度以及人才培养模式等，着力探索构建以现代信息技术为支撑，符合远程开放教育的人才培养模式。

二是加强教育过程动态监管。加强开放教育质量控制与监管，构建一个融合入学教育、在校管理、学支服务、教学反馈、就业指导的动态支持系统，保障开放教育的质量。要突出加强对课程实施、学生考核、教学效果的考核和评价等方面的指导和实践。

三是要进一步提升学习支持服务水平，积极与就业市场需求对接，以科学的管理模式、优质的教学资源、灵活的网上学习指导，切实提高学员水平，促进学习质量的提高，使其学以致用。

四是着力加强招生宣传，创新招生服务形式，挖掘生源潜力，巩固学历教育规模。以需求为导向，围绕燕山地区社会产业的转型升级、人才需求，市民学习需求，加强校企合作，拓宽生源渠道。

（三）发挥自身优势，拓展非学历教育

进一步突出"党建引领、贯通教育"特色内涵，把握"为党育人、为国育才"育人导向，把燕山开放大学打造成融思想引领、道德教化、文化传承等多种功能于一体的基层综合平台，建设成为"传播思想、实践文明、成就梦想"的市民之家，构建功能完备、内容丰富、面向人人、特色突出的终身学习服务基地。

1. 以燕山地区新时代文明实践中心发展为契机，积极争取政策支持和经费支持，整合地区各方优质资源。在燕山教委的领导下，燕山开放大学纵向上充分利用党群服务中心、市民文明学校、短期培训学校、家长学校、老年大学、学历教育的系统办学优势，横向上加强与各委办局的联系合作。在燕山工委组织部和燕山工委宣传

部的支持下：党群服务中心，服务地区党员教育，传播实践科学理论，提升基层党组织组织力；市民文明学校，打造燕山地区市民终身学习基地，满足市民多样化学习需求，服务中小学生暑期社会实践，提升孩子素质；短期培训学校，搭建在职职工培训中心，为职工职业发展加油充电；家长学校，传播现代家庭教育理念，构建"学校、家庭、社会"三位一体的现代家庭教育体系，帮助孩子健康成长，助力"双减"；老年大学，用丰富多彩的课程和形式多样的活动激发老年人学习热情，服务地区"一城两业"建设；学历教育，为地区培养专业型人才，助力企事业单位提质增效。

2. 利用开放大学现代教育信息化的优势，在北京开放大学的引领下，紧紧抓住"互联网＋教育"这一难得一遇的发展机会，构建匹配市场需求，具备竞争力的线上非学历教育项目和方便学员随时随地学习的平台。在不断完善"线上"教育支持服务体系的同时，根据需求加大"线下"教育服务力度，大力构建"时时、处处、人人"的泛在学习环境，助推燕山终身学习体系建设。

3. 加强校企合作，加强与燕山地区各机关事业单位、行业企业、街道社区、培训机构的沟通和联系，主动服务，实现开放教育与学习型机关、学习型家庭、文明城区建设、学习型社区的服务对接。以"一城两业"建设为契机，拓展服务职能，主动参与燕山地区老年教育服务、助残教育。

（四）加强队伍建设，打造高质量开放教育

结合"党建引领、贯通教育"的发展思路，加大教师培训力度，完善评价激励机制，提升教师专业素养，着力研发党课和开发适合社区、家庭、老年等不同形式的课程，同时以理论实践相结合的形

式，提升教师素质。以新时代文明实践中心工作为主线，全面统筹各部门工作。一是以"党建引领、贯通教育"的发展思路，提升教师专业素养，开发适合社区、家庭教育、老年教育、党员教育等的内容丰富、形式多样的课程。二是在专家引领下，加强党课研发，着力打造一支以成教中心教师为中坚、专兼职相结合的理论宣讲队伍。把燕山开放大学教师培养成教学计划的实施者、教学活动的组织者，高质量服务新时代文明实践中心及两级党校的教育教学工作。三是加大教师培训力度，把教师培养成学生学习的指导者、终身学习的倡导者，完善评价激励机制，培育一支"讲奉献、擅管理、懂教学"，一专多能、能挑重担的教师队伍，构建"高站位、高标准、高效能、高水平、高境界"的燕山开放大学。

（五）党建引领，推动学分银行建设

1. 充实学分银行兑换内涵

学分银行不只要求把学习成果存进去那么简单，还要显示出学习成果的直接价值。在接下来的工作中，燕山开放大学需将学分银行的内涵更加具体化，促进学分银行建设融通发展。一是要在原有基础上在学历教育方面继续做好学历教育免修免考积分工作。二是要有序开展学历和非学历学分转换工作，即对学习成果的认定、积累和转换，通过线上和线下两种形式，为技术技能人才持续成长拓宽通道。三是要结合地区实际，利用新时代文明实践中心燕山分中心志愿服务平台，积极开展志愿服务的发布、派单、接单获积分活动，认真组织开展积分兑换活动，为市民创建更多的学习机会。切实实现人人学习有记载、学习成果有认证、符合条件可转换的效果，提高终身学习参与度。

2. 完善学分银行兑换制度

通过党建引领，依托新时代文明实践中心燕山分中心把学分银行做实、做稳。切实推动全民学习、终身学习，为燕山地区终身学习服务体系建设做出更多贡献。一是要制定学分银行激励制度，为全民创设多种平台，建设多种形式、多种模式、多种活动，让每一位参与者学有所成、学有所获。二是要制定出台《学分认定与转换管理办法》《学分认定与转换细则》等文件，依托新时代文明实践中心，规范学分银行建设工作。三是要定期召开成员单位联席会。在燕山工委宣传部、燕山教委的领导下，组织全地区各部门召开学分银行建设工作会，夯实学分银行工作。

综上所述，办好开放大学是实现广播电视大学战略转型发展的方向，也是广播电视大学系统改革发展的必然趋势。从国家顶层战略布局来看，开放大学是教育改革发展的一项全新的事业，开放大学建设处于黄金发展期。但我们还要清醒地认识到，没有现成的经验可循和已有模板可供参考，建设开放大学必将面临诸多未知和困难。燕山开放大学作为基层开放大学，要想实现转型跨越式发展，需结合燕山地区实际，坚持做好两方面工作。一是依托燕山开放大学的办学体系，巩固学历教育生源，紧跟北京开放大学的改革和发展，提升办学水平，寻找学历教育的机会，为地区发展培养更多的应用型人才。二是要以需求为导向，全力做好非学历教育，面向社会大众提供内容丰富、形式多样、各种层次的非学历教育，助力构建燕山终身学习体系，建设学习型燕山。

新时代下职业学校文化建设行动研究

燕山职业学校　韩显辉

在"十四五"开局之年，开启全面建设社会主义现代化国家新征程的重要历史时刻，全国职业教育大会于 2021 年 4 月在北京召开。习近平作出重要指示，强调职业教育前途广阔、大有可为，要坚持党的领导，坚持正确办学方向，坚持立德树人，优化职业教育类型定位，深化产教融合、校企合作，深入推进育人方式、办学模式、管理体制、保障机制改革，稳步发展职业本科教育，建设一批高水平职业院校和专业，推动职普融通，增强职业教育适应性，加快构建现代职业教育体系，培养更多高素质技术技能人才、能工巧匠、大国工匠。[①]

我校长期以来都十分注重学生发展及学校发展与校园文化建设的关系，坚持认为校园文化关系到每一个生活在其中的学生的发展，甚至是气质的形成，着重强调学校发展要经历"行政状态—品质状态—形象状态—文化状态"这样的积淀过程，以物质文化为基础，以制度文化添内力，由精神文化铸品牌，由活动文化创特色，从而使校园文化建设成为拉动教育持续发展的成功举措。

鉴于目前中等职业学校校园文化研究现状，结合前人相关研究成果，本文拟从中等职业学校校园文化理论研究出发，分析校园文化建设中存在的问题及成因，探讨中等职业学校校园文化建设的原则和对策，对提升中等职业学校总体办学水平和推动其校园文化建

---

① 习近平对职业教育工作作出重要指示［N］.人民日报，2021-4-14.

设，具有现实意义。

本研究综合运用多种研究方法，通过文献研究获得理论支撑，运用实践研究、案例分析，理论联系实际，多元立体地为区域劳动教育基地贯通式课程体系建设的研究提供支撑。

一、中等职业学校校园文化的概念与特征

（一）中等职业学校校园文化概念的界定

1. 关于校园文化的界定

本文认为，对于校园文化的概念，应从社会学和文化学的角度来界定，用简单的语言来表达，就是指学校师生在长期的教育教学实践中共同创建和培育形成的，并为全体师生所遵循的最高目标、价值观念和行为规范。

校园文化就其本质而言，可被归纳为以下几个方面。第一，校园文化是社会大文化的一个组成部分，是亚文化之一，与社会大文化之间存在作用与反作用的关系。第二，校园文化是学校物质文明和精神文明的总和。第三，校园文化有广义和狭义之分。广义的校园文化包括校园精神文化、校园制度文化和校园物质文化；狭义的校园文化指校园精神文化和校园活动文化。第四，校园文化是为学校实现教育目的、培养目标以及各种职能服务的。

2. 中等职业学校校园文化的界定

本文将中等职业学校校园文化的概念界定为：在中等职业学校校园内，以校园精神为核心，以师生为主体，在长期的教育实践过程中共同创建而形成的学校物质文明和精神文明总和。从构成上看，

中等职业学校校园文化应包括校园精神文化、校园制度文化、校园活动文化、校园物质文化四种形态。

（二）中等职业学校校园文化特征

中等职业学校具有特定的办学方向和育人目标，其校园文化呈现出自身特点。

1. 显著的职业性

每一所中等职业学校都有自己不同的办学理念、专业和课程设置、教学模式、学校管理、人才规格与质量，由此构成了各具特色的校园文化。

2. 鲜明的时代性

以服务为宗旨、以就业为导向的职业教育办学方针要求中等职业学校始终与社会经济相伴发展，这意味着中等职业学校校园文化的时代性特别明显，中等职业学校校园文化建设要符合时代要求，反映时代精神，体现时代特征。

3. 开放性

中等职业学校必须秉承教育的开放性，在办学任务与要求方面贴近市场设置专业，培养为区域经济服务的高素质的劳动者，这就决定了中等职业学校的办学必须是开放的。

4. 教育性和愉悦性

校园文化活动有别于学校正式教育活动，它是集思想性、知识性、娱乐性为一体的寓教于乐、寓教于文的活动，没有固定参与的师生、固定的时间和固定的场所。

二、中等职业学校校园文化建设的功能和作用

（一）中等职业学校校园文化建设的功能

校园文化作为全体校园人共同认可的一种区域性文化，是师生生存和发展过程中最稳固、最有活力的基础，必将影响到全体校园人的行为决策，从而发挥出其特有的功能。

1. 示范功能

校园文化的示范功能是指校园中的亮点工作、优秀人物以及人文、自然景观等对其他人和事的示范作用。校园文化是外显的学校精神，其中的优秀人物、亮点工作、代表性的景观、重要活动等影响着一代又一代的学生、一个又一个的群体。中等职业学校在校园文化建设过程中，要有意识地培养一批治学严谨、情操高尚、专业技能强的教师楷模以及学习刻苦、成绩优秀、实践能力强的学生楷模。此外，校园中具有学校特色、专业特点的雕塑、宣传标语、名人画像、学校建筑、实训设施等自然、人文景观，也都会对置身其中的人们产生潜移默化的教育示范作用。

2. 导向功能

校园文化可以通过自身的各种文化要素集中一致的作用，对学校及其中个体的价值观进行整合，从而形成集体价值观，实现集体目标。其后发挥引导作用，使校园中个体主动接受集体价值观和行为准则，使他们向着社会所期望的方向发展，实现个体全面发展。

3. 凝聚功能

校园文化的凝聚功能主要反映在校园文化的内在机制上。首先是学校各级组织对师生个体的归属机制；其次是对师生行为的准则机制；再次是融合师生个体和群体关系的情感机制；最后是统一协调的

内聚机制。

4. 激励功能

校园文化能产生一种激励机制。通过集体价值观和良好文化氛围的引导，学校的办学方针和目标更加明确、更加具体，教育目的和各项职能得以实现。

5. 创造功能

中等职业学校作为培养初、中级劳动者的主阵地，必须注重培养学生的创新素质。教师在参与校园文化建设活动时，进行教学、科学实践研究，通过自身的选择内化和更新知识和观念，并将其运用于教学过程，从而影响学生。通过参与，师生在具体实践中，挖掘智慧、感受灵感、学会创新，在新文化与原有文化的碰撞过程中达到融合创新，在不断创新的过程中提高自己的创新能力，最终善于创新、乐于创新，从而成就自己的创新品质。

（二）中等职业学校校园文化建设的作用

1. 校园文化建设对校园人文环境、职业氛围的促进

建设高品位的校园文化，对校园人文环境、职业氛围的形成具有促进作用。精神文化是校园文化建设的核心，它包括学校的历史传统、人文精神和办学理念等，是区别于其他学校最本质的东西，表现其自身的优势和特色。校园精神文化对人的影响是深刻久远的，中等职业学校校园精神文化的培育和确立需要长期的历史积淀。因此，塑造校园精神文化，是一项长久的、复杂的系统工程。

2. 校园文化建设对提高人才素质的促进

中等职业学校应重视学生素质和职业能力的培养。职业能力是指从事某种职业所必备的知识、技能、体质、情感、应变力等综合

能力。中等职业学校校园文化建设能够培养学生良好的综合职业能力，全面提高以能力为核心的综合素质。

三、中等职业学校校园文化建设问题及原因分析

（一）中等职业学校校园文化建设存在的问题

当前，中等职业学校教育工作者在专业开设和课堂教学等方面已达成共识，但在校园文化建设的内容、途径上，还没有一致认识，在校园文化建设过程中存在着薄弱环节，表现为以下几点。

1. 精力投入不足

校园文化就其发展性而言，它需要学校管理者、教职工继往开来，尊重、继承历史，着眼未来和创新，兼顾当前，去设计、创造校园文化。这需要精力投入，并且要坚持持久，不懈努力。只有如此，才会把校园文化建设推向新层次，使其出现新局面。

2. 缺乏特色

我国中等职业学校在挖掘自身特色，弘扬校园文化精神方面还存在不足，具体体现在以下方面。

（1）校训、校徽、校旗、校歌缺乏职校特色。校训、校徽、校旗、校歌集中体现一所学校的校园精神，校园精神是在长期的教育实践中积累形成的体现学校历史、办学特色、时代精神的行为、价值取向，对发挥文化引领价值观的作用有很大的积极影响。

（2）校风、教风、学风缺乏中等职业学校特点。中等职业学校招收的学生以没有考上高中或大学的为主，还有部分初中未毕业以及家庭经济困难的学生，素质相对偏低。这种局面对职业教育的精

神建设十分不利，造成校园文化精神层面底蕴不厚，因而中等职业学校大多没有特色或者特色不明显。

3. 校园文化活动缺乏系统性

校园文化活动是校园文化中活跃的动态因素，是校园文化建设的主阵地，是校园文化最生动的体现。校园文化活动形式包括：一是课堂教学活动；二是第二课堂活动；三是宣传教育活动；四是社会实践活动；五是组织管理活动；六是后勤服务活动。它们通过不同的途径为校园文化的健康发展发挥着独特的作用。

4. 校园文化建设的方法不够专业

对中等职业学校校园文化建设缺乏系统的研究，理论指导薄弱，实践经验欠缺，在建设的方法上不够专业化。

5. 校园文化开放程度偏低

一是校际间文化交流少，内容、形式单一。中等职业学校在开展校际文化交流方面程度较低，即使同地域的学校之间也很少有文化交流，并且交流多以文体类为主。二是学校与社会之间交流不够。

中等职业学校校园文化建设存在着上述不足，反映了中等职业学校在教育观念、教育方式、管理手段等方面落后于现代社会的要求，削弱了现代职业教育的影响力度，冲淡了职业教育的特色，拉大了学生与社会的距离，不利于中等职业学校的健康发展。

（二）中等职业学校校园文化建设存在问题的原因

中等职业学校校园文化建设存在问题的成因总体来看，主要表现在以下两个方面。

1. 认识观念不到位

中等职业学校校园文化建设的主体是营造、参与校园文化建设的校园人。在校园文化建设的主体中起主导作用的一些领导、教师和管理人员，对校园文化作用认识不足，主观上不积极参与校园文化建设，因此根本不可能过多关注甚至全身心投入学校校园文化建设，严重制约了校园文化的健康发展。

2. 市场经济、西方文化等多种因素的影响

不少师生没有把它作为一种文化进行分析，表现为：一是片面强调自我意识，导致"唯我论"；二是功利主义影响价值取向，人们转向用商品经济的价值体系衡量现实世界，精神世界往往被看作虚无的东西，对本来就认识不足的校园文化建设更是无暇顾及。

四、中等职业学校校园文化建设的原则与对策研究

（一）中等职业学校校园文化建设的原则

中等职业学校必须把坚持社会主义的办学方向，为社会主义经济建设服务，培养适应改革开放形势需要，具有良好的职业道德、心理素质和各方面能力的高素质劳动者摆在首位。

1. 目的性与方向性相统一的原则

中等职业学校校园文化建设有明确的目的性，它必须受到国家教育方针、教育政策、法律和发展战略的制约，与学校的办学方向、培养目标和发展定位有机地结合起来，从而更好地促进学生德智体美全面发展。

2. 个性与共性相统一的原则

中等职业学校自身的特殊性，决定了其校园文化建设必须定位在"中"和"职"两点上。

3. 渐进性与创新性相统一的原则

中等职业学校在校园文化建设的创新性方面，一要突出科学性，必须与所在地区的现代化建设协调一致，以保持鲜明的地方特色；二要突出层次性，体现出本校的文化传统、文化特点与社会文化的互动发展；三要突出实践性，体现出学校的发展要求和学生的特长。

（二）中等职业学校校园文化建设的对策

1. 树立正确的校园文化建设指导思想

在校园文化建设实践中，我们确定了校园文化建设的指导思想：以邓小平理论、"三个代表"重要思想、科学发展观为导向，以习近平新时代中国特色社会主义思想为指导，以培养社会主义建设需要的实用型、技能型、创新型人才为目标，以初、高中毕业生和就业、再就业人员为服务对象，为促进区域经济、文化和社会的健康发展发挥应有的推动作用。

2. 加大投入

充足的经费是搞好中等职业学校校园文化建设的经济基础，校园内建筑、实训设施、环境等需要大量经费维护与开发。

（1）加大政府对中等职业教育的投入力度

各级地方政府要切实落实党中央精神，加强对中等职业教育的投入，执行国务院有关文件中"将教育附加费20%～30%应用于职业教育"的规定，解决中等职业教育经费投入不足的问题。

（2）多渠道筹措经费

为更好满足中等职业教育发展的经费需求，需要多方面筹措社会资金。中等职业学校可以通过与行业、企业建立战略联盟以及面向行业、企业和社区培养特色人才等多种模式，获得经费支持，形成多元经费来源途径。

（3）建立健全中等职业学校贫困生资助体系

中等职业学校贫困家庭学生资助政策体系的建立和完善，为改变社会上鄙视职业教育的观念，扩大中等职业学校的规模，使职业学校和学生全身心投入校园文化建设起到了重要作用。

3. 建立强有力的组织保证

（1）建立中等职业学校校园文化建设的组织机构

中等职业学校校园文化建设的组织机构包括：上级主管部门、指导和协调校园文化建设的职能机构、专门负责校园文化建设的机构以及学校共四个层次。

（2）加强校园制度文化建设

校园文化建设需要有与之相应的制度。如何激发教职工个体工作的主动性、创造性和实效性？应加强对学校制度文化建设的认识；在制度的制定过程中，要融入富有人文情怀、创新活力的团队精神。

（3）加强中等职业学校校园文化建设工作队伍建设

校园文化工作队伍包括专职队伍和非专职队伍两部分。专职队伍是指在中等职业学校校园文化建设组织机构中，专职从事校园文化建设工作的教师和管理人员，对校园文化建设起着重要的指导作用。非专职队伍是指热衷于学校校园文化建设，从师生中涌现出来的积极分子和文化、体育、艺术等各类型人才。

4. 培育具有职业教育特色的校园精神

（1）彰显职业特色的办学理念

一所学校凝聚力的形成很重要的一点是有没有共同的价值观。共同的价值观演绎成师生共同认可的行为准则，这是一种无形的、能动的精神财富。这种共同的价值观是从校长到教职工都具备的共同理念，即办学理念。

（2）职校特色的校训、校徽、校歌

中等职业学校应根据自身办学特色和专业设置，结合区域文化和时代要求，创作出既体现学校特色，又富有时代特征的校训、校徽、校歌。

（3）职校特色的校风、教风、学风

校风、教风、学风是校园精神的具体化、人格化体现，不同的学校有不同的风气。良好的具有职业学校特点的校风、教风、学风，对职校学生综合素质的提高以及中等职业学校竞争力的提升具有不可估量的作用。

5.创新中等职业学校校园文化活动

校园文化活动是校园文化建设中活跃的动态因素，因此中等职业学校要结合区域文化、学校历史、培养目标、市场需求、个体需要等因素，开展丰富多彩的、符合时代特征的、体现职校特色的校园文化活动。

6.重视校园环境建设

校园环境是校园文化的重要物质基础和现实载体，也是校园精神文明与文化建设的重要外在标志，是从一所学校可以被直接感受到的最外显的文化现象。

7.以就业为导向，注重先进企业文化的引入与整合

中职毕业生能否及时适应企业环境，融入企业文化，成为中等职业学校校园文化建设中亟待解决的重要问题。

8.加强中等职业学校校园文化建设研究

中等职业学校要通过以下途径加强校园文化建设研究。一是要重视培养从事校园文化建设理论研究的专门人才，调动研究者的积

极性，建立专门的课题研究。二是加强同已取得成熟校园文化建设理论和实践成就的学校的合作交流。三要加强中职学校与社会交流，从社会中汲取先进的文化，促进自身发展。四是加强国际交流。同世界著名职业学校开展合作和交流，吸取国外先进的校园文化建设理念，体现时代性和开放性。

第二篇

学校课程与教学

中小学古诗词课程衔接问题及对策

北京市燕山教研中心　　元丽平

一、中小学古诗词课程在衔接中的问题的表现

（一）教学实践水平参差不齐

中小学古诗词教学主要以背诵默写为主。小学主要以古诗教学为主，目标以朗读、背诵和对内容的理解为主。部分对古诗词比较感兴趣的教师会对其内涵和艺术价值进行鉴赏；部分教师止步于让学生背诵默写，对其内涵及艺术价值的鉴赏鲜有涉及。初中大部分教师教学目标的设计则以中考中诗歌阅读考题类型为基，主要涉及背诵默写、内容理解、关联性阅读、读写结合等内容，程式化特征比较明显，机械化的训练破坏了诗歌的艺术性，多数学生能够背诵默写一定量的诗歌，但缺少对诗歌美与艺术价值的欣赏；还有部分教师根据自己的喜好，过度拔高，将思想性作为诗歌教学的重点，忽略了学生的理解与接受能力。

（二）程式化比较严重

纵观中小学古诗词教学，课程设计程式化现象普遍存在，大部分教师的课程设计基本都是诗人介绍、创作背景介绍、诗歌内容理解和背诵这四步。这样的设计与实施，缺乏对提高语文素养这一目标的设置，使教学陷入单篇循环往复的机械训练中，学生的学习也

是"只见树木，不见森林"的罗列式学习，对背诵诗歌篇目的积累、诗人的了解有一定的好处，但对诗歌欣赏本身的迁移运用能力的提升帮助不大。究其原因主要是教师缺乏课程的整体观，从而很难实现对目标的整体把握和系统构建。

（三）缺乏课程整体观和学段意识

一个极端是，对教学目标的设置相对比较随意，对诗歌欣赏所达到的程度缺乏学段的明显差异。如有教师在小学三年级时就在古诗词教学中涉及意境、意象的教学，而关于意境和意象在初中高年级甚至是高中才真正开始学习。另一个极端则是打着"书读百遍其义自见"的古训，只背诵默写，对课程教学要求置之不理。初中大部分教师教学目标的设计则以中考中诗歌阅读考题类型为主要依据，对学段差异、学生差异了解不足，部分教师甚至对文本差异都缺乏基本的把握和认识。

二、基于古诗词学科衔接问题的原因分析

（一）课程目标方面

《义务教育语文课程标准（2011年版）》（本文以下简称课标）各个学段对古诗词的目标要求如下：

第一学段（一、二年级）背诵优秀诗文50篇（段）；

第二学段（三、四年级）诵读优秀诗文，注意在诵读过程中体验情感，展开想象，领悟诗文大义；

第三学段（五、六年级）诵读优秀诗文，注意通过语调、韵律、节奏等体会作品的内容和情感，背诵优秀诗文60篇（段）；

第四学段（七、八、九年级）诵读古代诗词，阅读浅易文言文，能借助注释和工具书理解基本内容。注重积累、感悟和运用，提高自己的欣赏品位。

从课标的目标要求中可以看出，积累依然是古诗词课程目标的重要内容，课标对每个学段古诗词学习的具体目标没有明确的要求，缺乏较具体的目标分类和水平要求。例如，第四学段教学目标要求学生注重平时积累、在学习过程中感悟和运用，从而提高学生自身的欣赏品位。但是对提高哪些方面的欣赏品位，课标并没有明确指出，这使课堂教学容易陷入无序和随意状态。由于教师对目标的理解不同，设置目标的高低也有差异，容易出现目标重复、目标过低或过高的情况。

（二）教材方面：六年级七年级教材比较

课标第三学段对古诗词教学的课程目标要求为："诵读优秀诗文，注意通过语调、韵律、节奏等体会作品的内容和情感，背诵优秀诗文60篇（段）。"

从这一目标中可以发现，第三学段对古诗词课程的目标要求一是通过诵读体会作品的内容和情感，二是注重背诵和积累。基于此，六年级下教材共收入16首古诗词，古诗词的收录数量还是比较可观的。其中需要课堂教学的古诗共有6首，分散在第一单元和第四单元，分别是《寒食》《迢迢牵牛星》《十五夜望月》和《马诗》《石灰吟》《竹石》。还有10首需要诵读。从作品的体裁来看，均为近体诗，主要是律诗和绝句，篇幅相对短小，音韵性强，朗朗上口。从题材来看，主要为咏物诗和羁旅诗，还有一篇哲理诗。从诗人来看，主要是名家名篇。从与教科书的关联度来看，主要是配合本单元的人文主题进行选择，如：第一单元人文主题为"民风民俗"，4首古诗都是与传统节日相关的；第四单元为"志向与心愿"，所选古诗均为表达诗人志向的篇目。所选诗歌与语文素养也就是学科能力目标关系并不紧密。第一单元的阅读教学目标要求为"分清主次，体会作者是如何写作主要部分的"，第四单元的阅读教学目标是"关注外貌、神态、言行的描写，体会人物品质"，从中可以看到，单元目标中并未包含对古诗词教学的要求。

在《教师教学用书》中第一单元的教学目标为：

"会写'侯''张'等7个字；能有感情地朗读古诗，背诵古诗；能想象诗中描绘的画面，体会诗人所表达的情感；能了解诗中涉及的节日习俗或传说，感受诗中体现的传统文化内涵。"

第四单元的教学目标为：

"会写'络''锤'等4个字，能借助注释，理解诗句的意思；有感情地朗读课文，背诵课文。默写《竹石》；能联系诗人的生平资料、体会诗人的精神品质和远大志向。"

背诵默写是这两个单元共同的教学目标，另外两方面的目标是从两个角度去学习解读诗歌，不存在内部的必然关联。

从以上分析可以发现，六年级下无论是从体裁、题材、作品难度还是从内容来看，都相对比较单一，符合小学的认知水平；从单元人文主题和语文要素来看，古诗课程目标与单元目标、课与课之间的目标没有内在必然联系，缺乏连续性、序列性和一定的坡度。众所周知，想要掌握某种能力，需要反复的操练，需要循序渐进的训练，在同一册书中分散两个完全不同的目标对学生能力的掌握有一定的影响。当然，教科书内容繁杂，目标要求多，所有教学内容都实现循序渐进提升有很大难度，这就需要教师在课堂教学中对所有的目标和训练内容根据教学需要进行二次开发，从而实现教学的持续性、序列性和学生学习的循序渐进。

课标第四学段对古诗词教学的课程要求主要是积累、感悟和运用，同时提高欣赏品位。这一学段从七年级到九年级，跨度比较大，课程目标要求比较宽泛，为教科书编写及课堂教学留有更多的创作空间和发挥余地。以七年级上为例，七年级上共收录古诗词12首，诗词收录数量相对小学有所下降：一方面是由于学科任务加重及难度加大；另一方面，或是文言文的篇目开始变多的缘故。从作品的体裁来看，古体诗和近体诗交叉在一起，诗和词曲均有涉及，体裁范围广，拓展面变宽，篇幅相对较长。从题材来看，有边塞诗、羁旅诗、送别诗等，取材范围广泛，语言形式多样。从朝代和诗人来看，涉及了多个朝代、多位诗人。从与教科书的关联来看，七年级依然主要配合本单元的人文主题进行选择，第一单元人文主题为"四季美景"，属于自然主题，四首古诗基本都与自然相关；再看语文素养培养，第一单元的阅读教学目标要求为："朗读，想象美景，领略景物之美；把握重音和停连，感受汉语声韵之美。注意揣摩和品味语言，体会比喻和拟人等修辞手法的表达效果。"

可以看到，古诗词教学在单元目标层面在朗读方面有所涉及，对其他方面的教学要求并不明显。可以说，七年级上对诗歌教学的要求从体裁、题材、难度各个方面较六年级下都有大幅度的提升，这中间存在一定衔接不平滑的方面。再加上给了教师更多的取舍余地，自然会有教师在实践运用中出现偏差，加大衔接的难度。

因此，基于课标和教科书，对其目标进一步地梳理、细化、补充，对衔接大有裨益。

（三）教师方面

现实中，小学和初中形成两个各自封闭的系统，小、初教师之间缺乏必要的交流。初中教师不了解小学教材，只是一年一年地在封闭的系统中教授教材。部分教师对衔接认识不够，抱着速成的想法，唯中考试题论，无论年级高低，都以中考考点为目标设计教学，脱离了课标及教科书所设计的目标要求。更有甚者以中考考点衡量学生能力，抱怨学生水平不行、能力不够，而缺乏对自己教学的反思与再认知。还有一部分教师重知识、轻学法，进行填鸭式教学，使得学生的能力很难得到阶梯性提升。大部分教师习惯于以课为单位进行教学设计，且重内容设计而忽略目标的连贯性，缺乏站在语文课程整体角度认识、思考、规划、设计课程，即使每一节课都很精彩，但因缺乏整体的课程意识，课程之间的连贯性和衔接性也不够，从而出现断层，影响学习效果。

从客观上讲，教研工作也是以学段来划分的，部分教研员主要关注本学段的教学内容和知识，即使从整体上观照也缺乏系统的课程设计，而组织教师跨学段、跨年级的教学研究就更少了；另外，针对教师也鲜有基于衔接和一体化教学的专项培训……这些都导致了教师的教学出现学段甚至年段的断层。

（四）学生方面的原因

在教师的严格要求及指导训练下，大部分学生古诗词背诵、默写能力强，理解、感悟、运用和欣赏水平差，难以形成自己对古诗词的认识和欣赏；而且由于古诗词语言组织形式特殊、信息量大，理解起来比较难，学生天生有畏难情绪，学习的积极性不高；再加上每一册中古诗词的数量相对较少，学习、训练的机会少，巩固落实起来就更难，以致有些学生到九年级毕业依然是背诵数量喜人，欣赏水平堪忧。

三、"十四五"背景下中小学课程衔接实施对策

（一）提高课程目标的序列性与指向性

1. 课标分年级细化

课标是教科书编制、课堂教学及评价的纲领和指南，更是教师整体把握课程目标、了解课程内容的重要手段。因此，要使教师拥有课程整体观，教学更规范，学段与年段衔接更有序，课标的目标制定需要更加具体、明确。可以在总目标之下，制定每一段的具体目标要求，细化标准。如"提高欣赏品位"在七、八、九年级分别应达到什么水平，从而使学段目标更加连贯且有坡度。

2. 教材分单元细化

（1）教材中课程目标设置分析

以六年级教学目标为例，从教科书六年级的教学目标及教学建议中不难发现，除了背诵和默写外，教读篇目有基本目标，就是通过想象画面，理解诗意，体会情感。其中在第六单元提到，在前一阶段积累的基础上进行迁移运用。但实际上，想象画面并不是唯一理解古诗意思的方法，在六年级上除了想象画面还给出了多种理解古诗意思的学习策略，比如"抓关键词、借助注释、同伴交流""了解创作背景"等，显然，六年级下没有及时巩固六年级上呈散点出现的学习目标与策略，这就大大降低了学生学习的效率和掌握的可靠性。而七年级上第一单元古诗词教学要求指出：要发挥联想和想象，边朗读边想象诗歌中的画面，以便进入诗中的情境；同时还要填补画

面中未写明的内容，即艺术空白。显然学习的难度更大了，这就需要在六年级和七年级之间搭建一座缓冲的桥，同时在六年级教学中增加古诗词课文目标之间的连贯性和梯度性。

（2）对教材教学目标的修改建议

要实现课程在课堂教学层面的连贯与衔接，教材内容和目标设置的针对性、序列性、梯度性必不可少。根据前面的分析，教科书古诗词教学中小学段之间、学段内不同年级及单元之间并没有内部的紧密联系，但从一个单元、一个年级甚至一个阶段的古诗词教学内容与要求出发，都无法对本学年古诗词教学应该达到的水平有一个较为清晰的认识。因此，建议教科书在编写过程中除了建立单元内部文本之间横向的关联，还要注意同一内容纵向的序列性与梯度性，减小教师教学设计的难度，提高教师的把握力。对设置古诗词内容的单元，建议在设置单元整体目标的同时关注诗词教学差异，建立与上下单元目标的关联，以提高古诗词教学的针对性和实效性。

3. 教学目标的二次开发

在现行课标及教材编排框架下，最可靠的方式是对课程目标进行二次开发，并在目标开发的基础上，适当添加或者修改教学内容，从而实现目标及对应教学内容的连贯性与一致性。根据课标的要求，整合教科书单元、课时教学目标，结合学情及教情，基于学习效果提升进行二次开发，从而实现古诗词学习的持续性，提升学习效率。

（二）提升课程内容的梯度与饱满度

教科书从低到高在课程内容的设置上比较符合学生的认知规律和接受能力，但作为基础教育最重要的教学内容，古诗词教学尤其是诵读容量还有很大的提升空间，同时在内容选择上还有更广阔的拓展空间。在中华诗词宝库中有数不清相同体裁、题材、诗人、朝代，不同难度的名作，可以供学生学习。

由于古诗词语言准确、鲜明、生动，同时又充满抒情性、形象性和精练性，适合诵读，对学段要求不明显。加之学生从小就开始听、背古诗词，有较多的诗词积累和较深的诗词底蕴，有条件也有必要进一步加大诗词学习量、加深诗词内容学习深度，增强学生的文学底蕴和对传统文化的理解力。

在设置方式上，部编本阅读系统采用"三位一体"的阅读教学体系，在这一体系下，设置了"课外古诗词诵读"板块。建议在这一板块之下，以链接形式给出相关的古诗词，拓宽诗词学习的渠道，实现从教读、自读、拓展阅读到兴趣阅读的迁移，为师生提供更丰富、精当、经典的古诗词学习素材。

（三）教师要加强课程整体意识

学生学习的效果在很大程度上取决于教师，教师的课程视野，课程理念，课程理解力、驾驭力和执行力决定了课堂走向和学生的学习效果。从人的整体培养出发，教师亟待树立整体的课程观，把每一次课程实施放在整体课程视野下思考，根据整体育人目标确立本次课程的目标；以课程目标为方向，科学设计教学目标；以教学内容为蓝本，积极改进教学方法；以学生发展为中心，创造性地确立教育体系。这样好的课程目标、好的教学内容才能实现其真正价值。

（四）展开持续性、多维度的课程评价

课程评价是通过对课程进行研究和分析，判断课程价值和适宜性的有效手段，是课程建设中的最主要组成部分。通过对课程本身、

课程实施及学习效果的分析、比较、判断，检验从课程开发到课程实施各环节的价值，从而为调整、改善、发展课程提供重要的客观依据。

传统课程评价的内容主要指向学生的学业成就，而对课程实施过程和主体需求并不关注。实际上，课程评价内容应聚焦于课程目标、学习过程、课程设计以及课程资源等；评价的手段应将量化评价与质性评价相结合；评价对象应涉及教师、学生、课程甚至是学校，通过对课程持续性、多维度的评价，能有效评估课程和教学效果。

基于智慧学伴平台的高中教学改进研究
——以北师大燕化附中为例

北京师范大学燕化附中 杨 琳

一、研究背景

党的十九大站在新的历史起点，将教育信息化作为教育系统性变革的内生变量。北京师范大学燕化附属中学（本文以下简称北师大燕化附中）在新课程改革中遇到了机遇，也遇到了挑战。教师在学科理解、学情把握、教学理念、教学设计和实施能力等方面有待整体提升，教师群体的专业教研水平无法满足学校日益增长的教学需求，从学生层面来看，我校缺乏支撑学生个性化学习的优质资源，学生日常学习欠缺体系化、精准化和个性化的指导。基于此，智慧学伴平台的基于大数据的高中教育质量提升项目（以下简称大数据项目）在我校正式启动。智慧学伴是由北京师范大学未来教育高精尖创新中心所研发的在线智能学习平台，它基于大数据和人工智能技术，面向北京市中小学生，提供在线测评、智能作业与学习资源提供、个性化报告、智能推送等教育服务。核心理念是通过采集学习过程的数据，建构能力与知识结构，发现学科不足并增强学科优势，诊断并分析学习中的问题，进而实现教师的精准教学，改进教学工作。我校教学部门基于智慧学伴的数据，进行了教学管理、教与学方式改进研究的探索。

二、研究过程

（一）第一阶段

1. 智慧学伴及"四全"（微测全做、教师全批、报告全看、资源全学）培训。项目各参与角色通过体验式培训，了解智慧学伴助力教学研的服务路径，初步掌握智慧学伴平台的使用；通过组织师生进行平台线上的操作学习，贯彻"四全"理念。

2. 智慧学伴数据分析解读。指导学科教师学习解读诊测报告数据，学习使用智慧学伴平台的数据。

3. 通过校际合作的模式，组织项目工作坊的教师协同参与，并进行分学科命题培训（包括试题、双向细目表的编制等）。

（二）第二阶段

1. 基于智慧学伴大数据的教学研讨。以年级部为单位，采集高一年级大型考试数据，发现学生学科优势与问题，便于对本阶段教学成效进行科学诊断。

2. 工作坊交流——班主任、备课组、全年级教师会，以及家长会。推动智慧学伴大数据在教学管理层面的常态化应用，基于数据创新教学方式、课堂模式、学生培养模式，以数据提升管理质量。

3. 精进教学能力、引领阶段反思。以年级备课组为单位，聚焦教学问题，着力探索解决方法和路径，转变创新教学思路和深挖数据潜力，围绕教学设计、教师说课及其片段教学、课标和教材的解读与整合进行深入探讨。同时依托数据，联合同区项目参与校进行协同备课，了解校际间的教学异同，汲取先进优质经验和指导意见。

4. 数据及时反馈，持续改进。以年级部为单位，结合项目开展以来的微测和总测诊断形成过程性评价，进行第二阶段测评数据解读，了解本学期教学效果，总结项目阶段性经验，制订下一阶段教学计划。

（三）第三阶段

在完成实施阶段任务的基础上，进行课题的结题工作，对课题的研究结果进行汇总，预期研究成果形式有论文、课例集。

三、研究结果

（一）智慧学伴促进教学评价与教学管理改进研究

1. 以核心素养为导向，改进教育管理

智慧学伴的使用，使得教与学的过程数据越来越丰富，它针对具体核心概念分别设计层级细目表，构建了核心概念知识图谱和学科能力模型，进行相应的诊断工具设计、干预资源开发，实现诊断工具和干预资源的精准匹配，这有利于将学科核心素养的提升渗透并落实在日常的教育教学中，凸显评价对教育教学的诊断和促进功能。

以历史学科为例，新教材改革以来，老师普遍反映教材范围广、内容多，课时少等问题。教学部门建议历史老师从智慧学伴提供的学生核心素养评价入手，针对学生问题进行教学设计，既注重把握新教材的知识，同时重点研究历史学科的关键能力。

在专家的指导下，学校历史教研组建立起适应新课改、新教材的学科教学方式，即明确学习目标—掌握知识结构—抓住关键问题—关联核心素养—提升实践能力。例如，《中国古代史》第二单元

"三国两晋南北朝的民族交融与隋唐统一多民族封建国家的发展"的知识结构为"政局变迁与国家治理""经济发展与社会生活""文化成就与交流传播"。本单元的关键问题可以被概括为这一时期经济、文化繁荣，民族往来和对外交往活跃，中国的国际影响力大为增强。从核心素养角度，以"唯物史观"为例，一是要关注到社会存在与社会意识的辩证关系。因为有"少数民族入主中原，纷纷内迁，北方战争频繁"这个社会意识，才有了"民族关系发展，民族交融和江南经济开发加快"这一新的社会存在，体现了正确的社会意识对社会存在的促进作用。二是了解隋朝短暂而亡，而唐朝前期繁荣强盛的原因是统治者调整统治政策，即部分地调整生产关系以适应生产力的恢复和发展；认识到唐朝贞观之治等局面的出现，主要是由于人民群众对历史的巨大推动作用。经过以核心素养为导向进行的教学改进，历史学科的教学成绩进步比较快，在测试中取得较好的成绩。平均分从全房山区第四名提高到第二名，在优秀率方面也有提升。

2. 多元教育评价，改进教育决策

对于教学管理人员和教师而言，大数据提供技术、方法和思维的支撑会促进教育评价全面、客观地开展。每个年级的高一阶段，我们视为起始阶段，在接下来的测试的成绩分析中，智慧学伴报告从学科核心概念得分率分析、学科能力表现、学科核心素养表现等多个角度进行对比分析，能改善现有的学校考核方式，更有针对性地进行教学干预。

教学评价也为教学部门根据学生潜力特长提出分层分类走班方案提供依据。例如在2020级学生分层分类选班辅导中，教学处根据学校近两年的成绩报告和2019年学生的成绩分析，并结合学生的职业愿景调研、北京市高考报考要求，给出学生选科建议。

（二）智慧学伴促进教与学方式改进研究

1. 优化教学目标，落实核心素养

教师要树立核心素养教育理念、学习课标、研读新教材，做好先行准备，积极投身教育改革、教育实践。我们依托智慧学伴项目，利用大数据平台，构建核心概念知识图谱和学科能力模型。

比如生物课中"有丝分裂"一课，课标对此内容的要求是"描述细胞通过不同的方式进行分裂"。课标对教学活动的建议是"制作和观察根尖细胞有丝分裂简易装片"，要求学生能够结合有丝分裂的模型，描述细胞增殖的主要特征。在学习完第一课时后，教师通过前测发现，学生已经掌握细胞周期的概念、有丝分裂过程各时期的特点，以及 DNA 和染色体的变化，能够理解有丝分裂的意义是将亲代细胞复制的染色体平均分配到子细胞中。测试中第一题考查有丝分裂的意义正答率是 86.4%；第二题考查细胞周期，正答率是 90.9%。A1–1 和 B1–1 的目标已达成。但大部分学生对有丝分裂过程中如何做到准确均分的机制尚不了解，对每个时期发生的典型变化还不熟练，识别图像的能力还有待提高。第三题的正答率是 54.5%，以及第四题分析细胞分裂过程中染色体出现异常的原因，正答率只有 40.9%，C2–1 未达成，说明学生无法依据细胞分裂、遗传等变异的信息，解释异常的机理，逻辑推理和迁移应用能力不足。因此根据课标要求和落实核心素养要求，教师接下来的目标是帮助学生构建整体的知识脉络，理解生命的本质。

2. 改进教学方法，提高课堂教学质量

高考评价要求教师在教育教学中发现个性、培养个性，提高教育质量。教育大数据有助于教师发现学生个体特征，为学生提供个性化成长的支持。

教师通过大数据的分析，从学习起点到制定学习目标都有数据作为根据，在教学过程中准确判定学生的学习能力并制定核心素养培养目标，比较精准地设定教学策略。以物理学科为例（见图2-1）。

9. 通电矩形导线框 abcd 与无限长通电直导线 MN 在同一平面内，电流方向如图7所示，ab 边与 MN 平行，关于 MN 的磁场对线框的作用，下列叙述正确的是

A. 线框有两边所受的安培力方向相同

B. 线框所受安培力的合力为零

C. 线框所受安培力的合力方向向右

D. 线框所受安培力的合力方向向左

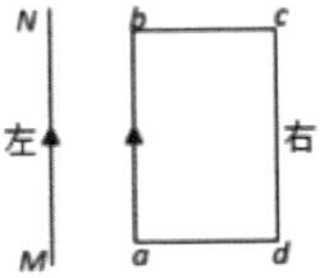

图7

图 2-1 物理学科例题

本题为典型例题，考查安培力的分析，课标中对学生能力水平的要求为3，即要求学生对常见的物理问题进行分析，通过推理获得结论并做出解释。根据数据，发现我校高二年级学生的本次物理测试问题为：知识多数停留在简单的记忆与再现层面，理解与应用、解决实际问题的能力较弱。结合物理学科核心素养的含义及高中物理学科特点，下一阶段教学应把以下两点作为教学重点。

一是加强对课本基础知识和基本规律的深入理解与掌握，要求知其然还要知其所以然，做到熟练推导重点公式；

二是加强对物理学科中典型模型和方法的总结与掌握，以及模型在现实生活中的应用，做到快速提取模型中的重点物理知识和规律。

3. 改进学习方式，促进学生进步

智慧学伴的学习反馈分析是发挥大数据优势、提高学习效率的有效途径。数据反馈学生的学习情况，包括基本成绩信息、整体概

况、学习变化信息、薄弱知识点分析。学科教师根据智慧学伴班级成绩报表，可以总结反思班级整体训练情况。

如某学生地理学科的诊断报告显示，本次测试涵盖本学期学习的四个内容主题，该生综合水平为优秀，其中"学习理解、应用实践、创新迁移"三方面能力超出了年级平均水平。在素养方面，"人地协调观、综合思维、区域认知"优于年级平均水平。该生在必修地理2、自然地理基础、区域发展这些内容上还有很大进步空间。根据学生情况，教师为该生推荐了薄弱指标的对应练习题。

例如高二上学期英语考试后，教师经过大数据分析发现，本班学生在"阅读与表达"这一新高考题型中正答率不高。追踪此题型对应的本班学生能力发现，学生在整合文本信息，采用恰当词汇或语法形式完成意义完整、逻辑连贯的语篇方面的能力较弱。基于此，教师在高二下学期的教学中及时调整教学策略，加大阅读与表达题型的练习与精准指导，在下学期期末考试中，本班学生有了显著提升。

再以英语学科为例，B同学英语基础较好，对于新知识接受能力较强，但是踏实程度不够，英语成绩在本学期表现一般。C同学英语基础较弱，对英语学习热情不高，英语成绩有待提升。为了进一步探究其原因，教师通过智慧学伴平台提供的试卷分析以及学生成绩分析跟踪对比发现，两位同学能力的薄弱点不同。B同学在高二上学期考试中阅读理解题型准确率不高，失分严重；C同学作文失分严重，在高二上学期考试中未能良好完成写作任务。基于此，教师在高二下学期的教学中进行精准辅导，经过师生共同努力，两位同学在高二下学期英语考试中相关薄弱题型都有较大进步。

该班D同学的基础较好，在高二上学期考试中英语听说成绩为

46分，分析该生出错原因，发现该生听后填写单词以及听后转述题存在问题。对此，教师进行一对一指导。首先，教师认真听取了学生的做题方法。其次，针对学生的问题，教师分享了避免填词出错的小技巧，比如预测所要填写的词汇并注意大小写和单复数；同时分享了听后快速记录转述二级信息的方法。在课堂教学中教师注重对该题型的反复操练和指导，同时注重生词的反复听写，加深学生记忆。经过师生共同努力，D同学在高二下学期的英语听说考试中取得满分的成绩。

4. 改进教研行为，助力教师专业素养发展

以往的教研组活动更多的是基于直观认知和教师的经验，随着大数据的介入，将学科教研与信息技术相融合，可以借助信息化工具跟踪教师教学行为，实施精准教研。

（1）精准分析，科学选择教育资源

教研组根据数据发现教学中的关键问题，个性化推荐教学资源，引导教师关注学生的过程性学习数据，依据学生的个性化知识地图，挖掘学生学习过程中有价值的动态信息，及时推荐学习资源，更新教学内容。

例如2019级高一期末语文学科，学生在"古诗文阅读""实用类阅读"两个核心方面上能力较弱。语文组根据以上情况进行教研和训练。

（2）加强研究，加强教研过程管理

以往的教研活动中，教研组长更多是基于自身经验对教师的教学目的、教学行为和教学主动性进行判断，带有一定的主观意识。而且，因缺乏有效且广泛的数据支撑，各位老师对关键问题的理解也不相同，所提供的解决方法的针对性也比较弱。现在的改进是：首

先，教师要基于学情诊断，如学生的阶段性检测和总结性测试，汇聚过程数据，发现教学中的真问题和关键问题；其次，对通过大数据分析发现的教学问题进行精准诊断和分类研究，精准设计教学活动，通过与学科专家、教研员和教师的研讨，形成教学设计；最后，教师进行公开课展示，由学科专家、教研员、其他教师观摩，进行经验总结和教学反思。

（3）依托教研评估，汇聚教学问题，开展小课题研究

学校鼓励教研组对数据报告统计中显示耗时长、效率低的零散问题进行收集和分类整理，基于数据研究形成课题，融入日常教学，深入教学探究，从教学实践上升为教学研究，实现从科研视角开展教学研究的目标。

以我校英语组为例，英语组在教研过程中发现，学生的思维品质和阅读与表达能力亟须提高。英语组以教学理论为基础，以数据诊断报告为支撑，深度探讨教学核心主题，共同分享经验、探讨问题、反思教学，形成一个理论与实践结合的教研共同体。燕山教委刘桂秋英语工作室组织了系列活动——英语微型专题讲座翻转培训沙龙。工作室教师就单元整体教学中文本分析、学情分析、教学目标、学生深层思维能力培养、阅读与表达六个方面进行专题研究。

在教育教学过程中，使用智慧学伴也提升了教师数据素养和专业能力，驱动教师教学决策变化：研究整合教育大数据，培养教师数据素养；合理进行数据挖掘，发现教学真实问题；推进科学评价，完善教师教学决策。

在教学实践中，我们也有一些亟待解决的问题：一是部分教师对课标、核心素养的理解需要加深，存在"新瓶装旧酒"的情况，即看上去在努力贴合新课改、新理念，但实际在课堂上还是没有让学

生真正动起来；二是要继续推进信息化与教育的深度融合，主是让更多的教师充分理解和认识教学大数据的价值，掌握教学大数据采集、分析、解读和应用的方法与技巧，用数据来解决教学中的具体问题。

区域劳动教育基地贯通式课程体系建构的研究

北京市燕山职业学校　冯　朴

一、区域劳动教育基地课程体系建设存在问题及原因

（一）贯通方面

全国加大对劳动教育实施力度，全社会关注劳动教育实施途径和方式，但现实情况不尽如人意。如何让劳动课程呼应需求、技术提升顺畅，让自我认识与自我规划结合，让职业认知与职业选择连接，让生涯发展规划得以延续，真正达到劳动教育的纵向联系、横向贯通？实现劳动教育贯通联动的培养模式，建构劳动教育贯通式课程体系显得尤为重要。

（二）课程设计与实施方面

其一，有劳无教或者有教无劳。为开展活动而活动，削弱了实践活动育人的功能，有损课程质量，劳动意识、情感、态度的教育目标不明显。其二，大中小脱节、家校社会剥离。学校选择性开展劳动教育活动，跨学段的劳动教育融合不足、鲜有关联，学生不曾涉足自我认识、职业认识。其三，有课程无实施、有过程无评价。将实践课程作为学科拓展活动，课程内容教材化，评价单一。

（三）教师方面

劳动教育基地（本文以下简称基地）现有专职教师 18 人，53%的教师是从中小幼学校转行为实践活动教师的。这些教师跨越从单一学科教学到综合学科教学的界限，经历分学段教学到跨学段教学的转变。他们参与学习培训的机会较少，课程理论和实践能力比较弱，整体专业化水平不高。

（四）学生方面

学生在基地形成了良好的劳动品质和行为习惯，回到学校后，这些劳动品质和行为习惯没有及时巩固，容易随着时间的流逝而退化。在基地，课程是开放灵活、丰富多元的，学生兴趣浓厚，参与积极性高，收获较大。但到了服务学校，又要重新面临各种考试和升学的压力，刚刚培养起的探究和创新精神很容易消失。

二、区域劳动教育基地贯通式课程实施的分析及建议

（一）创新区域劳动教育模式，形成参考范式

统筹区级资源，将劳动教育课程纳入正常的教学工作计划来统一布置、统一要求，教学研究工作也要选择与基地劳动教育有关的课题，进行跟踪性、实验性和引导性的研究，真正服务于基地教育教学活动。同时，贯通式课程理念以学习者全人格的培育为根本，着力打通衔接阻隔，保持教育一致性与连续性。因此，进行深入、全面、系统的研究有利于丰富和完善基地新时代劳动教育贯通式课程体系建设，为更多基地开展新时代贯通式劳动教育、"双减"背景

下劳动教育系列课程提供经验借鉴。

（二）促进教师专业化发展，丰富课程内涵

基地要更加紧密结合劳动教育课程改革，从基地课程的开发、实施、评价、总结整个过程来完整地体现立德树人的总体育人要求。建立一支适应于贯通培养的师资队伍，培养"双师型"师资，有效促进课程实施主体即教师队伍形成良性循环、可持续发展态势，实现教师业务上下贯通。

1. 师资配备

在基地特殊的外部环境中，对指导教师的文化素养、专业技能要求更高，既需要"忠而谋"的职业素养，又需要"专而精"的专业技能。

2. 课程开发

调动教师参与管理的积极性，给予工作自主性，激发开发课程的潜力。在每学期或学年定期进行新课程内容的征集、交流和论证，及时完善和更迭课程资源，与时俱进满足学生需求。

3. 校本教研培训

加强校本教研，为教师赋能，为教师提供更为广泛、多元的展示平台和空间，引导教师"做最好的自己"，人人享有"点亮之光"，为提质减负优化课堂、提升育人质量奠定基础。

三、区域劳动教育基地贯通式课程体系的实施策略

新时代劳动教育应服务于学生的全面发展，充分发挥劳动教育全面育人功能。推进区域实践基地三维立体劳动教育课程体系的建

构与实施，立足于学校的内涵发展和特色品牌发展、教师的专业发展和综合发展、学生的全面发展和个性发展，提升学校办学内涵、文化和品质。

基地明确新思路、找准新方法、创造新优势、实现新突破，多维开展，整体联动。在建设课程体系上，形成了三维立体劳动教育课程体系。该体系由一种价值精神、五大领域课程和七个综合模块共同构建，形成纵横交错、融会贯通的三维立体式课程体系。以劳动价值观为统领，纵向上分为自然领域、社会领域、生活领域、人文领域和科学领域五大领域课程，横向上设置农事劳动、劳动技术、职业素养、科技创新、传统文化、生命拓展和主题教育七个综合模块，形成了多元、立体、开放、自主的综合性课程新体系，提升了基地课程品质，推动内涵式发展。

（一）建立贯通体系，明确定位教育目标

基地在发展中不断梳理、审视育人目标，对育人目标进行了多方面的探讨与思考，并随着基地的进步、发展、变化进行逐步调整修订，以便更好地促进学校的可持续发展，满足国家和社会的需求。基地始终坚持贯彻以德立校、育人为本的宗旨，通过活动育德于心、成德于行，形成了"目标引领—素养导向—主题活动—课程渗透—公益实践—红色研学—农事劳动—全员育人"的特色德育路径。加强劳动实践中的价值引领、习惯塑造、品质养成，将积极的人生观、世界观贯穿实践活动的全过程。

1. 学段间纵向进阶，各有侧重又相互衔接

课程设置有效衔接、和谐过渡，帮助学习者树立劳动观念，培养劳动技能，使其能够服务自我、服务他人、服务社会，以持续提

升劳动教育的连续性和实际获得感，推动劳动教育的独特性。

2. 与生涯规划、提升、发展横向融合

课程体系针对性强、实效性高，助力学习者增强职业劳动观、职业价值观，实现创造性劳动的发展需求，为终身学习和职业发展打下坚实的基础，实现劳动教育的价值。

（二）多层面有梯度，科学设计课程内容

在学段之间的衔接上，基地围绕办学理念和育人目标，以"拓宽、加深、衔接、贯通"的充实式教育模式为宗旨，在对新时代劳动教育课程探索的基础上，对劳动教育进行课程化实施，科学设计劳动教育的内容，做到多层面、有梯度。结合小初高不同学段学生的身心发展、培养目标和认知水平，设置相应的劳动教育内容，培养学生必备品格和关键能力。课程内容遵循全面性、发展性、整体性和前瞻性原则，突出适宜性、操作性、贯通性和时代性特点。基地注重中华优秀传统文化的传承与创新，着手为二至八年级学生打造传统文化模块的贯通课程，一个年级一个主题，以传承和创新为切入点，由浅入深学习文化和技术。传统文化模块贯通课程包含："纸文化""陶文化""布文化""茶文化""食文化""木文化"和"农文化"七大类主题课程。贯通课程的设计可以满足学生对传统技艺持续多元学习的需求，使学生坚定文化自信，做中华优秀传统文化的传承者和弘扬者。

（三）质化教学效果，扎实开展贯通劳动教育

劳动教育的整个过程不是走过场和图形式，而是侧重实践、强化融合、扎实开展的长效教育实施过程，是借助劳动教育活动让学

生树立正确的劳动观念、具备必备的劳动能力、培育积极的劳动精神、养成良好的劳动习惯和品质。

开展有效的教育活动的前提是有安全专业的基础设施。专业教室是深化学校课程、基地内涵建设的重要抓手，是提高课程实施水平、满足课程实施需要的重要举措。基地专业教室建设从学科氛围营造、学科文化彰显、学科器材配备、学科资源整合与创新、学科感悟与体验、学科课程到综合课程的转变等多方面进行建设和使用。基地先后改扩建实训楼，建成金工、木工、电子、3D打印、模拟驾驶、烹饪、面点、录课、计算机、机器人、模拟法庭、书画、装裱等22间特色实训室，为基地高质量的教学活动提供了稳固的根基。

基地基于项目式教学模式进行课程设计与实施，以传承优秀传统文化精神为抓手，为地区中小学提供菜单式课程服务和内容。菜单式课程可针对不同年级进行课程服务，具有分层次、递进式、可组合的选择特点。同时，基地与时俱进，转变教学模式，开拓教学新思路，发挥信息技术和网络平台优势，开展线上"微讲堂"和"云课堂"活动。数字课堂的推出提高了教学效率，打破了时间和空间上的壁垒，丰富了教学内容，增添了灵活多样的教学形式。例如，现在很多网络平台都拥有很强大的资源模板库，教师可以对日常枯燥的教学内容加以"包装"，增添优美的动态画面，搭配适宜动听的音乐，把抽象的理论变成生活中的实践，使教学的内容得到更高效的传达。

1. 重动手实践，培养学生综合能力

劳动教育实践性强，只有真正实践才能起到劳动教育的效果。劳动的价值在于既让学生增强劳动观念、提高劳动能力、促进智力和思维发展，又培养了学生勤于思考、勇于探索、善于创新等综合能力。基地设计开发的"居家巧学"系列课程，为培养全学段学生自理能力量身打造，课程结合生活实际，帮助学生解决实际问题，涉及内务整理、衣物清洁、物品收纳、家常菜烹制、主食制作等，并用物理、化学、生物趣味小实验揭秘生活中的小妙招。课程的设计与实施，旨在引导学生躬行践履，知行合一，以养成勤俭节约和勤劳朴实的生活习惯，逐步形成生活的适应能力。

学生们在课后反馈中这样写道：我们曾在烹饪课上悉心烹调美味，品尝着自己制作的菜肴，满怀期待回家为爸爸妈妈露一手；我们曾在金工、木工课中，尝试使用专业的工具，耐心、细心地去制作与我们生活息息相关的手工作品，深刻地感受到了匠人的精神；我们在茶艺课上品茗，在书法课上挥毫泼墨，在扎染课上创造千变万化的艺术，体会着中国传统文化带给我们浸润人心的美丽；我们曾在拓展训练场上，团结协作，挑战自我，在困难面前彼此鼓励、互相帮助，感受到了集体的力量；在北台的山间，我们发现奇花异草、各类昆虫，倾听树叶伴奏的风声交响，感受大自然带给我们的惊喜与奥秘；我们第一次走到田间地头劳动，抡锹、挥铲、起垄、做坑，学会了一系列的农事劳动，不仅感悟了劳动的艰辛和快乐，更深刻地懂得了劳动最光荣的道理……

2. 促学科融合，培育学生核心素养

学生核心素养的培养，最终要落在学科核心素养的培育上。基地以《大中小学劳动教育指导纲要》和《综合实践活动学科指导纲要》为依据，基于项目式教学模式进行课程设计与开发，针对不同年级进行课程服务，具有分层次、递进式、可组合的选择特点。课程设置既体现了技术元素的生活化应用，又结合了新冠肺炎疫情时期职业的时代更迭，还突出了认识家乡、热爱家乡的人文情怀。同时，基地在教学中致力于培养学生学习的深度和广度。培养学生深度加工知识信息的能力，引导学生开阔视野、开放眼界，不拘泥于课堂，鼓励学生兴趣发展和跨界发展，增强对客观世界的敏感度。深度学习的根本目的在于培养和发展学生的核心素养，促进学生的全面发展，实现立德树人。

劳动教育兼具高渗透性，因而当与其他课程或者教育活动进行整合时，能够实现全面育人的目标。在语文、历史、道德与法治等文科类课程教学中，侧重点在对劳动观念和劳动态度的培养；数学、物理、化学等理科课程教学，则着重对劳动技能和创新能力的培养。例如：为促进实践活动与学科知识的有效融合，借助"指挥棒"助力中高考改革，基地推出了"劳动实践微讲堂"系列课程。课程主要面向参与中考改革劳动技术学科合格性考试的初中学生群体，结合北京出版社出版的《劳动技术》教学用书，涵盖初中劳动技术必修单元金工、木工、电子，结合电子与控制、数据与信息、结构与机械、自然与环境四个类别，设计了以实验探究、实践体验为主的教育活动。

3. 打通实施渠道，强化家庭、学校、社会综合实施

构建高效衔接通道，贯通劳动育人全过程。基地积极探索、大胆创新、勇于突破，开展家、校、社多维联动，创新劳动教育实施途径。面对新冠肺炎疫情和后疫情时期的变化，针对后疫情时代的中小学劳动教育的实施，选择"送课到校"新形式，确保学生劳动教育的连续贯通，劳动育人、实践育人成果的延续。

例如，在"送课到校"课程实施中，基地发挥职业院校优势，构建了多类别职业启蒙教育课程，为学生了解社会搭建桥梁，引导学生认识自我，了解社会职业，感知职业魅力，树立职业理想，满足

学生个性发展需求，为职业生涯发展奠定基础。小学中年级学段的课程设计与开发结合当下新冠肺炎疫情时期现实，将新兴的职业引入学生课堂。如对新兴职业"自媒体运营"进行深入剖析，让学生体验一把，从而对媒体制作与运营进行现场揭秘。在设计"自媒体体验官"一课时，将手工艺制作与新兴的媒体职业巧妙结合，用光影技巧记录手工产品从制作到展示的一系列过程，同时以塑造身边"最美工作者"为主题，进行手工制作教学微视频的编辑。在此过程中，学生参与到真实的工作任务中，通过扮演团队内不同岗位的角色，完成微视频的构思、拍摄、讲解与分享。基地通过一系列方法进一步帮助学生连通生活世界与职业世界，了解行业背后不为人知的辛苦与劳作，体悟团队协同工作所创造出的价值，助推学生个人成长，提升劳动技能和意识，体会劳动的价值，实现劳动教育中独特的育人功能。

（四）全面性多元化，立体建构贯通劳动教育评价体系

劳动教育评价的核心价值在于以学生全面发展为本。

基地在课程内容评价时，注重课程主题统一、教学目标明确、实践课程特点突出、教学内容选择有效、课程资源合理优化。

课程教学评价则以过程性评价为主，坚持着眼于学生的全面发展与可持续发展原则；坚持尊重学生个性化发展，合理优化课程资源原则；坚持充分发挥学科融合及学科实践的课程特点原则。

对学生评价以过程性和发展性评价为主，构建多元化展示平台，让学生快乐自信成长。在"染文化"课程汇报中，学生以扎染秀场为主题，以模特走秀的形式对自己制作的方巾、围巾等扎染成品进行

展示,分享对"染文化"的学习感悟,介绍自己扎染作品的制作方法与设计思路。这样的课程形式将培养学生的表达能力,让每个孩子都能勇敢地展示自我,在实践中收获技能,在展示中获得自信。

基于核心素养的课程体系构建

北京市燕山前进第二小学　　魏继征

建立基于核心素养的课程体系是落实立德树人根本任务的一项重要举措，是保障和建设高质量教育体系的关键，是学校课程建设的指导思想和行动指南。笔者以本校课程改革实践为例，结合相关课程理论，重点讨论基于核心素养重构学校课程体系的三步骤。

一、切入——重构基于核心素养的育人目标

"学生发展核心素养"展示了育人目标，对"培养什么样的人"提出了基本要求。因此，应从重构学校育人目标入手，推进"学生发展核心素养"校本化实践，围绕"学生发展核心素养"进行课程体系重构。

学校依据国家"学生发展核心素养"体系，秉承普遍性与特殊性相结合原则，对学校原有培养目标进行系统化改进，打造落实教育方针、体现核心素养、具有校本特色的育人目标体系。

通过多年实践、探索、积淀，学校形成了"生命价值教育"办学思想，明确提出"生命价值教育"校本育人目标——"培养富有生命价值的小公民"，并于2016年正式提出建构"生命价值教育"理念下的"蓬勃文化"，倡导学校为师生创造生命价值而服务，引导生命追求富有活力的蓬勃之美，让生命具有积极向上的蓬勃力量，培养"富有生命价值的蓬勃少年"。以上目标体系高度符合全面提高学生德智

体美劳综合素质、促进学生个性发展的基本要求。

进入新时代，结合国家"学生发展核心素养"的方针、区域教育发展的需求以及学校发展的实际情况，学校对育人目标体系进行全新定位，对"培养富有生命价值的小公民"的育人目标进行更系统、更具操作性的诠释与定义，体现出育人目标的先进性和时代性。

一是"生命价值"的三个要素，包括健康生存的价值、持续发展的价值、幸福审美的价值。二是"公民"的三个要素，包括公民素质、公民意识、公民技能。以上二者的关系如下："生命价值"侧重于核心素养中的"文化基础"和"自主发展"领域，体现个体性的发展和工具性的发展，符合以学生为主体的教育思想；"公民"侧重于核心素养中的"社会参与"领域，体现学生社会性的发展，侧重学校和社会的有效衔接。通过打造蓬勃文化塑造蓬勃品格，能够促进三个领域实现更好的发展，促使学生做更好的自我，让生命富有价值，使教育的社会目的和个体目的达到和谐统一，从而形成一个有机的育人系统。

二、接轨——提炼校本化学生核心素养

"燕山前进第二小学学生发展核心素养"是学校以"学生发展核心素养"理论为参照和借鉴，综合考虑本校培养目标、本校学生实际情况和本校教学能力等因素制定的适合本校学生发展的特色目标。"燕山前进第二小学学生发展核心素养"是学校积极响应国家号召，培养"学生发展核心素养"的体现。

基于对国家层面"学生发展核心素养"的研究和本校核心素养新时代育人目标，在分析本校办学宗旨、学生学习情况、教师资源特

点等内容的基础上，学校从关注学生真实价值的获得感入手，在人本主义理念的指引下去理解学生、教师和课程，提炼出学校层面校本化的学生核心素养体系，即"愿探究、厚底蕴、尚健美、善学习、勇担当、重实践"（见表2-1）。

表2-1　中国"学生发展核心素养"与"燕山前进第二小学学生发展核心素养"

"学生发展核心素养" （国家层面）		"燕山前进第二小学学生发展核心素养" （学校层面）
文化基础	科学精神	愿探究
	人文底蕴	厚底蕴
自主发展	健康生活	尚健美
	学会学习	善学习
社会参与	责任担当	勇担当
	实践创新	重实践

"愿探究、厚底蕴、尚健美、善学习、勇担当、重实践"六大素养展现了从生命的内在素养向外显素质特征的过渡，呈现出由个性自主到团队合作的发展历程，实现知识与技能、过程与方法、情感态度与价值观的三维统一，体现了学校课程目标和育人目标的统一。

三、重塑——科学构建基于核心素养的课程体系

构建基于核心素养的学校课程体系，是落实核心素养育人目标的必然要求。因此，学校改革旧的课程体系，建立与核心素养体系结构相自洽的新的课程体系，在源头上把握课程的价值取向，依据本校丰富的教学资源，灵活进行课程规划、设计、实施和评价，培养愿探究、厚底蕴、尚健美、善学习、勇担当、重实践的蓬勃少年，

实现育人过程与育人目标的契合，真正使核心素养在学校课程中得到落实。

（一）重组课程内容结构，体现课程目标和育人目标的统一

本校结合上述理念和目标，对学校已有课程内容结构进行重组，科学建构"蓬勃课程"体系。该体系包含三个层级、六个维度。六个维度即我校提出来的六大学生发展核心素养；而三个层级则是指三类课程，即基础课程、拓展课程、特色课程。

基础课程（必修）：主要指国家课程和直指培养目标中最关键素养的校本课程。

拓展课程（必修或选修）：围绕基础课程所学内容拓展空间，提供更多的实践体验机会，培养兴趣，促进学生动手动脑。

特色课程（社团活动）：指满足个人定制化需求的校本课程，因人而异，因需而设，绽放个性，鼓励特长发展。

以上三者彼此之间不仅是互补关系，而且还是递进关系。其中，基础课程处于基层，是课程体系的基础，是落实国家教育方针的具体体现，保障国家规定课程的落实。拓展课程和特色课程在完成基础课程的前提下进行，是对基础课程的补充与升华。以上课程内容结构提高了课程的适应性，使学校课程更具有实践性和可选择性等特征（见表 2-2）。

表 2-2　燕山前进第二小学蓬勃课程内容框架

育人目标	培养"富有生命价值的小公民"					
国家层面核心素养	文化基础		自主发展		社会参与	
	科学精神	人文底蕴	健康生活	学会学习	责任担当	实践创新

育人目标	培养"富有生命价值的小公民"					
学校层面核心素养	愿探究	厚底蕴	尚健美	善学习	勇担当	重实践
基础课程	数学、科学	语文、英语、音乐、美术、书法	体育、心理健康	国家课程所有学科	道德与法治	综合实践、劳动教育、信息技术
拓展课程	科技嘉年华	艺术嘉年华、清明诗会、二十四节气等传统文化类课程	体育嘉年华、足球、跆拳道	学科思维导图	公益课程、入队课程等	社会大课堂、研学课程、节日课程、劳动实践课程
特色课程	创客、模型构建、其他科技课程	京剧、快板、刻纸、朗诵、合唱、其他艺术类课程	篮球、花样跳绳、抖空竹、跳皮筋、其他体育类课程	我爱阅读等学科拓展类课程	小小解说员	STEAM①教育、手工制作类艺术课程

    三个层级六个维度，如同树根、树干和枝干，支撑起了本校整个蓬勃课程的大树体系（见图 2-2）。即以基础课程为根本，夯生命蓬勃之根基；以拓展课程、特色课程为支柱，显生命蓬勃之苍劲；以六个维度（愿探究、厚底蕴、尚健美、善学习、勇担当、重实践）

---

① STEAM代表科学（science）、技术（technology）、工程（engineering）、艺术（arts）、数学（mathematics），是融合多领域的综合教育。

为枝干，展生命蓬勃之风采。根深叶茂，尽显生命蓬勃之美。

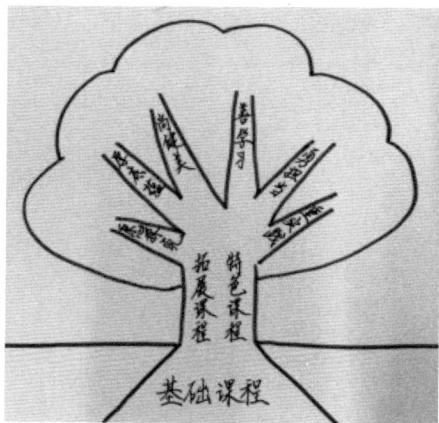

图2-2　前进二小蓬勃课程树形图

（二）盘活课程管理思维，保障课程开展

学校成立了由校长、书记任组长的课程建设领导小组，全面负责课程建设（见表2-3）。教导处对课程进行具体管理，依据《燕山教育委员会关于实施北京市〈义务教育课程设置实验方案〉的课程计划（讨论稿）》，制订本校的学年课程设置方案，确保开足、开齐国家课程、地方课程，完善校本课程。

学校整合各方面资源，尝试采用长短课结合、国家课程与地方课程融合、校本课程与社团互补的方式，立体利用时间，解决学时问题；尝试挖掘校内教师资源、引进校外人才，共同打造精品课程，填补师资空白；打通课程与课后服务界限；建立专项资金，解决资金问题，持续加大投入，改善条件，逐年增加学校课程建设和教师专业发展的经费投入。

表2-3 课程建设领导小组责任分工

领导小组成员	主要职责
组长:校长、书记	校长负责课程建设的整体规划和实施,在经费使用、教学设施设备的投入、教育教学管理制度的建设与完善、课程资源的开发与建设、师资队伍建设与培训提高等方面提供保障。书记负责关于课程建设的决策和过程监督,保证课程建设的质量。
副组长:教学副校长	负责课程的全面运行情况,制订学校课程方案。制订和完善学校教育教学管理制度和教师发展性评价方法。
教科研主任	负责课程改革中具体项目的科学研究工作。
教导处主任	负责课程具体执行中的过程管理,以及课程改革质量的监控与管理。
德育处主任	负责课程活动的管理,包含过程调研、反馈及家校共研工作。
后勤处主任	负责课程建设的后勤保障工作。

(三)丰富课后课程供给,落实"双减"工作

2021年,教育部把治理校外培训机构工作列入重点工作任务,进一步加大校外培训机构治理力度。与此同时,为了进一步强化学校的育人主阵地作用,切实减轻学生校外培训负担和作业负担,积极回应人民群众的广泛关切,学校坚持统筹协调,将课后服务纳入蓬勃课程管理,通过丰富课后供给课程,切实减轻学生课业负担,满足学生全面发展和个性化需求,全面提升学生综合素质。

课后服务执行"5+2"模式:每周5天全覆盖;每天下午第六节课后开展校内课后服务,每天2小时。

课后服务分两个阶段安排不同内容:第一阶段为35~40分钟的体育活动单元;第二阶段为70~80分钟的课业辅导和综合素质拓展类活动单元。

1. 内容与形式

按照教育部和北京市要求,学校要在确保每天开展"体育活动 +
课业辅导"两类"规定动作"的基础上,依据本校课程育人目标,开
展德育、艺术、体育、科技、劳动实践等综合素质类课后服务,形
成"体育 + 课业 + N"的课后服务模式,培养愿探究、厚底蕴、尚健
美、善学习、勇担当、重实践的蓬勃少年。

活动组织形式:普及性活动与个性化社团相结合;体育活动与文
化活动相结合;学生自主选择与教师推荐选拔相结合;班级文化建设
和综合素质拓展相结合。

保证课业辅导:整体控制作业量,安排学生写作业时间,教师
提供答疑解惑和课业辅导,有针对性地开展培优补差工作。课后服
务期间严禁教授新课。

保证体育活动:保证第一阶段的体育活动时间,安排全校体操
类活动、篮球主题活动和班级特色体育项目,根据实际情况开展单
项体育竞赛活动。

丰富素质拓展:创造条件让学生自主选择、广泛参与各类体育
活动、艺术培训、科技活动、劳动实践等,尽力满足学生个性发展
需求,促进学生全面发展,提供"菜单"供学生选择(见表 2-4)。

表 2-4　课后服务内容安排

内容	周一	周二	周三	周四	周五
体育活动	戏曲操	班级体育	篮球活动	班级体育	全校大扫除
课业辅导	各班组织学生写作业,完成作业后由包班教师组织适量素质拓展活动。同时,答疑教师为有需求的学生安排语数英辅导答疑。				班会、队会、校会、心理团体辅导

内容	周一	周二	周三	周四	周五
综合素质拓展	京剧、舞蹈、跆拳道	抖空竹、编程、合唱、跆拳道	京剧、编程、剪纸	跆拳道、篮球、足球、朗诵、航模、3D 打印、STEAM 等	班级体育或课业辅导

2. 师资构成

课后服务师资以全校在编在岗的干部教师为主，具有相应培训资质的艺术、体育、科技类校外人员为辅，适当吸引符合条件的退休教师及家长志愿者等。

采用"包班共同体"模式安排各班辅导教师。

以班主任为"班长"，采取"1+1 包班制"或"1+2 包班制"模式，即 1 名班主任 +1 名或 2 名非班主任，2~3 名教师共同负责一个班级，形成一个"包班共同体"，相互协同分工，共同完成每周的体育活动、课业辅导和综合素质拓展活动。综合素质拓展活动与班级文化建设相结合，形成"一班一品"格局。

学校支持班级体育活动和班级特色活动的开展，由班主任与包班教师自主申报活动内容，学校根据其可行性，投入适量经费，适当给予人员、器材的支持（如家长志愿者、外聘教练、购置器材、低值易耗品等）。

"共同体式"考核评价：无安全事故、无投诉、无师德失范问题；班级体育活动展示评优；班级文化展示评优。

校级领导、中层干部带头参与课后服务工作，做好答疑辅导和教务管理等工作。由本校有艺术、科技、体育等专长的教师及外聘教师承担部分综合素质拓展活动。

（四）完善课程多元评价，促进核心素养达成

基于核心素养的课程评价就是要评价课程体系的设计与课程实施是否培养了学生的核心素养。多元的评价主体和评价方式能够保障课程质量，更好地促进学生核心素养养成。

1. 学生评价

基础课程：各任课教师每学期需对学生的学习情况采用不同的方式进行评价，评价学生对该学科学习的兴趣需求、学习效果等。

拓展、特色课程：不采用书面的考试或考查方式，但要做考勤评价记录，最后以不同形式呈现学生学习的情况。

学生成果：可通过实践操作、作品、竞赛、评比、汇报演出等形式展示，获奖情况可在学生综合评价手册中做记载。

2. 教师评价

基础课程：学校从备课、上课、作业、辅导和评价五个环节对教师进行监测，采用随堂听课、考核课、教学常规检查、学科测试、家长学生问卷调查等方法。

拓展、特色课程：教师从教必须有计划、有进度，有考勤评价记录；教师应按学校整体教学计划的要求，达到规定的课时与教学目标；教导处/德育处通过查阅资料、调查访问等形式，每学期对教师进行考核。

因此，基于核心素养的课程体系构建是推动学校课程改革高质量发展的破题之举。学校在聚焦学生核心素养，深化课程改革的探索与实践过程中，有成绩，也有不足，蓬勃课程体系还有很多不成熟、不完善之处。未来，随着思考和实践的逐渐深入，最终将建立

多维联动、多方协同、富有逻辑性的课程体系，从而实现课程目标、内容、实施、评价与师生发展的有机融合，促进学校的内涵式可持续发展。

小学全学科阅读校本化培养策略的研究

燕山羊耳峪小学　张　颖

"十四五"时期，是深化教育教学改革全面提高教育质量的关键时期，2019 年《中共中央　国务院关于深化教育教学改革全面提高义务教育质量的意见》对教育教学提出了新要求："坚持立德树人，着力培养担当民族复兴大任的时代新人；坚持五育并举，全面发展素质教育。"基于发展学生核心素养，促进学生全面发展的教育改革与探索实践，推动着我们的教学理念不断更新。

一、基于校本阅读现状的调研分析

多年来，我校坚持创建书香校园，开展"小桔灯"阅读考级工程，通过开展系列国学经典诵读活动，在全校形成诵读国学经典、传承中华优秀传统文化的良好风气，目前取得了阶段性成效，打造了"小桔灯"阅读品牌。

（一）校本阅读现状

在"以立德树人为根本任务"的背景下，我校提出"厚德教育"的办学理念。新理念引领我们把"关注核心素养，提升阅读能力"作为重要的学生培养目标之一，先后开展"整本书阅读"教学实践交流活动、"群文阅读"教学策略研讨活动，整体提升了阅读教学理念，引领"小桔灯"阅读品牌聚焦课堂，促进学校内涵发展。

　　但是在实施过程中，我们也发现了新的问题，如：学生并没有得到有效提升，阅读考级的操作缺乏科学规范性，教师对于课外阅读缺乏有效的指导策略，课外阅读很难与课内阅读建立有效的联系。

（二）阅读专项测评

　　以下是我校针对四年级学生进行的阅读能力专项测评，本次测评将阅读能力分解为五个维度——信息提取能力、解释推断能力、概括分析能力、评价赏析能力和应用创新能力，旨在及时发现学生在阅读能力形成中的不足，通过具体的分析，为教师指导学生阅读提供科学的依据（见图2-3，图2-4）。

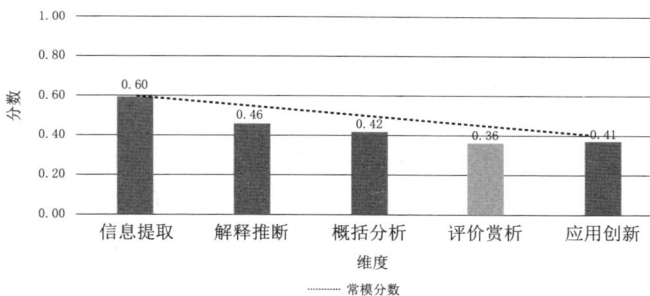

图2-3　四（1）班学生在各维度上的表现

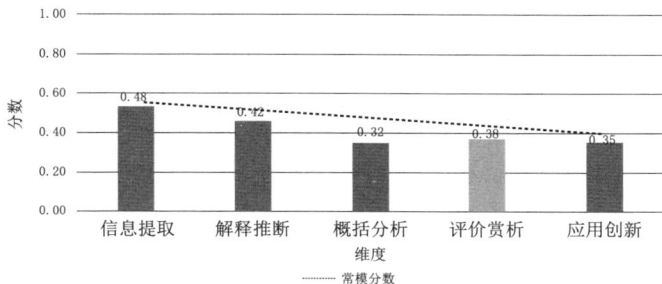

图2-4　四（2）班学生在各维度上的表现

从图 2-3 中可以看出，四（1）班学生在信息提取和应用创新这两个维度跟常模分数持平，在解释推断、概括分析、评价赏析这三个维度上的表现稍弱一些。

从图 2-4 中可以看出，四（2）班学生在阅读能力各维度上的得分均低于常模分数，尤其是信息提取、解释推断、概括分析这三个维度上的表现稍弱一些，值得重点关注。

综合以上测评，我们发现四年级学生整体阅读能力处于有待提高的水平。学生在阅读能力的各个维度上表现较弱，尤其对多重关联性信息的提取、字词句含义的理解、字词句指代义的辨析、结构的梳理、文本的分析、写法的鉴赏这几个二级维度需要重点提升。学校亟待寻求解决上述问题的策略。

（三）校本阅读需求

统编版语文教材主编温儒敏在谈及新高考对学习提出的新要求时这样说：学生要多读书，往课外阅读扩展，这是课改的方向，考试也会配合。要鼓励学生在精读的基础上，拓展阅读面，可以"似懂非懂"地读、"连滚带爬"地读。

在教育改革当下，高考命题材料范围大大拓展，各学科试卷的阅读量也在增加。这些改变，仅凭单一学科的阅读是无法承载的，阅读被窄化，阅读的范围被仅仅限制在语文的大门里怎么够呢？它倒逼着阅读要从小学抓起，语文阅读教学乃至各个学科教学都要高度重视培养学生的阅读能力。

二、全学科阅读构想的实践价值

在培养学生的知识结构综合化的背景下，我们必须从只关注单一学科阅读的狭隘观念中跳出来，打破学科壁垒，形成小学全学科阅读的意识，开创综合立体的阅读模式。全学科阅读概念的提出，是以学习者的需要为基础的，针对全学科的阅读兴趣、阅读习惯、阅读能力的培养所实施的，广泛、统整、动态的实践研究。

（一）全学科阅读的目的

通过开展全学科阅读的行动研究，探寻全学科阅读的校本培养策略，提升小学生的阅读能力；构建"小桔灯"校本分级阅读课程体系，梳理并完善阅读考级评价机制，进一步提升我校阅读品质；同时，提高教师的理论水平和研究能力，推进书香校园的创建。

（二）全学科阅读的意义

1. 开展全学科阅读，有利于培养小学生的阅读能力。引导学生边阅读、边思考，学会审辩式思考，创造性地解决学习和实际生活中的问题。促进学生阅读思维的构建，掌握阅读方法和策略，以达到知识点之间的融会贯通、课堂内外的科学沟通、学科之间的有机整合，从而提升小学生的阅读能力。

2. 开展全学科阅读，有利于更新教师的阅读理念。建立"大阅读"的概念，使阅读不仅仅局限于语文学科的教学；培养教师的阅读指导能力，能够针对不同阅读水平的学生提供个性化阅读指导方案，如阅读素材的选择、阅读计划的制订、阅读策略的指导等；提升教师的科研水平，鼓励教师跳出学科的框框，多视角地引导学生学习和思考，不断尝试和探索更适合学生发展的教学手段和方法。

3. 开展全学科阅读，有利于创建书香校园。营造家校共读氛围，为学生和教师创造良好的阅读环境；对阅读效果进行监测与评价，客观、科学地分析学校当前的阅读活动开展状态，探索出具有本校特色的阅读课程开发与实施的管理方法。

三、构建"小桔灯"校本分级阅读课程体系

在对国内外阅读策略的研究中，我们发现美国课堂推行的分层（分级）阅读与我们的"小桔灯"校本分级阅读课程体系有相通之处，为我们开展研究提供了借鉴经验。它提出：使学生根据自己的阅读水平和兴趣，自主选择阅读书目，通过测试之后可以升到更高的阅读级别，逐步提高阅读能力。心理学家维果茨基的"最近发展区"理论是其重要理论依据之一。分层阅读鼓励和发展了个性化阅读；把原本输入性的学习变成了双向学习；使学生的进步和问题可视化，便于教师和家长给学生提供专门的指导及其他适当的帮助。

（一）整理书目，聚焦自主阅读

根据统编版教科书中的"快乐读书吧"推荐书目以及精读课文中涉及的名家名篇和阅读链接进行归纳整理，列出必读的书目（见表2-5）。对所涉及的书目进行分类整理，并且对同篇目、同类型的书籍进行筛选、校对，确定我校阅读书目。

表2-5 羊耳峪小学"小桔灯"分级阅读课程体系课外阅读推荐书目

年级	必读书目	选读书目	亲子阅读
一年级上	《团圆》	《小猪唏哩呼噜》	《中国古代神话故事》
	《没头脑和不高兴》	《可爱鼠小弟》	《我爸爸》
	《弟子规》上	《胡萝卜种子》	《我妈妈》
一年级下	《克里克塔》	《蚯蚓的日记》	《再见，电视机》
	《月亮的味道》	《小巴掌童话》	《牙齿大街新鲜事》
	《爷爷一定有办法》	《嫦娥探月立体书》	《图书馆狮子》
	《弟子规》下	《来喝水吧》	《中国古代民俗故事》
二年级上	《孤独的小螃蟹》	《小彗星旅行记》	《了不起的狐狸爸爸》
	《少年英雄王二小》	《"歪脑袋"木头桩》	《妹妹的红雨鞋》
	《小鲤鱼跃龙门》	《中华人物故事汇·中华先锋人物故事汇》	《踢拖踢拖小红鞋》
	《三字经》上	《我有友情要出租》	《我的野生动物朋友》
二年级下	《弗朗兹的故事》	《哪吒闹海》	《风到哪里去了》
	《愿望的实现》	《胆小如鼠的巨人/胆大包天的睡鼠》	《笨狼的故事》绘本
	《大头儿子和小头爸爸》	《京剧猫之武松打虎》	《牙齿 牙齿、扔屋顶》
	《三字经》下	《七色花》	《一起长大的玩具》
三年级上	《安徒生童话》	《盘中餐》	《父与子》
	《爱的教育》	《狐狸小学的插班生》	《神笔马良》
	《闪闪的红星》	《格林童话》	《阿凡提的故事》
	《稻草人》	《昆虫漫话》	《我变成了一棵树》
	《千字文》上	《老奶奶的小铁勺》	《苹果树上的外婆》

续表

年级	必读书目	选读书目	亲子阅读
三年级下	《窗边的小豆豆》	《十万个为什么》	《长袜子皮皮》
	《时代广场的蟋蟀》	《夏洛的网》	《皮皮鲁传》
	《伊索寓言》	《獾的礼物》	《木偶奇遇记》
	《昆虫记》	《小鹿斑比》	《游戏中的科学》
	《千字文》下	《物种起源》少儿彩绘版	《伟大的约克先生》
四年级上	《中国神话故事》	《小太阳》	《爸爸的画·花生米老头子吃酒》
	《草房子》	《鼹鼠的月亮河》	《天神帮帮忙》
	《秘密花园》	《细菌世界历险记》	《101个神奇的实验》
	《从月球到地球》	《千家诗》	《宝葫芦的秘密》
	《声律启蒙笠翁对韵》上	《少年读书史记》	《躲猫猫大王》
四年级下	《繁星·春水》	《地球的故事》	《雪地寻踪》
	《十万个为什么》	《森林报》	《去野外》
	《狼王梦》	《李四光随笔：穿过地平线》	《青鸟》
	《灰尘的旅行》	《爷爷的爷爷哪里来》	《我的大英雄》
	《声律启蒙笠翁对韵》下	《青铜葵花》	《人类起源的演化过程》
五年级上	《西游记》	《可爱的中国》	《三国演义》
	《中国民间故事》	《人类的故事》	《童年河》
	《动物素描》	《我们走在大路上1949—2019》	《小兵张嘎》
	《鲁宾孙漂流记》	《蓝色的海豚岛》	《男生贾里》
	《论语》上	《海底两万里》	《因为爸爸》

年级	必读书目	选读书目	亲子阅读
五年级下	《呼兰河传》	《水浒传》	《女儿的故事》
	《童年》	《小王子》	《故事中的数学》
	《假如给我三天光明》	《爱丽丝漫游奇境记》	《叶永烈讲述科学家故事100个》
	《小学生鲁迅读本》	《海错图笔记》	《女生贾梅》
	《论语》下	《丰子恺儿童文学全集》	《斑羚飞渡》

（二）课程引领，提升阅读品质

我校开发"小桔灯"校本分级阅读课程体系，每周一节，设计制作《"小桔灯"读书笔记》，培养学生的阅读习惯。开展"自主探究式、合作分享式、品读鉴赏式、主题实践式、模块推进式、空间拓展式"等多种形式的主题阅读活动。

（三）完善评价，抓实阅读过程

课标中关于学生课外阅读的评价建议是，应根据各学段的要求，通过小组和班级交流、学习成果展示等方式，了解学生的阅读量和阅读面，进而考查其阅读的兴趣、习惯、品位、方法和能力。

据此，我校出台"小桔灯·级级跃"分级阅读考级标准，以过程性评价为依据，确定了"阅读数量、阅读测评、阅读成果"三维评价标准，以体现对学生阅读过程的质量认定。过程性评价不是只关注过程而不关注结果的评价，更不是单纯地观察学生的阅读表现，而是关注阅读过程中学生能力发展的过程性结果。

阅读数量，是对阅读过程的定量评价，关注阅读面、阅读量、

阅读习惯培养;

阅读测评,是一种诊断性评价,关注阅读方法、阅读思维、阅读能力培养;

阅读成果,主要是对参与阅读综合活动,提交阅读作品过程的评价,关注阅读兴趣、个性化阅读、创新能力培养。

阅读考级分为 1 ~ 10 级。阅读考级由学校阅读考级评审会主控:考级达标的可以晋级,获得等级证书;获得优秀的,同时获得奖状;不能按期晋级的同学则到下学期重新申请原等级考核,不得越级报考。原则上每学期允许学生自然晋升一级,以确保学生课外阅读的质量。到小学毕业时可通过 10 级,达到 10 级以上、阅读量超过 200 万字、阅读能力特别优秀的学生,可获得"启阅杯"水晶奖杯。

(四)立足课堂,提高阅读实效

学生的阅读始于兴趣,忠于习惯,只有进行量的积累才能达到质的飞跃。学生良好的阅读习惯、阅读方法都是从课堂中摄取的。因此,我们强调"小桔灯"校本分级阅读课程体系要落地于课堂,把课外阅读融入学校课程体系,开发课程资源,以课内阅读引导课外阅读,以课外阅读巩固课内阅读成果,在课堂上点亮思维,让阅读真正发生。

四、全学科阅读校本化培养策略

随着我国教育领域不断深化改革,全学科阅读策略的实践与研究在近三年得到显著发展。其中,2019 年提出的"全科阅读"是各学科教师围绕同一本书开展的"跨学科"阅读;2020 年又提出全学科

"触点阅读课程"策略。在全学科阅读的背景下，教师更应该积极探索培养学生核心素养的学科阅读策略，不断提高学生的学科阅读能力，促进学生核心素养的提升。

（一）主题活动，营造阅读氛围

以"小桔灯"校本分级阅读课程体系为载体，各班根据各年级每学期的必读书目和推荐书目，充分利用"小桔灯"校本阅读课程时间开展读书活动，如好书推荐、美文共享、心得交流、诗文诵读、读书方法大擂台、"小桔灯"大讲坛、图书跳蚤市场、绘本阅读、"唇枪舌剑"、人物创编等活动，营造班级良好的阅读氛围，激发学生阅读兴趣。

（二）学科融合，实现广读深读

这里提出的"学科融合"主要是指两个层面的融合。第一个层面是就同一本书开展的多学科（跨学科）阅读活动，或就同一个阅读主题开展的多学科（跨学科）阅读活动。可以由一名老师对多学科、多领域知识进行融合完成阅读教学，也可由多个学科教师共同合作完成阅读中不同板块、不同领域知识的教学。这种形式的阅读活动不仅有效扩大了学生的阅读面，更有利于学生多角度阅读、多层面思考问题，培养学生的发散思维。

第二层面是就某一学科与课内外阅读进行融合教学。例如：英语学科开展的英语绘本阅读、英文电影欣赏、英语戏剧表演、趣配音等阅读活动，不仅激发学生对英语阅读的兴趣，更有效提升了学生英语的理解与表达能力。数学学科开展"数学阅读与数学语言转换能力"的课题研究，以学生思维能力的发展作为培养目标之一，通过数学阅读引导学生读懂数学语言，注重数学思想和方法的教学，如转化思想、一一对应思想，枚举法、画图法、举例法等，注重一题多解，力争实现举一反三、触类旁通，真正提高学生的思维水平。

（三）模块导读，提升阅读思维

模块导读策略，是指以提升"提取信息、解释推断、概括分析、评价赏析、运用创新"五个模块的能力为目的，进行阅读思维培养，提升阅读能力的阅读活动。"五大模块"并非课堂教学范式，课堂要根据不同文本采取不同方式开展阅读。

我们以四大名著之一的《西游记》为例，开展"大话西游"系列主题阅读课程：赏析"悟空"，思维"悟深"。

模块一：目录推断，激发阅读期待。出示《西游记》目录，请你读一读，能说说大概讲的是什么事情吗？

（设计意图：《西游记》是章回体小说，"回目"是指小说中概括每一回内容的题目，在形式上它们都是工整的对句。我们可以通过分析目录，了解故事梗概，依据兴趣进行浏览和选读。学生运用概括归纳的方法，推断目录所讲内容，结合生活中所看、所听、所想，深入解读文本内涵。）

模块二：梳理分析，概括人物身世。结合课文《猴王出世》，请同学按照时间顺序，以填空的形式，梳理孙悟空由出生到学艺再到花果山称王的经历。

（设计意图：梳理人物是理解人物的前提，依据一定线索和顺序梳理人物经历能提高梳理效率、完善梳理效果。学生根据图表，能够直观、清晰地理清悟空的身世，提升学生概括分析的能力。）

模块三：提取信息，感悟人物本性。孙悟空究竟是一只怎样的石猴呢?

（设计意图：通过此板块提升分析人物形象的能力，通过对关键情节中相关人物行为、语言的信息提取，联系上下文分析推理，从而做出合理的解释。）

模块四：回归原著，评价赏析人物。结合小说情节感悟作者是如何刻画孙悟空的神性、猴性、人性的特点的。

（设计意图：指导学生在品读文本时抓住人物细节描写，提取关键词句，联系上下文理解、分析孙悟空的神性、猴性、人性，感悟《西游记》的神奇魅力。）

模块五：迁移运用，发散阅读思维。继续阅读《西游记》，深入分析师徒四人（其他三个）的人物性格特点，进行人物书签制作。

（设计意图：对小说人物形象的解读可以是多角度的，通过对孙悟空形象的探讨，学会在长篇小说阅读过程中品析人物形象的方法，将此方法应用贯穿到整本书的阅读中。）

（四）亲子共读，巩固阅读习惯

在班级中开展"团队共读"活动，在家庭中开展"亲子共读"活动，充分发挥团队的作用，使同伴成为个体阅读的合作者，使家庭成为学校阅读的支持者、参与者、宣传者和建设者。在家庭阅读中，不同家庭可以自主规划阅读时间，阅读可以根据孩子年龄特点分为"亲子共读"和"自主阅读"两部分，这两部分的阅读时间可以根据孩子阅读能力的不同进行合理分配。小学，我们通常建议家长在条件允许的情况下，每天晚饭后将至少 20 分钟时间定为"亲子共读"时间，其目的是引导家长和孩子共同阅读，共同提高，营造家庭读书氛围，帮助孩子养成良好的阅读习惯。

　　小学全学科阅读校本化培养策略的研究，在一定程度上开拓了教师的教学视野，使得教师建立起新的课程观。教师除了要根据教学实际对课程资源进行筛选、安排、组合等，使其更加符合教学内容，并在教学过程中进行渗透，还要设立明确的、合理的教学目的，充分运用必要的资源，将教学改革与实际需要相融合，进一步提高教学质量和教学效果。

　　随着研究的深入开展，学科教师都应认识到全学科阅读的意义，在参与研究的过程中，打破学科壁垒，开展跨学科阅读，不断总结方法，提炼阅读策略，不断丰富全学科阅读的内涵。总之，基于核心素养，我们会以"小桔灯"校本分级阅读课程体系为抓手，推动学生有兴趣地"读起来"，有计划地"读下去"，有方法地"读进去"，有收获地"读出来"，从而培养学生的阅读思维，提升学生的阅读能力。

小学语文写字教学策略研究

北京市燕山向阳小学　郝明月

作为一名一线教师，无论是在自己的教学实践中，还是在参与过的听、评课过程中，我都渐渐发现，小学阶段的学生"如何写好字"是老师需要面对的一个重要问题。怎样有效为学生写字指点迷津，是语文教师的责任所在。在近几年的教学中，通过不断实践，我受到了很多启发。我愿意对自己曾经教学过、参与过、指导过的案例进行研究，希望能为将写字融入语文课堂教学中提供一些经验，把适合小学生写字的教学方式寻觅出来，在教学的过程中为学生传递写字技巧，激发学生潜在的写字思维，培养学生的写字习惯，提升学生的写字能力。

2018 年 5 月 2 日，习近平在北京大学师生座谈会上说道："中国人民的特质、禀赋不仅铸就了绵延几千年发展至今的中华文明，而且深刻影响着当代中国发展进步，深刻影响着当代中国人的精神世界……这种伟大精神是一代一代中华儿女创造和积淀出来的，也需要一代一代传承下去。"[1] 而汉字具有独特的造字和结构方式，正是中华文明传承的重要标志。对师生的汉字书写，各种文件都提出了相关的要求，无论是《义务教育语文课程标准（2011 年）》对于学生提出的"能正确工整地书写汉字，并有一定的速度"要求，还是 2017 年《教育部国家语委关于进一步加强学校语言文字工作的意见》对于教师提出的"汉字应用规范、书写优美"的要求，师生的写字教学都

---

[1]　习近平在北京大学师生座谈会上的讲话［N］.人民日报, 2018-5-2.

面临着新的挑战。对于更好地贯彻落实习近平的重要讲话精神以及各种文件对于写字教育的相关要求,学校是主阵地,责无旁贷。

本研究对北京市燕山向阳小学进行探索与分析,了解小学语文教学中写字教学的情况,结合教学实践,力图从教学策略入手,对有效激发师生写字兴趣、优化教师指导方法、多元渗透文化内涵、全面展示评价等方面进行研究,以期改善小学语文教学中写字教学的方式,提高写字教学的实效性。同时探寻小学阶段语文写字教学的教学规律、方法,进一步完善和丰富有关小学生写字教学的理论,增强学校写字教学策略研究的实证性。

多种多样的教学策略在不同的教学领域中具有相同的一致性,兴趣是学生最好的老师,在写字教学中更要重视激发学生的兴趣。李素荣认为,在对小学生进行写字教学时,应注意对其兴趣的激发:"孩子初学写字,需要动力、信心、兴趣、方法和毅力,学写字较为枯燥,学生易被色彩缤纷的物体引起注意,产生兴趣。而写字只有黑、白两色,没有具体可感知的绘画形象,就不太容易使已有的愿望和兴趣得以巩固、发展。因此,培养、巩固、发展学生学习兴趣应被放在重要地位。"

一、小学语文写字教学的理论依据

(一)建构主义学习理论

写字者写字的功利本质在于通过在写字中获得信息来自我建构。当然不同的写字内容在写字者自我建构的过程中起到的作用不同。就语文教学而言,写字者需要通过写字来建构自我精神空间,在自我精神空间的建构主义中写字就是最好的资料之一。在写字教学中我们应该落实建构主义学习理论，要做到因人而异，因材施教，而不是单纯地进行统一模式的教学。

（二）终身学习理论

写字是自我建构的关键，而主体的自我建构是一个永远在路上的精细工程。所以在写字实践中培养学生良性的写字习惯，养成良好的写字品性在实际的教学中就显得尤为重要。现在所提倡的写字教学也在实践着终身教育理论思想，而写字作为中国传统文化的代表性学科，担负着提高学生学习文化素质的使命。

（三）对话教学理论

教学对话是指教学主体与教学主体、与课程文本、与自我之间在相互尊重、信任、平等的立场上，借助语言（相互诉说、倾听、辩论和质疑等）或非语言符号等载体而实现的智识共享、双向理解和意义创生。对话教学不是表面上的言语交谈，而是更深层次的追求人性化和创造性的教育过程。

二、小学语文写字教学的有效策略

写字教学对于主体自我建构人生价值取向以及审美能力具备重要的作用，而这两者的培养依赖良好的写字能力和习惯。如何培养写字能力与良好的写字习惯需要高效的教学方法，即教学策略在写字教学活动中占有非常重要的位置。

（一）强化师资力量，关注教师写字素质的提升

我校遵循"关怀知识讲究探索，教育学生多做榜样"的关怀教育思想方法，统筹教学管理、教师专业培训资源配置，组织教师进行在职写字培训、短期进修、远程教育，开展写字教育研究，促进教师写字教学水平不断提高。为了建立写字教学的运行机制，学校从加强领导着手，在组织上予以保障；从队伍建设着眼，在培养上予以保证；从课程上着力，在能力上予以发展，让写字教学有效进行。

（二）营造写字氛围，细化写字教学相关要求

1. "熏"：熏陶感染，强调一个"浓"字

对校园环境进行改建，以书法之美装点校园，师生在"行走中的书法文化"中得到滋养。目之所及，警示语用书法石和围栏呈现、课间消遣有书法互动空间、师生硬笔或软笔书法作品在走廊上展示；向阳小学报刊、微信公众号有师生习字故事和获奖佳作。校园每个角落都有书法的影子，在潜移默化间，师生对中华汉字文化不仅亲近、理解，而且高度认同。

2. "教"：示范教学，注重一个"善"字

在教师教的过程中，从写字姿势、写字技巧、写字速度这三个方面做起，引领学生学有目标。写字姿势是根本，写字技巧是过程，写字速度是效果，三者相辅相成。

3. "习"：师生练习，抓住一个"勤"字

《向阳小学写字练习册》具有以下特色：趣味实用，全书除用透彻、细致、明了的文字讲解外，还采用图解表示；图文结合，各个年

级突出本年段的习字特点，设计两个不同的版式页为基础练习，一页为学生作品展示，另一页展示汉字文化、书法历史、传统文化、写字技巧，让学生有法可循。

4."评"：多元赏评，体现一个"赏"字

学校将书写教育纳入学校教学工作的考核体系。从制度确立着力，在成效上予以保质。多元性的评价方式让家校互评、师生互评，真正全员性地动起来。

（1）建立写字合格制的制度

在期末考试成绩评定中，学生的卷面书写纳入期末成绩的评定中，班班互评，在互相翻阅评比的过程中找差距。占卷面成绩10%的比重，让师生对写字更加重视，不断反思，更好地促进写字教育的落实。

（2）家校互评

学校从《向阳小学写字练习册》入手，从写字态度、技巧、速度等方面让学生自评、互评，将家长评价和教师评价相结合，促进了家、校、生携手，激发了全体学生的习字信心和热情，调动了家庭的教育资源，支持学生写好汉字。奖赏的形式多种多样，低年级"笑脸""花朵涂色"等，中高年级填表格评价，孩子们可以对自己某些字改进，再用一两句简短的话进行评价，进而在评价中提升。

（3）师生互评

每周一展，学校为学生创设多种展示平台，将书写整洁、大方、美观或有很大进步的学生作品进行展示。学生每周上交作品到指定文件夹中，学校通过微信公众号等形式向外宣传，促进并提高学生的书写积极性。

（4）每月一评

学校每月都会评选"书法之星"。由班级推选出书法成绩优异的学生，并在升旗仪式上对其发放相应证书，这样既为学生搭建了展示自我的舞台，可以培养学生自信，又为其他学生树立榜样，激发他们学习书法的兴趣。

从2019年开始，我校在每个学期都会进行学校的书法考级比赛，并组织师生参加市区级的书法考级。当学校将一张张证书颁发给师生时，无论是教师还是学生，每个人的脸上都洋溢着最灿烂的微笑。

5. "用"：学以致用，落实一个"美"字

孩子们向往自己的书法作品能在各种平台崭露头角，每年岁末，学校都会开展"写春联，送春联""猜灯谜"等迎新年活动。美术课上，学生尝试将原本画在宣纸上的画画在了团扇的扇面上，然后再用毛笔题字；信息课增设了书法文化主题的小报制作内容；语文探究活动中，灯谜、春联等成了考核学生的新内容。在喜迎新年的欢快氛围中，孩子们的作品成了班级最亮眼的一道风景。

三、传承育人初心，拓展写字教学固有方式

本文研究写作之时正是中国的"特殊时刻"，新冠肺炎疫情带给了我们不一样的教育环境。但学校的写字教育没有停歇。语文教师们聚焦写字教学，带领孩子们在线上开展了静悄悄的书写革命。

（一）"云"上执笔，笔下升温

新冠肺炎疫情袭来，学校分层召开语文教研组长、班主任、青

年教师会议，确立了"积极战'疫'"的工作思路，明确各岗位职责，有计划地开展线上教学工作，"让家国情怀扎根心间"已成为写字教学共识。

（二）"云"上固笔，笔下聚温

新冠肺炎疫情期间，学校对于师生的书写并没有放松，做到落实要求，思想先行，以字养心。通过对教师的有效培训，进一步为做好学生榜样打下基础。

1. 深情吟诵表达，悦心悦耳

成语是人们从历史的积淀中精选出来的，所以"习字专栏"中的每一个成语的背后都有一个意义深远的故事。低年级的同学通过讲述成语故事了解历史、学习知识，感受中华传统文化的独特魅力。

2. 规规矩矩写字，一纸芳华

针对线上教学的局限性，老师们聚焦问题，通过教研找到了相应的解决策略。第一，细致示范是写字教学的先导，于是各教研组集中骨干力量，认真录制写字指导微课。起笔、行笔、收笔，逐一示范，精益求精。第二，及时调动各个班级的学生在班级群或小程序中进行书写练习，并按学段定期在公众号进行学生书法作品的展示（见图 2-5）。

图 2-5　学生书法作品展示

3. 诗歌流自心田，同舟共济

通过系列学习，孩子们加深了对责任、生命、国家的理解，懂得了责任的分量，感悟到生命的可贵，体悟到国家的强大，用稚拙的笔写出心中的诗。一首首诗歌，表达着对祖国的热爱、对生命的敬畏、对责任的理解（见图 2-6）。

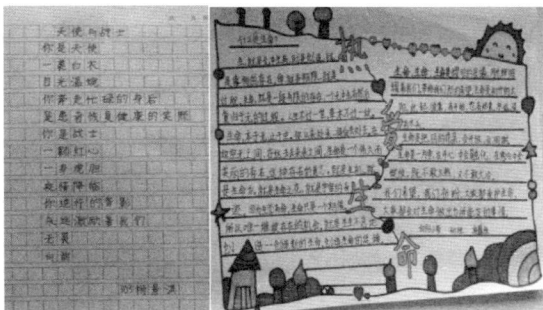

图 2-6　学生自创诗歌作品展示

（三）"云"上拓笔，笔下传温

通过习字专栏战"疫"系列特别栏目，学生的写字审美能力逐步提高，审美心理更加丰富，对家国情怀的理解更上一层楼，同学们用多元的方式，表达着自己心中的那份炙热的真情！

1. 图文绘画并举，传递温暖

通过学习，孩子们对责任、生命、国家有了新的感悟，他们用自己擅长的方式表达出来：思维导图、手抄报……手握一支画笔，孩子们将自己心底的情感通过一幅幅精美的图画呈现在我们面前（见图 2-7）。

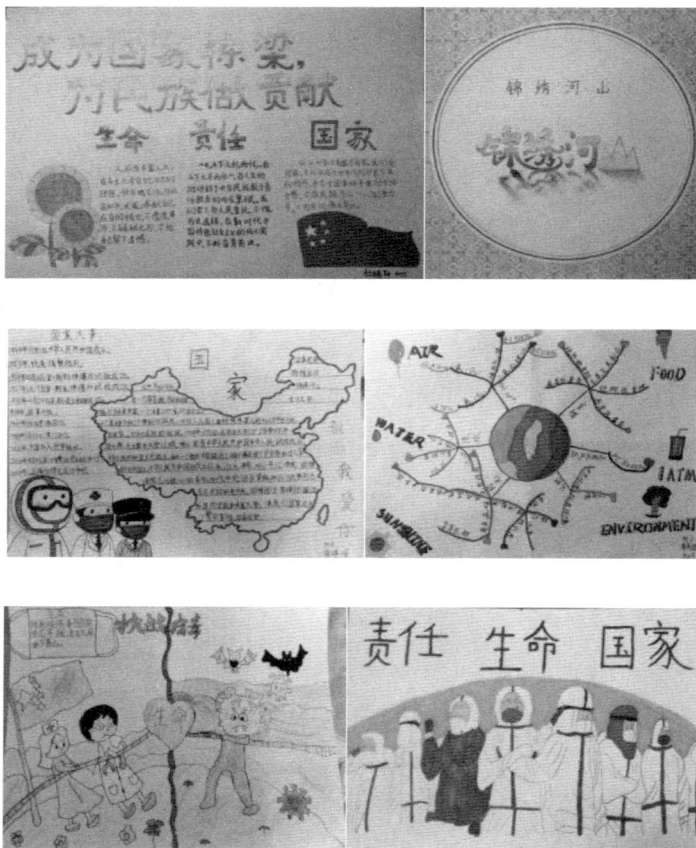

图 2-7　学生绘画作品

2. 时刻心系祖国，手语诉情

孩子们用自己的独有方式行动了起来，不仅仅停留在提笔战"疫"上，也用歌唱诉说着心底蕴藏着的那份高尚情感，用手语歌表达对祖国的热爱。

四、小学语文写字教学的建议

写字教学具有独特的优势，但是我们必须要深刻而清醒地认识到"路漫漫其修远兮"，我们面临着巨大的挑战与不确定性。发展小学语文写字教学，建议从以下三个方面入手。

第一，在"导趣"和"导法"的同时，注重对语言文字的引导。

在写字教学过程中应对汉字想象画面、对写字的过程进行反复咀嚼，并通过多元平台的视频、音频再现，对写字相关资料的拓展，合纵连横，引导学生关注书法语言应用的实际效果。要引导学生进行立体化的书写。所以教师在写字课时应力图将书写一个字与认识一个人、品味一种风格、体会一份情感建立有效的关联，以此拓展学生的写字视野，培养立体的关联性写字思维，把学生写字思维的发展放到课堂的中央。

第二，写字思维的培养必须贯穿写字教学的过程。

学生关联性写字思维的培养非一日之功。因此，要提高写字教学的质量，写字思维的培养必须贯穿写字教学的过程。写字课应以培养学生关联性写字思维为立足点，在教学中充分让学生写字，发现一个问题后，进行横向、纵向思维活动，使学生能够运用关联性思维进行写字，进行多角度、多方位思考，形成思维的定式，今后在写字时思维都会敏锐起来。在汉字的分析中，老师应教给学生处理汉字书写的方法，培养和发展学生的关联性写字思维。充分写字，渗透写法，发展关联性写字思维。

第三，写字兴趣对于学生主动进行写字至关重要。

想让孩子爱上写字，最重要的是激起孩子的写字兴趣。写字兴趣对于学生主动写字至关重要。所以，小学老师们一定要加大孩子写字的兴趣培养，如果说学生和写字之间有一把锁的话，那么兴趣的培养就相当于给了学生们一把打开这把锁的钥匙，引导学生走进写字知识宝库的大门。针对孩子的特点及需求，提出问题，设置谜团，在课外写字中让孩子在知识的海洋中主动寻求和探索无穷的宝藏。我们语文教学工作者，要以写字教学为契机，利用这一难得的空间，最大限度地培养学生的自主写字以及思考、写作能力，真正培养出他们良好而独立且具有批判性的写字习惯，同时使他们在写字中获得使心灵成长的有益养分，为他们精神的健康成长奠定良好基础。

第三篇

学校德育

班主任专业化发展的校本实践研究
——以北京市燕山向阳中学为例

北京市燕山向阳中学　童远康

　　教师专业化发展已成为国际、国内教师教育改革的趋势，世界各国的教育系统都很关注教师专业化的发展。在我国，作为教育工作者中的一大类人群，班主任队伍的发展与提高引起了教育行政部门和教育学术界的重视。班主任专业化已成为现阶段班主任的发展趋势。

　　本研究坚持实事求是和一切从实际出发的原则，通过实证研究法、问卷调查法、访谈法、文本分析法、个案分析法、文献资料法、对比法、行动研究法探究班主任专业化发展的标准。分析当前学校班主任专业化发展方面存在的问题和造成的原因，找出相应的解决策略，进而提升班主任专业化发展水平，提高我校班主任的整体素质。

一、我校班主任专业发展现状及存在的问题及产生原因

（一）我校班主任专业化发展现状

1.师徒制需要进一步完善

　　为加强青年班主任发展，促进其成长，我校探索开展师徒制管理模式，对于每名任龄五年内的班主任，指派一名任龄五年以上的优秀班主任担任师傅，二人结成师徒，并签署师徒协议。协议中明

确结对师徒的相关义务及责任。

师徒制的建立既可以帮助青年班主任尽快熟悉班级管理业务，又可以使师徒教师互相学习、互相监督、共同进步。

但在实施师徒制中存在不足之处。

（1）师徒制实施方式相对单一。师徒制实施的平台不够多、方式不够多样，师傅和徒弟的沟通不够及时和顺畅，这在一定程度上影响了实施效果。

（2）师徒结对时间短，师徒制不能形成完整体系。我校班主任师徒结对时间为一年，时间较短，徒弟未能全面学习到业务精髓，难以形成可复制、可推广的完整的班主任专业化体系。

（3）师徒制的监督评估和激励措施有待增强。学校对带教过程如何定期考查与监督，师徒制落实情况如何评估、如何激励等问题仍需要解决。

2. 班主任培训需要进一步加强

通过进行访谈，我校班主任对班主任培训工作比较认可，认为班主任培训是专业化成长的重要途径。

（1）培训系统性需要增强。在班主任培训工作中，每次都是所需及所学的即时性培训，没有做到系统性、全面性培训，导致我校在班主任专业化发展道路上出现偏差。

（2）培训课程设置需要多样化。培训授课大多还是采用传统培训模式，容易使培训人员失去学习兴趣，从而达不到学习目标。培训的内容也没有做到因人而异，培训难以协调，课程效果难以保证。

（3）监督和沟通渠道需要更通畅。培训中需要进行监督，实时反馈培训人员学习情况，再根据反馈情况不断调整培训安排。对培训人员来说，缺乏有效沟通交流机制。

（4）培训成果转化存在难题。在实际教学工作中，存在诸多阻碍培训成果转化的因素，培训成果很难及时转化为工作成效，造成"培训效果有限"的印象，阻碍班主任培训工作顺利进行。

（二）原因分析

1.师徒结对制度有待进一步完善

（1）师傅能力的局限性。在实际工作中，会遇到各种各样的问题，有时不能做到所配"师傅"皆是能师。

（2）师徒结对方式的局限性。一般都是由学校指派进行师徒结对。有些师徒之间沟通有所欠缺，再加之师徒之间有不教同一年级、不在同一办公室等问题，从而使师徒结对工作出现应付化或者是形式化情况。

（3）监控考核的局限性。学校领导缺乏对年轻教师的了解，在实施过程中，对过程没能很好地监控及指导，平时其他事务比较多，考核有一定的难度，制度有待完善。

2.班主任职业认同度不高

班主任职业认同是指班主任对其所从事的班主任工作和内化的班主任角色的积极的认知、体验和行为倾向，由职业价值观、角色价值观、职业归属感和职业行为倾向四个维度构成。

（1）工作压力大。多数班主任在满课时工作量的基础上"兼职"担任班主任，事务繁琐，工作量大，加之当前社会教育环境越发复杂多样，家长对教育期望值越来越高，班主任作为班级管理第一责任人，所肩负的教育、安全方面的责任重、压力大，班主任职业幸福感缺失。

（2）社会地位低。学校对班主任工作评价和激励导向机制不够完善，班主任工作得不到学校正确评价和充分认可，教师对班主任工作价值认可度不高，社会、家长对班主任工作的评价较低，对班主任人格尊严有所打击。

（3）班主任价值观念偏差。部分班主任敬业奉献精神有待加强，部分教师有职业倦怠感，迫于评职称或管理压力而服从学校分配，担任班主任工作；部分班主任工作动力不足，工作创造性缺失。

3. 班主任专业知识储备不够

班主任在完成教育任务的同时，还肩负着引导并组织学生德、智、体全面发展的使命，因此，新形势对班主任在专业知识储备方面有更高的要求。

（1）政策法规方面。需要班主任能够准确解读相关政策要求，以此为指引，改进工作方式。

（2）班主任工作规范方面。许多班主任应对班主任工作大多依靠过去的工作中积累的工作经验，没有意识到班主任工作也有相关的依据。

（3）德育、心理健康教育等政策理解方面。对国家德育、心理健康的指导精神与内容要点解读不够。

4. 班主任专业能力有待提高

班主任的专业能力主要体现为创建班级文化的能力、沟通协调能力、职业指导能力、开展德育工作的能力。在班级管理中不够自信，没有帮助学生养成良好的习惯；在班级组织建设中不善于采取民主、科学的方式组建班级委员会、培养班干部，班级发展目标及规章制度不够完善，班级凝聚力不强；没有形成班级文化特色，班级活动的策划和组织没有新意，大多是为完成任务，实效性较差。

二、对策建议

（一）完善师徒结对制度

1. 保证师徒之间更好交流

适当延长周期，用好班主任手册，做到有迹可循，同时制定任务驱动、活动设计、师徒同献班会课等制度，设置校级骨干班主任制度，并且完善班主任考核机制，在制度上做到有规可依，有据可查。

2. 强化师徒点对点式指导

每周二下午四点后要求每对师徒点对点梳理本周工作，发现优点，指出不足，同时提供建议。这样就使师徒制管理更加有序。

3. 引入班主任工作室制度

成立班主任工作室，让所有班主任加入工作室，定期召开一些案例研讨会或者举办讲座，让班主任专业发展更具深度。通过成立班主任工作室、开设微信公众号等方式，在更大程度上增强交流、研讨辐射力，让班主任的专业化成长更具深度广度。

（二）提高班主任职业认同度

班主任的职业认同决定着班主任的工作态度和教育行为，如若班主任能够在从业的过程中获得幸福感和成就感，就会更愿意创新思想，勇于实践，不断提升自己的专业水平，促进自己的专业发展。

1. 提升职业幸福感

适当提高班主任津贴，增强绩效考核效果。减轻班主任身心压力，增强职业归属感。弘扬班主任正能量，提升社会认同度。抓实班主任队伍建设，树立正确价值观。

2.力促风格形成

（1）调控自身情绪。班主任心态及自身情绪对于班主任工作至关重要，也是促进个人风格形成的重要因素。

（2）个人职业规划。班主任个人职业发展规划有助于确立个人发展目标，并制订一系列行动计划，充分发挥自己的潜能，最终实现目标。个人职业发展规划也为个人风格的形成奠定基础。

（三）增加班主任专业知识储备

1.增强政策与法规方面的培训力度

通过增强政策与法规方面的培训力度，帮助班主任掌握一定的教育政策、教育法规方面的基本知识，全面理解、贯彻和执行党和国家的教育方针，增强在办学中执行各项教育政策、法规的自觉性，树立依法治教的观念。

2.加强对理论方法的学习

要加强班主任对教育学、心理学、管理学等理论知识与方法的学习，带领班主任成立研究小组，针对不同的班级情况或学生个人情况采用不同的教育方式，探索成功且适应性强的学校班级管理、教育办法。

（四）提升班主任专业能力

班主任专业能力的提升，直接关乎班主任专业化发展的成果。

1.强化班级建设管理能力

班级管理是班主任育人工作的集中体现。如何做好班级管理，提高学生整体素质，对于班主任来说显得尤为重要。

（1）培养和建设班干部队伍。班主任的第一任务就是组织班干部、培养班干部，由班干部协助或替代班主任完成班级中的某些工作。

（2）以民主形式管理班级。通过一学期对民主化管理方式的试行，学生关系友好，师生间的情感更融洽了，班级管理有序，整个班级气氛和谐。要让学生真正参与班级管理，让学生更主动地接受教育，从而使教育效果提升。

（3）以"爱心"带动班级管理。爱能给人无声的感染，爱是博大的。只有真正关爱学生，学生才会从内心感激，整个班级才会充满爱，整个校园才会充满爱，学生的生活才会充满阳光。

（4）以"责任"促进班级管理。在班级管理中，我们需要培育学生的责任感，要让学生懂得管理班级是他们每个人应尽的义务和责任。在参与班级管理时，学生会有一种取得成功后的喜悦和自豪，同时锻造出敢于担当的品格。

（5）以"活动"凝聚班级集体。在活动过程中，学生可以认识很多事物，可以了解很多东西，结识好多朋友。同时，师生间的情感更浓，整个班集体更具有凝聚力，更具有活力，更具有学习的动力。

2. 提升对学生发展的指导能力

学生发展指导能力是永恒且首要的班主任核心素养。班主任对学生发展的指导，主要体现在品德、学习、活动、心理健康、职业生涯和综合素质发展等方面。

（1）品德指导

班主任要通过开展各种班级活动，言传身教，无痕、自然地指导和引导学生认识、理解、信奉与践行社会主义核心价值观，成为健康班集体的建设者。

（2）学习指导

班主任要认识并遵循学生认知发展规律，深入了解本班学生学习特点及问题，采取多种措施激发学生学习动机、锻炼学生学习意志、发掘学生学习潜能、指导学生掌握学习方法，根据学生的学习差异，有针对性地进行指导。

（3）心理健康指导

班主任要准确把握中小学生心理发展的阶段性特点，了解班级学生的心理情况和存在的问题，关注有特殊需要的学生，重视他们的心理需求，运用心理学相关知识和方法，促进学生发展。

（4）职业生涯指导

班主任应清楚学生职业生涯规划与发展的内涵与外延，可以从自我认识、社会理解、生涯规划和职业体验等角度向学生诠释职业生涯的内容，启发学生自主、自动地为未来学习、生活、职业、梦想等进行合理规划并付诸实践。

（5）综合素质发展指导

班主任应全面了解学生个人综合素质发展的目标、基本理念与方法等，注重评价的教育性、激励性、趣味性和实效性，为学生综合素质进一步发展提供支持与指导。

3.增强沟通与合作能力

班主任是学校、学生、家庭之间联系的纽带，是指引班级工作的学校政策的执行者。因此，在教育教学过程中，加强班主任与学生之间、与任课教师之间、与家长之间的沟通和合作，对学校教育有着至关重要的意义。

（1）与学生沟通合作

善于与学生沟通合作，才能真正取得学生的信任和好感。在沟通合作的过程中，尊重、理解、宽容是沟通和合作的充分条件。提升自我修养、提高沟通能力是沟通和合作的必要条件。

（2）与任课教师沟通合作

班主任与任课教师的沟通合作，也可对学生产生一定的、积极的教育影响。

班主任与任课教师应互相尊重与信任，如此更有利于从同样的立场出发，对学生形成统一的教育与管理。班主任应积极协调任课教师与学生的关系，加强学生与任课教师之间的情感沟通，提高学生对所学科目的重视程度。班主任应向任课教师详细地介绍班级学生情况，并及时向任课教师了解学生课堂情况、作业情况等。

（3）与家长沟通合作

初中阶段是塑造一个人正确理想以及人生观、价值观的黄金阶段，初中生的生理、心理特点要求班主任和家长进行密切的合作。

家长会是传统形式上家长和班主任沟通的一个平台，是家长进行互相交流并且互相吸取教育经验的一个平台。家访是班主任和家长加大合作力度的有效途径之一，对班主任了解学生的家庭环境以及生活习惯具有很大的帮助。可以通过建立微信群、QQ 群或者关注学校的微信公众号等，保证班主任和家长的及时沟通。

三、结论

班主任承担着学生的德育、心理健康教育、安全教育以及班级管理工作任务，是联系任课教师和学生家长的桥梁和纽带。班主任在专业道德、专业知识和专业能力等方面的素养将直接影响学生的全面发展。因此，促进班主任专业化发展至关重要。

我们通过师徒点对点式指导，引入班主任工作室制度来完善师徒结对制度；通过提升职业幸福感，力促班主任风格形成，从而提高班主任职业认同感；通过各种方法加大班主任政策与法规方面的培训力度，加强班主任理论方面的学习，增加班主任专业知识的储备；通过强化班级建设管理与学生发展指导，与学生增强沟通与合作，提升班主任专业能力。通过不断研究和尝试，我校班主任的专业素养有了一定的提高，但仍需继续深入探究班主任专业化发展的道路。

道阻且长，行则将至。相信不久的将来，经过我们不懈的努力，班主任专业化发展道路会日趋顺畅。我们将秉持"为学生的全面发展铺垫阳光之路"的校训，不断为教育事业的进步而努力！

通过社团提升高中生自治能力的策略研究
——以北京师范大学燕化附属中学为例

北京师范大学燕化附中　钱月华

一、研究缘起

（一）管理部门的要求

共青团中央、教育部和全国学联联合印发的《学联学生会组织改革方案》中明确：学校对青年学生的管理要以保持和增强政治性、先进性、群众性为目标，强化学联学生会组织自我教育、自我管理、自我服务、自我监督的职能；始终坚持以学生为本，坚持为了学生、代表学生、服务学生、依靠学生，坚持从学生中来、到学生中去，着力扩大广大学生对学联学生会组织工作的参与、监督和评议。

学生发展应具备的核心素养包括自主发展、社会参与和文化基础。这就对学校为学生自主发展提供平台、创造机会提出了新的要求。

（二）学校管理的需要

北京师范大学燕化附属中学（本文以下简称北师大燕化附中）设有学生信箱，学生通过信箱将需求反馈给学校领导及相关部门，学生提出了很多学校管理中的问题：有的非常合理，学校收到后立即想办法解决；有的出于政策原因，要对学生加以解释；有的则是学生无理取闹。领导和相关部门对学生来信非常重视，但也有些应接不暇，如何找到一个途径，让学生参与学校日常管理，能够站在学校立场发现问题同时还提出具有可行性的解决方案，将学生呼声和学校管理更好融合，从校园管理入手培养学生社会参与素养，是本文研究问题提出的一个重要原因。

（三）学生发展的需要

北师大燕化附中作为一所纯高中，有模拟政协社团。它们在培养学生社会参与素养方面发挥着作用，促进了学生的发展。学生先后提出了不少好的提案，但是也存在一些问题，比如参与的广泛性不够、代表性不强，而且学生在参与过程中，关注国内、国际大事较多，对校园内的学习生活中需要自主管理加以提升的小事情反而不够重视。

二、文献综述

通过查阅中文核心期刊与"社团"和"学生自主管理"相关的文献，笔者发现这些文献有以下几方面的特点。

一是社团管理类的文献较多，重点集中在开展社团活动时学校是怎么做的，有哪些方面值得学习和借鉴，同时存在哪些问题，如何去有效解决这些问题。

二是以学科为背景的学生实践类社团重视学生参与动手实践的一面，培养了学生学科核心能力。

三是突出学生社团以培养学生"自主学习、自主管理"为主要目标，通过社团活动培养学生独立自主学习能力。

四是无论是国内还是国外，无论是高校还是中小学，社团活动都是为学生发展搭建平台，都是为学生成长提供好的途径和方法。

综上，笔者发现这些研究视角比较单一，本研究针对北师大燕化附中的模拟政协社团活动，对丰富活动内容、创新活动形式、合理选择参与对象等方面进行剖析，将模拟政协社团活动的培养目标和校园自治联系起来，研究通过模拟政协社团活动培养高中学生参与素养的策略，期望以模拟政协社团活动为抓手，切实提高高中学生的校园自治能力。

三、研究过程

（一）研究对象的选择

北京师范大学燕化附属中学有模拟政协社团。他们的职责就是发现学校管理中出现的问题，加以分析，提出改进的措施和方法，并通过学生代表大会传达给学校管理者，最终帮助学校解决问题，是学校管理者特别需要也是培育学生参与意识的一个重要的组织。所以，选择我所在的学校来研究是提高自我管理水平的一个重要考虑。

（二）访谈对象的选择

学校学生代表大会中的代表和模拟政协社团中的指导老师和学生代表。

（三）问卷调查的对象

本次调查的对象为学校学生代表大会中的代表和模拟政协社团

中的指导老师和学生代表。通过问卷星向北师大燕化附中所有高一、高二学生发放并收回有效问卷484份。

(四)发现的问题

1. 异化的校园自治

校园自治就是学生们自己治理校园，实现自主管理。显然，校园自治的主体理所应当是学生。但是实际上，北师大燕化附中的校园自治以学校管理者作为主体，学校管理者要求必须成立学生代表大会，必须成立学生会，必须制定出学代会的章程，必须有学生会工作职责和学生会章程，显然这样的学生自治从根本上就是学校管理者主导的。

2. 异化的校园自治产生的原因

（1）校园自治中学生自主意识不强

通过问卷调查收集的数据，有28.51%的学生不了解学生代表大会，54.96%的学生只是一般了解学生代表大会，学生代表大会没有广泛的群众基础（见表3-1）。

表3-1　学生自主意识不强

选项	小计	比例
很了解	80	16.53%
一般了解	266	54.96%
不了解	138	28.51%
本题有效填写人次	484	

（2）学校从长期集权管理向分权过渡的过程不十分通畅

学校主张学生校园自治，成立学生代表大会、学生会组织的意识完全正确，出发点也是希望学生能够参与学校管理，管理者想听到学生的心声，站在学生立场思考问题。也许最初学校牵头制定各项规章制度带领广大的学生学着自治是可以的，但是一旦学生逐步进入校园自治的轨道，管理者应该迅速撤退，把学生自己的管理权还给他们。学校应该给学生试错的机会，陶行知先生说"校园自治是学生学着自治"，容许他们在学校自治中犯错，以后治理国家也许就少走了很多弯路，这是校园自治的一个核心，管理者不能因为怕学生犯错就干涉过多。

（3）管理者有意识，但是落实得不到位

学校管理者意识到管理者包干代替的现象较多，本质是教师不信任学生，口号喊得较响亮，但是没有将校园自治落实到行动上，所以学生了解得不够，自然参与度就不高。其实学生特别想为学校做自己力所能及的事情，这一点在统计结果中一目了然。

3. 异化的模拟政协社团

（1）少数人的模拟政协社团

2016年年底，北京教育科学研究院给北师大燕化附中颁牌，我校很荣幸地成为北京市第一批模拟政协示范校。于是，学校在2017年春季学期迅速筹备模拟政协社团，先后设置了社团的课程，精心挑选了政治组的组长和青年骨干力量担任指导教师，挑选综合素质较强的学生进入模拟政协社团。

所以，从最开始，在顶层设计上就没有考虑到模拟政协社团应该是全校推进民主治校、学生校园自治的重要一环，模拟政协社团应该以基础性、广泛性、代表性、协商性为主要特征，这恰恰是我校模拟政协社团缺失的，导致我校广大学生的模拟政协社团成为少数人的模拟政协社团。

（2）偏离学校自治的模拟政协社团

在与社团指导教师访谈中，杨老师说："模拟政协社团以'立德树人、励志笃学、技能拓展、实践创新'为宗旨，力求通过模拟人民政协的提案形成过程，体验人民政协的组织形式、议事规则，以了解和体会中国特色的民主政治协商制度，在广大青少年中积极培育、践行社会主义核心价值观，在青少年学生中坚定'四个自信'，培育和增强青少年的'四个意识'，培养和提高青少年的'四大能力'。"不难发现，我校模拟政协社团走的是高端路线，着眼点就是国内、国际的社会问题，然后去分析问题、尝试解决问题。学生们最终形成的模拟政治提案着重关注社会上的热点和一些大事件，而对学校亟待解决的校园问题反而较少涉及。

四、研究结果

（一）调动学生自主管理实现校园自治的积极性

1. 通过各级学生组织层层传导

学校团委、学生处等组织团干部、班干部共同学习全国人民代表大会制度，班团干部共同研究并拟定《北师大燕化附中学代会章程（草拟）》，各班团干部通过主题班会、团小组会、支部委员会等渠道宣传学生代表大会制度，鼓励青年学生阅读《北师大燕化附中学代会章程（草拟）》并提出修改意见，最终制定《北师大燕化附中学代会章程》。学生只有身在其中，亲力亲为，才会对学生代表大会有切实体会，知道这是代表了广大青年学生利益的组织，是他们自己为自己发声的途径和方法。

2. 在政治课堂融入校园自治的理论

政治学科老师在讲中国是讲民主的国家，要求国家公民要有政治认同感。政治认同有多个层面、多个维度，包括拥护党的领导，坚持和发展中国特色社会主义，认同中华人民共和国、中华民族、中华文化，弘扬、践行社会主义核心价值观。学生对学校民主管理、民主治校有了认同的理论基石，就很容易理解校园民主治理、校园自治的逻辑体系，也就愿意投入其中，贡献出自己的一份力量。

3. 激发学生的内在动力

（1）自主管理应该从培养情感基础开始

任何一个人到一个新的组织中，都有一个适应的过程。适应的快与慢，除了性格上的原因，主要在于人对组织的认同感，如果对这个组织感到满意，人就会积极地适应这个组织。认同感是自主的萌芽，是人生自主自发的主动性的原点。比如高一学生刚入校，不熟悉学校环境，学生会通过组织学生参观学校、给学弟学妹们介绍校园等丰富多彩的活动，让新同学对学校对社团有认同感、对自己的前途有信心。学校通过介绍学代会等对新生的精神文化做正面引导，让学生产生进一步认识学校的意愿，适时地开展"我和学校有缘分"系列活动，打出缘分牌，提出"苦战 1000 天，我与附中共发展"的口号。经过 3 年的同甘共苦的奋斗历程，最终学生个人成长促进了学校发展，学校发展引领了学生发展。

（2）让学生尽快进入"我是附中的主人"这个角色

角色认同感对于唤起人的自主管理意识有着不容忽视的作用，认同感产生于对组织的信赖，尤其是人对所在组织的归属感。按照亚伯拉罕·马斯洛的需要层次理论，归属感属于人的中等层次的需要，是通往满足自我实现的需要的桥梁。归属感的建立需要满足下列条件：一是组织能够满足成员生存及生活的需要；二是成员在组织中能得到尊重；三是成员在组织中能够得到公平竞争和不断发展的机会。基于此，学生在附中发展的过程中，学校应该努力为同学们提供生活方面的好的条件。而责任感则是由此产生的对组织的责任意识，认同感和归属感越强，人对组织的责任感就越强。责任感与责任不同，责任是指对任务的一种负责和承担，而责任感则是一个人对待任务、对待组织的态度。为进一步激发学生的责任意识，学校设立议事厅，广开言路，让学生能够有表达自己想法的途径，让学生觉得附中就是我家，我是附中的一分子，附中强则我强，这是学校发展体现在学校文化上的必然归宿。绝大部分学生能把自己的前途命运和学校的兴衰紧紧地捆绑在一起，产生强烈的同进共退、荣辱与共的情感。随着组织中成员的主人翁意识不断增强，自主管理就会变成他们自觉的行为。他们会在责任感的驱使之下产生紧迫感，使命感和危机感都会得到加强。

（3）自主管理要给予学生不同方面的自由

给予时间上的自由。学校的自主发展需要全体学生从时间上做出共同努力，但这种努力并非把学生的时间全部控制住，而是要给每个人留有一定的时间自由度。为此，我们提出了"一小时"工程，即每天留一小时给学生自由支配。实践证明，这不仅是学生自治的有效措施，更是张扬学生个性的良好途径。从学生对业余生活的安排中，我们感受到学生是一个精彩纷呈、充满活力的群体。所以，作为学校的管理者，要让学生有充分的时间去进行个性化的自我设计、自我选择、自我构建、自我评价，从而促进个体的自我管理能力的提升。

给予意愿上的自由。实践证明，人一旦有了自由的意识，就有了表达意愿的自由，学生的成长背景、思想认识不同，表达意愿就不会相同。学校设立了学生议事厅，让学生根据自己意愿充分发表自己的观点。这种把学生自己的意愿淋漓尽致表达的过程，带给人更多的是一种能量的释放，学校也由此成为一个巨大的能量场，从而促进了学生真正的发展。

给予组织上的自由。学校固定的组织模式可以赋予自主管理的权力，从而产生一定的效应。为了激发更多人的发展潜能，我们产生了从组织上寻找自由的想法。首先想到的就是在学校的引领下组建学生会，学生会下设各个执行部门，比如生活部、体育部、文体部等。这些组织本身带有一定的自愿成分和自由度，提高了个人的参与度，从而实现了组织的多元化。随着学生组织的发展壮大，接踵而来的是学校"自发组织"的建立。这些组织完全由学生自发成立，尽量抹去行政干预的成分。比如文体部策划高一新生入学迎新晚会、社团招新等，体育部组织体育节。他们自己制订活动计划、确立活动形式、设计评价内容，形成了一个比较完整的组织体系。这些自发组织由于内部机制全部来源于成员自己，所以具有无限的活力，也为学校校园自治带来了强大的生命力。

（二）提高学生对校园自治的参与度

1. 学校管理者的角色定位

在校园里，管理者的定位应该是服务学生。这个服务有没有边界？管理者也是老师，老师最重要的一项工作就是德育为先、立德树人，培养德智体美劳全面发展的人。建议凡是学生可以独立自主完成的，管理者能不插手尽量不插手，让学生学着自治。他们遇到困难时，自然会向学校管理部门提出来，由学校管理者协助他们完成，体现学生的主导性。

2. 在学代会中成立议事厅

为了广泛调动学生积极参与到校园自治中来，每一个学生都是校园自治的主体，建议建立议事厅，便于学生在参与学校治理的过程中商量问题。鼓励学生发现问题，提出问题，并齐心协力想办法分析问题，找出对策。只有这样广开言路，管理者才能了解那些学生发现的学校治理过程中需要改进的地方，便于管理者不断提高管理能力和水平。

3. 议事厅与模拟政协社团的关系

学生在议事厅广泛交流后形成简单提案提交学校管理部门，对于符合国家法律法规、满足学校发展需求的建议，能立即办理的管理者第一时间处理好，保证令学生满意。这样全校管理者和学生融为一体，让学生真正感受到学校是学生的学校，是全心全意为学生服务的学校。

其中一部分对其他学校管理、对社会发展有借鉴意义的提案转交给模拟政协社团，模拟政协社团的学生通过查阅文献、实地走访、问卷调查等多种手段和途径对提案加以修改和丰富，最终形成更完整、更科学、更有推广意义的优秀提案，甚至可以由学校主管部门往区政协、北京市政协递交，也是学生为治理国家做出自己的贡献。同时，模拟政协社团对议事厅也有一定的指导和督促作用。

所以，议事厅的出现让模拟政协社团有了更广泛的群众基础，模拟政协社团也让议事厅的成果得到更大价值的体现，它们之间相互依存、在学生自治过程中共同发挥作用。

基于学校文化的特色班级文化建设的研究

——以北京市燕山星城中学为例

北京市燕山星城中学　刘　芳

众所周知，学校文化对文化育人起着至关重要的作用，而班级文化是体现良好校园文化的重要途径。迟希新老师在《教师德育专业化读本——班主任的德育工作：角色定位与功能实现》中强调：要通过班级文化建设实现隐性的德育功能。首先，班集体的信念对集体成员的品德形成具有重要作用。其次，班集体的情感在个体品德形成中也具有重要的影响作用。特色班级文化建设是对学生个性培养行之有效的方式，班级精神文化是特色班级文化的核心部分，能促进学生认识水平的提高，对学生的人生观、世界观的形成具有十分重要的作用。只有将特色班级文化建设好，才能真正实现德育的隐性功能。此外，还应注意特色班级文化需要在学校育人目标下形成。将班级特色与育人目标有机结合，能够促进学校文化的良性发展，从而提高德育实效性，亦符合教育部提出的五育并举的要求。

本文将从基于学校文化的特色班级文化建设的视角，以北京市燕山星城中学为例，了解初中特色班级文化建设的现实状况，分析在特色班级文化建设中存在的问题及其成因，探索基于学校文化的特色班级文化建设的策略，明确学校文化与特色班级文化建设的关系。

一、特色班级文化的内涵

特色班级文化是指结合本地特色、学校办学特色或者学生的特长和学习兴趣等构建的一种精神财富，是结合了本地、本校和学生的特点所形成的班级文化。它是在充分发挥学生主体地位的基础上，在班主任和全体同学的共同努力下，形成的能够凸显本班特色的班级文化。这样的班级文化更加有利于学生的个性发展和核心素养的提高，所以这种具有特色的班级文化往往能够受到学生的喜爱，对学校特色文化的形成具有促进作用。

二、基于学校文化的特色班级文化建设的内涵及形成标志

（一）基于学校文化的特色班级文化建设的内涵

基于学校文化的特色班级文化建设是在学校文化的基础上建设本班的班级文化的过程，是班级文化经过提炼并内化到每一个学生个体的过程，是一个班级所特有的、独一无二的，是经过师生共同讨论、最后达成共识、被全体同学认同并为之努力的，是充分体现学生主体地位的班级文化。它对全体同学的一种正向、积极的引领，能够促进每一位学生的个性发展和核心素养的提升，同时亦对学校特色文化的形成具有推动和促进作用。

（二）基于学校文化的特色班级文化的形成标志

特色班级文化不仅包括彰显班风、学风的外在物质文化建设（包括教室环境布置、班级目标、班训、班规、班级公约、集体获奖证

书、黑板报、特色角等），同时还应重视通过丰富多彩的学生活动，让学生获得群体意识、舆论风气、价值导向、审美观念等体验，让学生享受精神财富，这才是特色班级文化的标志。

三、学校文化与特色班级文化建设的关系

学校文化与特色班级文化建设二者相互促进，息息相关。学校文化是特色班级文化建设的指南针，在特色班级文化建设的过程中，班级特色的确立主要源自学校文化。反之，特色班级文化形成之后会使学校文化特色更加凸显。两者相辅相成，为学生的成长创造良好的文化环境和文化氛围，促进学生个性发展和核心素养的提升。

四、当前特色班级文化建设存在的问题及其原因

在基于学校文化的特色班级文化建设的行动研究过程中，通过问卷调查、访谈和观察，笔者发现存在一些问题，笔者将问题及成因简要列明如下。

（一）教师个人及社会原因

首先，教师工作量问题。随着社会的高速发展，班主任的工作不断增多，网络化工作逐渐增多，一人身兼数职，忙不过来，杂事和处理个别学生的事情耽误很长时间。尤其是中青年教师，处于事业上升期，既要抓教学，又要抓学生管理，还需要经常参加各级各类比赛，再加上需要顾自己的小家庭，普遍感到压力巨大，经常加班加点工作。

其次，教师个人身体因素和心理因素。部分教师由于年龄大或

身体不适，不能全身心地投入到班主任工作中，不适合做班主任；还有一些教师是主观上不愿意承担班主任工作。以上两类教师在承担班主任工作时在班级特色文化建设方面工作积极性低，多处于应付、敷衍状态，没有对如何能够带出一支优秀的班级队伍进行深入思考。

最后，是社会因素。多数教师认为当班主任风险系数大，主要体现在家校合作有难度，掌握不好对犯错学生教育的度，时常出现被投诉的情况，感觉没人做班主任坚强的后盾，导致不敢严格管理学生，以上情况不利于班级持续发展。

（二）显性文化与隐性文化发展不均衡

主要体现在：班级物质文化布置得丰富多彩，但制度文化建设逻辑性不强，没有将班主任工作与任课教师和家长沟通的方式、态度融入班级制度；由班级目标、班级理念、班训和班风所构成的精神文化不明确、不外显，学生知晓率和认同感低；对由主题班会活动、体育活动、社会实践活动等构成的活动文化利用不充分，有时仅是完成任务，以活动育人的意识差，缺少总结和反思的意识。

其成因如下：首先，显性文化建设相对比较简单，学校每学期对各年级会有统一要求，按照要求布置即可，且主要由学生完成，相对较容易；其次，学校德育处为班主任提供的班级文化建设方面的培训不充分、要求不明确、宣传力度不够，特别是忽略了对各班精神文化的建设引导和监督。

（三）未形成基于学校文化的特色班级文化

首先，班主任不知道班级文化包括哪些内容，将班级文化与学校文化中的办学理念、育人目标等混淆，设定班级特色文化时找不到切入点。其次，学生和老师认为只要在教室里、软扎板上有校训、办学理念相关字样就做到了班级特色文化与学校文化相符，但实际上并未形成基于学校文化的特色班级文化，更谈不上符合本班学生特色。

其成因如下。首先，学校平时不注重对学校文化的宣传，仅限于在领导讲话和校园环境布置中出现，未做到全体师生入脑、入心。其次，班主任年龄两级分化严重。主观方面，有的老教师普遍不愿接受新生事物，在思想上不重视此项工作，嫌麻烦，在他们的思想中只要班级不出现重大事故就算完成任务，班级文化建设做不做无所谓。客观方面，部分教师身体健康欠佳，体力跟不上，心有余而力不足。对年轻教师而言，他们没有班主任工作经验，还处在维护班级稳定、别出事故的状态，还在学习如何与任课教师、家长和待进步生沟通的过程中，对班级特色文化建设思考不足。对学校而言，学校对青年班主任培养仅限于师带徒和外派参加次数很少的培训，对青年班主任的成长关注度不够、过程性监督不足，没有将青年教师培养作为一件重要事情来抓，未针对个人量身定制详细培养计划和进行过程性监督。最后，班主任对本班学生的优势和特长了解不够深入，找不准基于学校文化进行特色班级文化建设的切入点。

（四）部分学生对班级漠不关心

主要表现在：参与班级活动不积极，觉得班级中的事情除了学习与自己有关，其他都与自己无关，游离于班级之外，没有集体观和荣辱观；个别学生经常违反班规、校规，屡教不改，与家长沟通作用不大，难于管理。

以上问题主要是由学生主体地位体现不突出造成的，班主任习惯性地让班干部完成班级内的大小事务，没能关注到班级内每一个孩子，充分利用每个孩子的特长，没能真正做到班级内"人人有事做，事事有人管"。个别经常违反班规的孩子大多学习习惯和行为习惯不好。这有一部分是家庭原因——长期和爷爷奶奶或姥姥姥爷共同生活，老人由于身体原因没精力管孩子的学习，导致学习习惯不好；还有一部分是父母关系不和谐或父母离异，导致疏于对孩子的正面管理和引导。

五、构建特色班级文化的有效策略

（一）切实加强班主任理论知识培训

1. 加强对学校文化的宣传力度。德育处邀请校领导对全体师生进行学校文化的介绍和解读，利用一切可利用的机会，如开学典礼、重大赛事、主题教育和实践活动等机会进行广泛宣传，使全体师生对学校文化和学校的发展历程入脑入心、对答如流。同时，抓住召开家长会的机会，对家长进行教育理念和学校文化的宣传工作。

2. 召开基于学校文化构建特色班级文化方法培训会。首先，德育处开展针对基于学校文化的特色班级文化建设的理论知识培训会，强调构建特色班级文化的重要性，普及特色班级文化建设的基础知识和方法，阶段性收集特色班级文化建设情况，发现问题，组织研讨交流，相互学习，并聘请专家提出指导意见，再由班主任进行实践和反思，直至形成特色班级文化。其次，购置并组织班主任阅读德育工作方面的图书，如《正面管教》《教师德育专业化读本》《当代青少年文化与学校德育》《现代中小学主题班会模型构建与实践案例》等，要求教师做好读书笔记，阶段性在工作群中进行读书感悟分享。再次，召开以案例为抓手的带班育人能力提升培训会，以日常班级管理中出现的问题为抓手，以运用理论知识解决问题为目的，帮助教师用理论知识解决实际工作中的困难，提升班主任的带班育人能力和培训的实效性。复次，组织班主任深入学习"三阶段四环节"主题班会模型，并将学习成果应用于班级管理中。邀请北京市西城区教育科学研究院研究员，北京市陈经纶中学（北京首批示范性高中）原副校长，北师大教育博士、教育硕士指导教师，"新德育"和"新家教"品牌创始人朱洪秋博士，为全体班主任做"三阶段四环节"主题班会模型讲座，并解答班主任在实施过程中出现的问题。随后，在各年级推出部分优秀教师的主题班会展示，该年级班主任和副班主任共同参与准备、召开主题班会，进行会后讨论，共同分析优缺点，查漏补缺，相互学习，再进行其他教师的主题班会展示和评比。最后，还轮流派骨干班主任和青年班主任参加市、区组织的班主任培训，使其接受最新的教育理念，提高其班主任带班育人能力。

（二）始终坚持以学生为主体

建构主义强调以学生为中心，强调学生对知识的主动探索、主动发现和对所学知识意义的主动建构。因此，教师需要根据学生的性格、兴趣和特长，在班级中安排适当的职务，做到"人人有事做，事事有人管"，促进不同学生不同程度的发展。请全体学生参与班级管理，包括班级制度、班级目标、班风、班训等的制定，班级物质环境的设计和布置，调动学生积极性，增强学生班级归属感和对班级文化的认同感。更重要的是，通过学校和班级组织的丰富多彩的主题活动、体育活动和主题班队会，如根据各年级学生不同年龄开展的以"学史明理""学史增信""学史崇德""学史力行"为主题的主题班会、"快乐运动 相约冬奥"趣味运动会和"庆祝新中国成立100周年系列活动"等，做到活动育人，以此促进学生个人能力提升；活动结束后，班主任要善于抓住机会，帮助学生总结、内化和提升，让学生获得群体意识、舆论风气、价值导向、审美观念等体验，让学生享受精神财富，促进学生思维的成长，凸显学生的主体地位。

（三）深挖、再结合、定特色

建构主义认为，学习者与周围环境的交互作用，对于学习内容的理解（即对知识意义的建构）起着关键性的作用。通过这样的协作学习环境，学习者群体（包括教师和每位学生）的思维与智慧就可以被整个群体所共享。深入挖掘学生和班主任特点，包括学生的年龄、性格、爱好、特长、身心发育特点、成长环境和班主任任教学科、特长、性格等，再结合学校文化的核心内容，找准切入点，经过与全体学生的多次讨论，达成共识，最终确定班级特色。这样确定的班级特色，学生认同感强，更容易遵守并为之努力，这有利于形成适合学生个性发展和核心素养提升的生态环境。

（四）提高主题班会的实效性

建构主义学习观认为学习是在一定的情境即社会文化背景下，借助其他人的帮助，即通过人际的协作活动而实现的意义建构过程。通过有效利用"三阶段四环节"主题班会模型解决班级中出现的常见问题，在10~30分钟内，教师通过"是什么、为什么、怎么办"三个问题引导学生独立思考、各抒己见、分析利弊、达成共识、形成公约、共同遵守，最终做到用制度管理班级，学生自觉遵守，形成自我管理和约束。没有了教师的"一言堂"，改成由学生去解决问题，不但充分体现了学生的主体地位，还改善了教育效果。班主任还使用"日常行为惯例表"帮助那些待进步生，并争得家长的同意，达成共识，形成家校合力，共同帮助学生改掉不良行为习惯。运用以上两个方式，解决班内共性问题和个性问题，为形成良好的特色班级文化打下坚实的基础。

（五）搭好展示平台，完善学校制度

举行"基于学校文化的特色班级文化建设成果评比"活动，将优秀的特色班级文化制作成展板展示，搭好展示平台，加大宣传力度，提高优秀班主任知名度，并请获奖班主任分享特色班级文化建设的过程、成果和经验，大家互相学习，共同进步。此外，德育处还制定了特色班级文化建设考核细则，将考核结果与班主任考核制度和学校的教师成长积分挂钩，激发班主任工作热情。注重青年教师培养，撰写青年教师成长方案中的教育管理部分，并将其列入学校年度计划。

六、结语

基于学校文化的特色班级文化建设不仅是促进学生个性发展和核心素养提升的最佳途径，还是促进学校特色发展和德育队伍能力提升的助推器。它目的性强，指向明确，充分发挥学生在班级中的主体地位，关注学生的成长需求，对学生的个性发展和核心素养提升都有着积极的意义。同时能够激发德育工作者的管理热情，提高其对基于学校文化的特色班级文化构建的主体意识和参与意识，提

升德育工作者的育人能力，切实落实立德树人根本目标。对学校而言，特色班级文化建设使学校特色更加突出，能够促进学校和谐发展。在当前"双减"背景下，如何基于学校文化构建特色班级文化需要有更多的理论研究和实践探索。

初中道德与法治课和学生德育实践活动结合的行动研究

——以北京市燕山东风中学为例

北京市燕山东风中学　　王忠华

一、绪论

目前学校的实际情况是：道德与法治课主要作为一门文化课存在；道德与法治课老师也主要归教学部门管理，没有进入学校的德育教育队伍；在设计活动的过程中，受各方面条件的限制，道德与法治课老师处于单打独斗的局面，无法充分利用各方面的教育资源；目前研究的方向几乎仅仅针对道德与法治课的教学内容，针对如何将德育实践活动和道德与法治课相结合的研究比较少，这样的结合需要动用的人员、资金等比较多，不是道德与法治课老师所能解决的，这是目前这方面研究很少的主要原因。

本课题将打通道德与法治课老师和德育活动之间的壁垒，在进行德育活动设计时，道德与法治课老师作为德育工作者的重要组成部分，根据道德与法治课的教学目标和实际情况进行活动的设计，将道德与法治课课堂上的内容延伸到课外活动中来，既提升学校德育教育的实效性，又充分调动学生的学习主观能动性和积极性。

将道德与法治课与学校德育有机融合作为落实立德树人根本任务的一项重要抓手，既能把过去抽象的、空洞的、大水漫灌式的道德说教，变成具体的、生动的、精准滴灌式的教育，创新道德与法治课建设路径，又能使德育常态化，构建大思政育人局面，推进教育改革和素质教育工作，提高育人质量，培养担当民族复兴大任的时代新人。

二、道德与法治课的现状分析

对道德与法治教师调查访谈的内容是：当前我校学生在学习道德与法治课时的状态；当前我校道德与法治课教学过程中所遇到的困境；如何开展实践探究活动来推动道德与法治理论深入人心。我校道德与法治课教师反映，当今社会，文化趋向多元化，不利于稳定价值观的形成。大部分学生认为该门课程是一种非自由化、非客观化的教化，道德与法治课本身的教学存在着工具化主导、人性化不足的问题，滋生了学生的抵触情绪。回归道德与法治课的育人功能需要对症下药，而摆脱困境的突破口在于提升实践性。然而，要想设置和实施大量的与学科进度相匹配的实践活动，单靠道德与法治课的课堂时间是不够的，这就急需外界力量的涌入，其中耦合度最高的就是学校德育活动。

对德育工作者的调查访谈内容是：当前我校在道德与法治课和学校德育工作的结合中所面临的问题；如何创新深入人心的德育活动；如何利用道德与法治资源升华实践活动；如何以道德实践活动推进道德与法治课的理论进程。我校德育工作者表示，诸如道德与法治课等国家德育课程的建设与运行，基本上属于教学范畴，在管理上基本归于教学部门。也就是说国家道德与法治课的管理基本上完全是教学部门的职责，在这个过程中德育管理部门是缺位的。有相当多道德与法治课教师完全按照学科知识的逻辑在讲授这门课，过于强调对这门课程中所谓的知识点的记忆和背诵，背离了这门课程的目标。国家道德与法治课虽然以课程的形态出现在学校的整体课程体系当中，但是仅从课程的角度来定位国家德育课程显然是不够的。

学习道德与法治课的学情调查问卷显示：首先，39.87%的学生最喜欢的学习形式是与课堂外的活动相结合，在实践中理解课本上的知识；其次，38.26%的学生喜欢创设有趣的情境，在解决问题中进行学习。学生最不喜欢的上课形式是老师讲学生听的传统上课形式。通过调查结果可以看出，学生觉得目前道德与法治课存在的不足是教材内容无趣单调，过于抽象不好理解，老师的教学手段缺乏创新，不能调动学生积极性，这也是造成大部分学生对道德与法治课不感兴趣的原因。

通过以上的调查和分析可知，目前，道德与法治课还没有充分发挥其作为德育教育课的主要作用，教材上的内容枯燥乏味、教学形式单一，与现实情况结合不紧密，无法激发学生的学习兴趣。将道德与法治课与学校德育活动相结合，既能通过生动活泼的学习形式，帮助学生理解课本上抽象的知识，从而学会把课本上的知识应用到实际生活中去，解决实际问题，同时，将有机融合道德与法治课和学校德育活动作为落实立德树人根本任务的一项重要抓手，又能把过去抽象的、空洞的、大水漫灌式的道德说教变成具体的、生动的、精准滴灌式的教育，创新道德与法治课建设路径，使德育常态化，构建大思政育人局面，推进教育改革和素质教育工作，提高育人质量，培养担当民族复兴大任的时代新人。

因此，将德育活动和道德与法治课进行结合，符合时代的实际需要，符合学校的育人目标，符合学生学习的发展规律，势在必行。

三、道德与法治课和学生德育实践活动结合

为了解决以上问题，通过调查研究发现，将道德与法治课和学校德育活动有机融合的切入点在于，增强道德与法治课和德育实践的协同效应，构建道德与法治以及德育实践一体化育人三维模式。育人三维模式是指，在将道德与法治课和学校德育工作有机融合的实际操作中需要考虑三个维度，分别是学生年龄阶段、中国学生发展核心素养、道德与法治课课标。根据其身心发展特点及初中道德与法治课课标，育人三维模式将初中三个年级学生在整体上划分为三个年龄阶段，分别是七年级、八年级与九年级。三个年级分别对应相应的道德与法治课课标和中国学生发展核心素养标准，以课程教学引领德育活动，以德育活动巩固课程教学，在两者的相互作用中形成育人合力。

（一）初一年级道德与法治课和德育实践活动的结合

首先，进入初中后，科目增多，作业加重，学习上易产生畏难情绪。这是进入初一年级的学生的正常心理现象，也是初一年级学生成长的契机。这一阶段所对应的道德与法治课的课标是"成长中的我"中的"认识自我"，其中，七年级上册第一课"中学时代"、第二课"学习新天地"与第三课"发现自己"，旨在引导学生克服厌学情绪和过度的考试焦虑，培养学生正确的学习观念和成就动机，积极接纳自我。为此，道德与法治课联合各班开展"阳光少年　快乐成长"主题班会，开展网上压力测试、网瘾大揭秘、心理健康讲堂、学习经验分享会等活动。一方面，通过德育活动联动道德与法治课内容，推动学习精神深入内心；另一方面，落实中国学生发展核心素养要

求中的"自主发展"之"学会学习",培养学生乐学善学、勤于反思的品质。

其次,初一年级学生自我意识逐渐增强,以自我为中心的心态不利于学生过集体生活。学会认识和处理个人与集体的关系显得极为重要。这一阶段所对应的道德与法治课的课标之一是"我与他人和集体"中的"交往与沟通"。其中,七年级上册第七课"亲情之爱"第三框题"让家更美好"引导学生学会与家人进行有效的交流与沟通,共创学习型家庭。学校开设了心理健康课"青苹果乐园""我被青春撞了一下腰",定期开展家长开放日、教育学习经验分享等活动,让家长们走进课堂,分享教育经验和亲子相处经验,有助于亲子沟通,更在学校与家庭间搭建一座无形的桥梁。

最后,叛逆心理导致的放纵情绪。这一阶段所对应的道德与法治课的课标之一是"成长中的我"中的"自尊自强"。其中,七年级上册第九课"珍视生命"第一框题"守护生命"要求学生知道怎样爱护身体。为此,学校接续道德与法治课课堂,开展消防疏散、交通安全、防震自救、防毒禁毒、疫情防控、预防校园欺凌等一系列自救自护活动,使学生珍视生命,对生命负责任,养成健康的生活方式,落实中国学生发展核心素养要求中的"自主发展"之"健康生活"。同时,为了帮助学生规范自己的行为,了解中华传统礼仪文化,结合学校举止端庄行为美的办学愿景,学校开设了"有'礼'走遍天下"德育课程。

(二)初二年级道德与法治课和德育实践活动的结合

初二年级是整个初中教育阶段的关键时期,是学生心理和生理发生巨变的时期。

首先，这一阶段学生的世界观、人生观和价值观开始从萌芽走向形成，也是由社会意识向个体意识转化的过程。这一阶段所对应的道德与法治课的课标之一是"我与国家和社会"中的"积极适应社会的发展"。其中，八年级上册第七课"积极奉献社会"第二框题"服务社会"要求学生理解服务社会的意义，能够主动参与服务社会活动。学校每年举行学雷锋、植树、爱心义卖、社区垃圾分类小卫士、培智学校交流互助等活动，落实中国学生发展核心素养要求中的"社会参与"之"责任担当"，引导学生热心公益和志愿服务，对自我和他人负责。同时，在主动参加的家务劳动、生产劳动、公益活动和社会实践中，落实中国学生发展核心素养要求中的"社会参与"之"实践创新"。

其次，初二年级学生的思维能力呈上升态势，抽象逻辑思维处于优势地位。这一阶段所对应的道德与法治课的课标之一是"我与他人和集体"中的"权利与义务"。其中，八年级上册第五课"做守法的公民"第三框题"善用法律"引导学生学会运用法律与人打交道。学校组织学生参加中小学模拟法庭大赛，学生们通过排练、参赛对校园伤害事件的严重后果有了更深刻的认识，进而培养了学生的依法维权意识，树立同违法犯罪做斗争的观念。

最后，初二年级是性生理和性心理发展的重要时期，也是性教育的关键时期。这一阶段所对应的道德与法治课的课标是"我与他人和集体中"的"交往与沟通"。学校联合道德与法治课中的"预防犯罪"内容，联合生物老师、校医在课堂中和班会上进行性教育，普及相关知识，提供心理疏导，提高学生防范意识，预防性犯罪。在课余时间，学校以广播与校报的形式宣传青春期健康知识，在适时适度适当的原则下逐步推进，引导学生建立团结友爱的集体，为男女同学的正常交往创造一个和谐的环境。

（三）初三年级道德与法治课和德育实践活动的结合

初三年级是学生的选择期。学生的思想能力空前提高，理想热情却大打折扣。

首先，是对民族文化的认同。这一阶段所对应的道德与法治课的课标是"我与国家和社会"中的"认识国情，爱我中华"。九年级上册第五课"守望精神家园"第一框题"延续文化血脉"引导学生感受中华文化的魅力，树立自觉传承、发展、弘扬中华文化的积极态度。学校开展"月圆中秋"讲故事、重阳节敬老、元宵诵读、清明祭扫、龙头节、腰鼓展演等活动，使学生体会中华传统文化的魅力，自觉传承中华传统文化。九年级上册第五课"守望精神家园"第二框题"凝聚价值追求"要求体会中华民族精神的重要价值，知道社会主义核心价值观的内涵及其重要意义。学校开展了《弟子规》讲座、天安门看升旗、参观抗日战争纪念馆及国家博物馆、纪念五四运动100周年、纪念故宫600周年等有助于学生感受中华传统文化，落实中国学生发展核心素养要求中的"文化基础"之"人文底蕴"，积累人文领域基本知识和成果的活动。

其次，是对国际地位的认同。这一阶段所对应的道德与法治课的课标是"我与国家和社会"中的"认识国情，爱我中华"。九年级下册第一单元"中国担当"引导学生清醒认识中国发展与世界的关系，增强中国发展的自豪感，正视我们的差距。学校开展以"我的中国梦"为主题的教育活动，通过"中国梦 我的梦"主题班会、"小小政治家"知识竞赛、"近日时政"新闻播报与评论、热点问题社会调研等具体活动，落实中国学生发展核心素养要求中的"社会参与"之

"责任担当",建立国家认同,树立中国特色社会主义共同理想,形成为实现中华民族伟大复兴中国梦而不懈奋斗的信念并付诸行动。

最后,是对创新驱动发展的认同。这一阶段所对应的道德与法治课的课标是"我与国家和社会"中的"认识国情,爱我中华"。九年级上册第二课"创新驱动发展"旨在引导学生树立创新意识和观念。学校举办"勇于创新实践,点燃青春梦想"科技活动周。第一,组织学生参观国家博物馆、科技博物馆,了解我国的科技发展史和最新的科技成就,增强民族自豪感和创新价值感。第二,引入编程、机器人等拓展课程和讲座,让同学们感受到科技给生活带来的便捷,看重创造价值和意义。第三,通过创新实践评比活动,现场展示创意作品,启发学生创新思维,开发学生创造潜力,落实中国学生发展核心素养要求中的"社会参与"之"实践创新",提高学生发现问题和解决问题的兴趣和热情,形成学习掌握技术的兴趣和意愿。

四、结语

思想政治教育开展得有效与否,关乎学生能否将所学知识与技能正确运用于国家和社会建设。学校作为立德树人的主阵地,担起思想政治教育改革的重任是培养新时代中国特色社会主义接班人,实现中华民族伟大复兴中国梦的题中应有之义。

本文所提出的育人三维模式深入挖掘了道德与法治课和学校德育活动的交汇点和融合点,从学生年龄阶段、中国学生发展核心素养、道德与法治课课标三个维度切入口,将初中三个年级学生在整体上划分为三个年龄阶段(分别是七年级,八年级与九年级),使之分别对应相应的道德与法治课课标和中国学生发展核心素养,以课程教学引领德育活动，以德育活动巩固课程教学，在两者的协同作用中形成育人合力。

在实际操作中，两者融合的育人作用明显。通过阶段性调查发现，学生在道德与法治课的学习中以及相应德育活动的实践中，不仅对于道德与法治课的知识有了更深入的思考，而且对于德育活动的意义有了更深刻的理解。同时，很多问题也亟待解决。例如，与道德与法治课相配套的有效德育活动有待开发；相关德育活动和道德与法治课内容在时间上有待协调；道德与法治课教师与德育工作者的配合工作有待系统化；活动中的情感、态度和价值观目标可检测性有待提升；等等。

构建大思政局面，道阻且长，需要国家及社会、学校、家庭等多方面的支持和配合，需要教育专家、德育工作者、教师等全方位的研究与跟进。为贯彻落实立德树人根本任务，推动教育改革，我们需要做的工作还有很多。

第四篇

教师专业成长

以校本研修提升城镇地区小学新任教师教学能力的调查研究

北京市燕山向阳小学 田学奇

一、问题的提出

学校近年来新入职教师数量明显提升，围绕我的始终有这样一个问题：如何促进新任教师专业成长？鉴于自身岗位工作职责和分管工作的特点，我校以校本研修提升小学新任教师教学能力的调查研究为突破口，希望通过调查研究，了解到学校以及我所处的京南城镇地区中小学校本研修的现状，通过对研修现状展开分析，从而能够提出促进新任教师专业成长的有力措施。

二、研究的背景

随着新课程改革的深入进行，过去单一的教研组教研方式已不能够适应新课程改革对学科教研的需要。课程改革进入新阶段以来呼唤更加多元和高效的教研方式。同时，在我校所处的城镇地区，随着近几年新任教师的不断涌入，教师结构出现明显变化。

从图4-1可知，目前我校教师年龄结构出现分化，新入职教师和即将退休教师比例过大，新任教师入职即面临被重用的现实情况，校本研修成为提升其教学能力的重要举措。我校认为，提升新任教师教学能力，要建立与基础教育新课程体系相适应的以校为本的教研方式，这是提升新任教师教学水平、提高教育质量的保障。

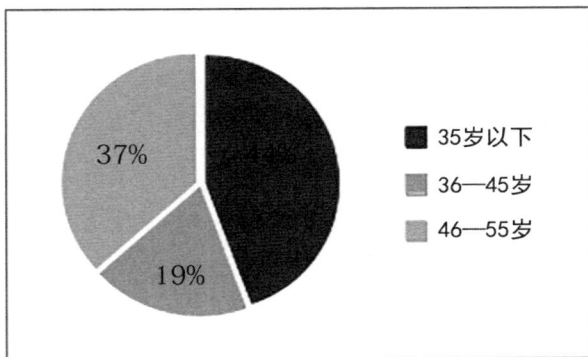

图 4-1　所调研学校教师年龄结构情况

从图 4-1 可知，目前，我校在校本研修方面，主要采取的策略就是以赛代练，开展秋实杯、燕翔杯竞赛，开放课以教研组为单位进行磨课，在学校范围内或区域范围内进行交流学习。因为我们在校本研修上做得还不够充分，需要更丰富有效的策略进行提升，因此我们对以校本研修提升小学新任教师教学能力的调查研究意义更加明显。校本研修对提升教师教学能力具有三方面重要的意义：其一是教学能力发展是教师专业发展的要求；其二是初等教育近年教育改革推动了校本研修；其三是校本研修是弥补教师专业发展存在不足的重要途径。

三、核心概念的界定

鉴于我校对新任教师教学能力提升的需求，我首先展开了文献综述，主要从四个方面展开综述：教学能力内涵、教学能力发展方式、校本研修、校本研修与校本培训的区别和联系。通过对这些文献的搜集和整理来看，发现这些研究主要有以下两个特点：一是对校本研修的研究主要是对校本研修的含义、特征和类型的研究；二是研究内容主要是小学新任教师专业发展中存在的不足和困难，研究内容单调。因此，此次研究以校本研修为切入点，以小学教龄在六年内的新任教师为研究对象展开。

基于此，我在研究过程中界定了三个核心概念。

一是新任教师：我在研究过程中界定的新任教师是指取得教师资格，进入学校正式任教并且从事教学工作没有超过六年的青年教师。

二是教学能力：我通过对文献的研究，在研究过程中，将"教学能力"作为"教师专业能力"的一个下位概念进行研究。

三是校本研修：我认为，校本研修是校本教研与校本培训的结合体，是一种基于学校内部教师专业发展的需要，以多种形式相互作用，共同促进专业发展和自主成长，实现研训一体化的教师培训模式。

四、研究设计

（一）研究对象

在对文献整理基础上，结合我校所处地区教育质量相对均衡、教师结构相对稳定的特点，我特挑选该地域某所小学作为研究对象施行调查研究。

学校创建于 1972 年年初，伴随着改革开放的步伐，学校从厂区迁入生活区，从厂办校转制为公办校。在市教育均衡化、规范化的改革推动下，2011 年 9 月迁入现址。如今，学校占地面积 14468.99 平方米，建筑面积 8451.51 平方米；在册教职人员 80 余人，当中北京市学科带头人 1 名，北京市骨干教师 2 名，地区骨干教师 4 人，校级骨干教师 15 人，35 岁以下教师 28 人；学校有 29 个教学班，1015 名学生。

工作 6 年以内新任教师共计 17 人，男女比例 4∶13（见图 4-2）。

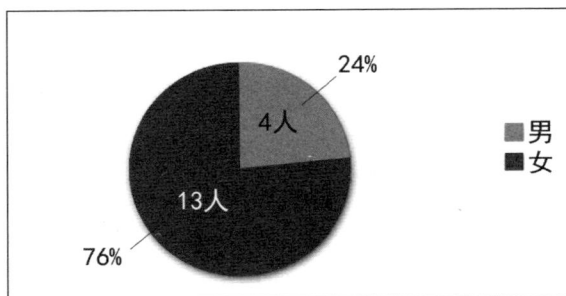

图 4-2　教龄 6 年内新任教师性别占比

2015 年入职教师 4 人，2016 年入职教师 4 人，2017 年入职教师 1 人，2018 年入职教师 2 人，2019 年入职教师 2 人，2020 年入职教师 4 人（见图 4-3）。

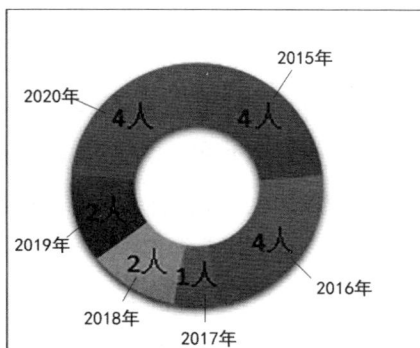

图 4-3　2015—2020 年入职人数

任教语文学科教师 6 人，任教数学学科教师 5 人，任教英语学科教师 1 人，任教科学学科教师 2 人，任教道德与法治学科教师 1 人，任教体育学科教师 1 人，任教信息学科教师 1 人（见图 4-4）。

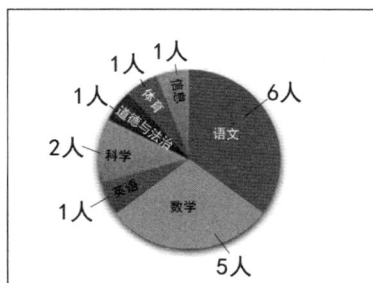

图 4-4　新任教师任教学科分布情况

（二）研究方法

在深入研究进程中首要采用的研究方法，包含文献综述法、问卷调查法、访谈法和个案分析法。

第一，查阅文献，对近 20 年来关于教学能力的研究展开整理，从教学能力的构成、教学能力的发展方式等方面，归纳整理本调研问卷的维度。

第二，施行问卷调查，了解该校小学 6 年内入职教师教学能力的现状，并对所获得的数据信息进行整理分析。

第三，对相关的教学干部、任课教师和主要领导进行深入访谈交流，以相互问答的形式获取信息。本文依据访谈提纲，分别对校本研修第一负责人（小学校长）、教学主任、小学教师等人进行访谈，人均访谈时间大约 30 分钟，从中提炼我地区校本研修的问题，并探讨对策。

第四，通过对这所学校所开展的相关教学活动进行观察，了解这所学校在校本研修实施方面的现状，分析各个研修团队存在的问题，通过观察，了解校本研修内容、制度、方式等方面存在的问题，了解新任教师的成长情况。同时对学校青年骨干教师成长情况进行个案研究，这些研究为完成本论文提供了支撑材料。结合项目组导师在后期交流中给予的建议，我们对访谈对象展开了分层访谈，包含校级干部、教学中层干部、学科教研组长、10 年内新入职教师四个维度。

（三）问卷设计

问卷由两部分构成。第一部分涉及被调研人员与教学相关的基本个人信息。第二部分是校本研修问题调查研究的主干部分，包括对校本研修的认识、学校领导与管理、研修内容、研修方式、研修评价五个项目。第二部分中对校本研修的认识主要包括参加校本研修的原因、动机、作用等。人的任何活动总是由一定的动机形成的，动机包括内部的和外部的。内部动机是人自身产生的需要，根据马斯洛需求层次理论，当人在满足生物性需要后，才会追求社会性需要。教师在校本研修中学习动机的有无、大小，对校本研修的效果有直接影响。学校领导与管理包括校长对校本研修的态度、学校对校本研修的定位及学校是否对教师的研修结果进行评价等内容。研修内容包括学校研修内容的选择、研修内容是否存在问题及满意度等方面。研修方式包括学校采取什么样的研修方式及采取哪种研修方式效果最好。研修评价包括教师对研修成果的认可、运用等。

（四）问卷对象

我地区是城镇地区，身处石化区，经济、行政相对独立，教育相对均衡，根据我地区整体情况和教委领导的了解支持，我重点调研了一所学校，可以确保调查研究的可行性。

（五）问卷的发收

本研究的问卷对象是以我地区一所小学的教师为样本，为确保调查数据的真实性、科学性、有效性，采用了纸质问卷，由我亲自发放，教师作答时间为30分钟左右，共发放问卷66份，回收66份，有效问卷66份，回收率和有效率均能满足本次调研需要。

（六）访谈提纲设计

根据问卷内容的维度，访谈提纲采纳相关学者的建议整合形成，分别对校本研修第一负责人（小学校长）、教学主任、小学教师等进行访谈，人均访谈时间 30 分钟左右。

五、研究结论

（一）研究区域概况

我地区位于北京市西南部，距市中心约 50 公里，总面积近 40 平方公里，辖区内设 4 个街道办事处，常住人口近 10 万人。我地区的前身为燕山区。1987 年燕山区和房山县被取消，新的房山区成立之后，由区政府的一个副局级派出机构对我地区行使行政管理职权。我地区属于北京市首批规划建设的卫星城，是我国特大型石油化工联合企业的驻地。区域内设有 7 所公办幼儿园、5 所小学、4 所中学、1 所高中，教育资源相对均衡，教育服务对象多为石油化工公司子弟。

（二）校本研修的制度体系梳理

我对校本研修制度进行了梳理，涵盖学前、义务教育各个方面及各个学科共计 22 项标准，发现人们对校本研修的关注程度日益提高，鉴于篇幅具体制度体系不在此赘述。

（三）城镇地区某小学校本研修定位调查

1. 调研基本情况

在本文中，我主要从这一区域内某一所小学入手，分别从相关任课教师的性别、教龄、年龄、职称、学历和所教年级段等方面来阐述调查教师的基本情况。通过调研，发现这一区域内男女教师比例差距较大，男教师的人数占在编人数的 12.3%。从教师年龄来看，22—29 岁的教师占调查总体的 27.7%。从教龄方面来看，教龄不足1 年的教师占比为 4.8%，1—5 年的比例高达 20.5%，教龄在 10 年以下的教师占调查对象的 27.8%，教龄超过 20 年的教师占比为 47.0%，表明该地区教师年龄结构不均衡。教师的学历结构是指教师队伍中各个学历阶层所占的比例，在该区域中，本科学历的教师比重达到97.6%，研究生及以上学历占 2.4%，表明教师的学历水平是处于本科及以上，情况较好。

2. 任课教师对校本研修的定位

教师对校本研修的定位在校本研修中举足轻重，是教师对校本研修的态度和自我专业化发展的体现。本文主要从参加校本研修的原因、作用、收获以及校本研修是否有必要日常化来进行数据采集与分析。

从数据中也可以看出，当前城镇地区小学还有部分教师参加研修的动机不是提高自身专业水平，而是满足上级的要求、应付上级的检查，这是一种外部动机。很多教师没有研修的内生动力，缺少研修的积极性和主动性。

3. 校长对校本研修的定位

校长是学校的第一负责人，一个好校长就是一所好学校，校长对校本研修的重视程度决定了该校校本研修开展的效果。通过调研可知，近 70% 的小学教师认为自己所在学校的校长对校本研修非常重视，26.19% 的教师认为校长对校本研修重视，2.86% 的教师认为校长秉持着一般的研修态度，1.20% 的教师认为校长对校本研修不重视。

在访谈过程中，有教师说："校长是领头羊，如果校长对校本研修非常重视，教师在对待个人成长方面是非常严谨和严肃的话，各方面进步就会比较快。比如我们学校虽然是城镇小学，但是我们学校的师资等各方面和城市学校是不相上下的，我们的魏校长非常支持校本研修，大部分校本研修都亲自参加，还经常和老师们一起探讨教学热点问题，时常派教师到教育发达城市学习、进修，有些年轻教师进步很快。"

4. 学校对校本研修的定位

通过调研发现，约 64.29% 的教师认为本校有对校本研修的评价和激励措施，约 21.43% 的教师认为没有评价和激励措施，约 14.29% 的教师对本校是否有评价和激励措施不清楚。

在访谈过程中，一位教学主任谈道："我们学校是综合利用几种方式进行考核，比如要上交学习笔记，但如果有学习笔记不一定代表这位教师参加过校本研修，因为笔记可以借鉴、抄袭，需要结合出勤率综合来看。学校还会举行示范课比赛，通过上课、赛课对教师参与研修的成绩进行认定，会颁发荣誉证书，期末还会兑现成奖金。成绩靠前的教师平时确实注重研修，而平时懒散的教师成绩确实靠后，这种考核方式还是挺好的。"

（四）城镇地区某小学校本研修内容调查

从调研数据可以看出：认为校本研修内容设计主要取决于教师发展需求的教师占总人数的 60.48%；23.33% 的教师选择校本研修内容设计取决于学校发展需要；16.19% 的教师认为研修内容由上级教育部门安排，没有根据教师的可持续性发展选取，忽略了教师在研修中的主体地位。

在访谈过程中，一位教研组组长表示：教师在校本研修内容选择的满意程度方面还是不错的。学校有些领导也是一线教师，每次选择的主题比较切合实际教学，如果要研修教学中的问题，每个教研组每周都会安排时间进行讨论研修。这种研修在内容选择上有针对性，实效性高。

（五）城镇地区某小学校本研修方式调查

通过调研，我们发现：有61.43%的教师选的是研究方法、方式单调；有11.43%的教师认为平时不注重积累，只是单一地参加活动；有7.62%的教师认为在参加研修活动时，教师无集体观念、各自为战，比较零散；有4.50%的教师指出在研修活动中，只布置检查，没有过程指导，实效性不强。

（六）城镇地区某小学校本研修评价调查

1. 研修时间安排情况

从调研中发现，教师对校本研修时间满意度存在不同的态度，有74.29%的教师持满意态度，但是有23.33%的教师表示对学校研修时间满意度一般，甚至有2.38%的教师比较不满意，没有教师非常不满意。

2. 校本研修成果运用和效果情况

对校本研修成果应用进行分析，可以分析该地区校本研修成果运用情况。发现有17.62%的教师认为校本研修成果应用面很广，41.90%的教师认为对校本研修的成果有运用，有39.10%的教师认为校本研修的应用成果一般，城镇地区小学还存在部分教师认为研修成果应用不佳的情况。教师最希望在校本研修中获得教师培训和专业人员的指导。

3. 校本研修的困难

从相关教师面临的困难来看,其中:有近 50% 的教师认为是自身时间不充分,精力有限;28.05% 的教师认为在参加校本研修的过程中自身研究能力有限;16.67% 的教师认为在研修过程中专家指导不够;5.24% 的教师认为学校中缺少激励性的制度,使教师在研修中缺少内生动力;无合作的环境和缺乏经费保障各占 1.9%。

六、研究思考

通过对回收问卷展开的数据分析和整理相关的访谈文本,我们发现,学校在贯彻校本研修的过程中,制订了相对完整的研修方案,总体效果较好,但在研修过程中仍然存在问题和不足。

(一)教师参加校本研修原因基本明确,但认同度还有待加强

调查显示,还存在部分教师对参加校本研修的目的不明确,对校本研修促进自身各方面能力的提升持消极态度,认为参加校本研修收获太少,并且不赞同校本研修日常化。

(二)校本研修时间、内容基本满意,但认为研修方式单一

对校本研修时间、内容基本满意,但认为校本研修还存在一些问题,如研修理论内容与实践比例不协调,研修理论内容过多、实践性少,教师偏向于研修公开课和专业知识进修。调查显示,学校一般只采用一种研修方式,缺少灵活性。综合来看,研修在内容选择和设置上要进一步完善,有待多种方式并举。

（三）校本研修效果影响因素多样，研修成果应用程度低

调查显示，影响校本研修效果的因素是多方面的，主要有教师主体性、研修内容、研修方式等，虽然校本研修成果有应用，但是还有大部分教师没有将研修成果应用到实践中，研修成果转化度低。教师希望在校本研修中增加一些培训、专业人员、科研经费等。

（四）校本研修困难多元化，需多方面予以保障

通过调查发现，校本研修内部困难主要是教师缺少时间和精力，自身研究能力有限，心有余而力不足；外部困难是缺乏专家指导、激励性制度不足。这需要多方面给予保障，确保校本研修能持续高效地进行。

鉴于自身工作经历和水平，还有很多未尽之事，比如最初设计了个案分析，想针对新任教师成长进行个案跟踪，对学校内一位青年市级学科带头人的成长展开个案分析，从而提供一些思路，但没有展开，非常遗憾，我将会继续展开研究。

以学习者为中心的教师培训促新教师自主成长的研究

——区校合作式培训研究初探

北京市燕山东风小学　　来淑英

　　教师是教育事业发展的基础，新教师是教师队伍的新生力量，在持续推进教师队伍建设的过程中，抓住新教师这一新生力量团队，加大培养力度，取得培训实效，是提高教育教学质量、办好人民满意教育的关键。作为开展教师培训工作的组织者，无论是区级层面还是校级层面，都要针对新教师团队的现实需求和发展需要开展有针对性的培训活动，以此激发新教师参加培训的积极性，激发新教师自主发展的动力，进而为新教师在专业发展方面提供最有力的支持和保障。

一、以学习者为中心的培训为新教师的专业成长服务

　　以学习者为中心，就是把新教师当成"学习者"，把他们作为培训的主体、中心，调动新教师的学习自主性，激发其参加培训、自主发展的热情，促其主动反思、检视自己的教学实践，并不断地促进自我提升，实现自身的专业成长。

　　新教师培训的组织者在开展新教师培训工作中，既要组织培训活动，力争通过系统的培训使新教师增长知识、提高能力，还要使用科学的策略激发新教师参与培训并开展自主学习的热情，让他们

有学习的愿望和不断提升的需求，更要对具体的教学实践进行指导，使其把学到的理论知识在实践中转化为教学行为。

首先考虑的是"学"的问题。第一个层面是接受式学习。在组织培训的过程中，研判新教师的现状，尊重新教师的需求，合理安排培训课程，使新教师获得能满足个人需要的学习内容。在培训方案的设计上，应以新教师需求为取向，进而在培训课程的设置、培训方式以及评价方式的选择上，都应坚持这一价值取向的引领。在教师培训方式的选择上，要时刻记住新教师是主动的学习者，不是被动的被培训者，要想方设法调动起教师主动学习的积极性。例如，可以通过参与式培训的方式，让新教师从被动培训者成为主动学习者；在教师培训的评价方面，不仅关注新教师通过培训学到了什么，还要关注新教师学习的积极性与主动性在培训中是否得到了调动、在多大程度上得到了调动以及新教师是否意识到自我学习提升的必要性等内容，进而帮助新教师主动参与学习。第二个层面是主动式学习。新教师在接受培训的同时及时总结自己在接受培训时的收获，按照个人自身发展需要和学科教学需求制订合理的自学内容从而进行主动学习。在此基础上，培训组织者为新教师提供相应的支持保障，激发其主动学习的动力并推动主动学习行为的落实。

其次是考虑"用"的问题。培训的目的是促使新教师在知识上有提高，在能力上有提升，而这一切最终的反馈要落在课堂教学实践上，最终促进新教师的专业成长。在学习的基础上，为培训者提供"从学向用"的转化，需要"研训一体"的培训方式的支持，追求区级专题培训和校级教学实践研究的结合。

最后是考虑"变"的问题。培训的最终目标应该是促进新教师教育教学行为的转变，哪些应该变、如何变、变的效果如何……围绕着问题，作为新教师实际工作的学校，要积极为其提供支持、平台、保障，这样既能实现校级培训与区级培训的结合，也能促进区级培训的落实，更能够根据新教师不同的发展需求提供指向性更明确的实践机会。

二、区校合作式培训为新教师自主成长提供支持

（一）实施以学习者为中心的培训，激发新教师的培训热情

1. 完善以学习者为中心的培训课程设计

在总结以往培训经验的基础上，燕山教研中心师训部门针对新教师的需求进行调研，并对 2020 年新教师培训课程的设置进行了完善。

课程内容主要涉及以下几个层面：

第一部分师德修养，包括"法律法规解读""四有好教师""师德养成教育"等；

第二部分班级管理及班级活动设计，包括"幸福班级建设要领""如何和孩子做朋友""如何开展好体验式班会""跳好家校沟通圆舞曲"等；

第三部分核心素养及教学实施，包括"中国学生核心素养构建""基于核心素养的重难点分析"以及多个学科的优秀教学案例。

培训课程的实施主要有以下几种形式：

第一是线上自主学习，采取菜单式学习，新教师能够挑选内容进行自学；

第二是线下集中学习，采取讲座的形式，对通识性的内容进行具体的指导；

第三是自主发展活动，采用个人成长手册的形式，鼓励新教师在一年的时间里完成教学故事撰写、教学活动设计、教学总结梳理等内容，用量化的规定督促教师自主发展。

从完善后的课程设置来看，内容涉及面越来越广，既有针对教师专业素养提升的通识性培训，也有针对教师教育教学行为实施的指向性培训。在此基础上采取多种形式的培训，把学习的主动权归还给学生，在可选性培训形式下，教师的需求会得到满足，积极性也会被激发。

2. 推进以学习者为中心的培训效果转化设计

培训的效益能否真正作用在教师身上？能否在满足教师需求的基础上把培训内容转化为教育教学实践的意愿和能力？作为学校，要站在教师成长的角度，对区级培训内容进行有效衔接和扎实落实。在此基础上，学校也要针对参训教师的教育教学行为转变进行校级培训活动的完善。

附：2021年东风小学新教师培训内容安排（区级培训校级实践的思考）

一、主要原则

1. 校、区培训内容相统一的原则。校级培训的内容来源于区级培训的内容，并结合学校教师实际情况进行选择。

2. 校内培训对区级培训内容深化落实的原则。针对教师培训后的困惑问题，进行多种形式的培训深化，使培训内容在教育教学中得到落实。

3.教师自主发展原则。尊重新教师的意见，了解他们的困惑、需要和意愿，最大限度地满足其需求。

二、主要内容

1.课堂教学的组织能力

2.教师的教学执教能力（教学策略）

3.教师沟通能力

4.教师的科学研究能力

三、主要形式

1.课堂教学的组织能力——行政领导的日常听课指导，校内师傅指导

2.教师的教学执教能力（教学策略）——教研员下校指导，教研组常规教学研究，定期课堂教学展示

3.教师沟通能力——骨干的教师指导与帮助（班主任工作坊）

4.教师的科学研究能力——专家讲座指导、小课题研究、论文等的撰写

四、主要成效

1.教师在原有基础上有提升，在学校校级培训的同时能

够感受到"培训＋实践"的综合培训力量，能够对培训的内容与实际工作进行挂钩，能够在实际工作中获得成就感，进而能产生自主发展的愿望。

2. 学校的培养经验更加丰富，培训内容和培训形式在征求大家意见的基础上进行设计，根据实施的具体情况进行调整。

3. 针对教师成长效果的评价方式更加完善，不仅注重教师在参训过程中的具体表现，也把教师在参训后实际的工作变化和工作成绩纳入评价，以此促进知识学习向教学行为转化。

（二）基于学习者的研训活动，满足培训者的培训需求

实现从学到用的行为转化是新教师参加培训的实效性体现。为了满足新教师的培训需求，区校两级培训部门在集中培训之后仍要把培训者作为指导的中心，积极开展区校合作式研训活动。

1. 区级深入推进抓落实

充分利用区级研训部门的优质专家资源，针对学校教师的问题积极与专家形成有效对接，使区级培训内容在校级得到落实。

2. 指向教师行为转化的研训活动

针对教师个体的现状进行指向教学行为的指导活动，是教研部门"研训一体化"的体现。结合师训部门的培训内容，教研员就培训内容的落实进行"一对一"摸底，在"备课、听课、说课"等环节的摸底中，已经对教师的教学行为进行了诊断，进而通过诊断进行"点对点"的指导定位，开展指向教师个体的、趋向教师教育教学行为转

变的研训活动，能够加速教师的成长。如道德与法治学科教研员在新教师入职后开展"点对点"跟进。跟进教研组，参与教研组活动，在活动中了解新教师的现状，包括个人特点，也包括对学科的认识与理解；追踪新教师的成长，教研员在了解新教师的基本情况之后，会根据其个人特点确定近期重点研究的内容、突破的难点，以一个教学内容为例，带领新教师进行教学设计研究，通过一课一例的方式让其学习活动式教学设计的相关理论和实施教学的原则，在实践中对理论进行内化理解，在追踪中帮助新教师把培训的内容在课堂落实。

3. 指向主题不断深化的研训活动

面对教师的共性问题，教研员在了解到培训内容之后，通常会结合学科的教研内容，从主题入手，针对不同个体进行差异性指导，让每个教师都有不同程度的成长。如区级培训课程安排了"单元整体教学"这一内容，但如何对培训内容进行自我理解、吸收与应用是培训转化面临的实际问题。语文教研员则围绕着教学改革的内容"单元整体教学"，以专题进行校内落实推进，通过跟踪个人的形式确保研训效果的达成。实践中，教研员把"单元整体教学"作为教学研究的重点内容，对学科教师进行集中指导，同时带领新教师团队以"如何认识大单元""如何建立单元内容之间的联系""如何进行教学设计"为分主题，进行多次课堂教学指导，力争通过研训结合的形式帮新教师把理论知识深入落实到课堂教学之中，努力帮他们完成从学到用的实践。

4. 校级主动推进抓衔接

作为新教师专业成长的主阵地，学校要成立校本研修室，为区级培训活动的落实做好衔接，为教师的专业发展提供持续的支持动力。

5. 区级培训内容的再培训

针对区级培训的内容，学校根据学校新教师的实际需求，遴选部分内容按照先后顺序进行校内二次培训，力争使培训的目标更细化、培训的内容更具体、培训的实效性更强。针对提高教师课堂教学能力这一培训内容，培训已经完成了备课、撰写教学设计、教学策略实施等课程。基于培训的完成，多位教研员走进新教师课堂，进行教学诊断，结合发现的问题进行及时的指导。面对难点内容，学校还会重点着手安排。如针对提高教师参与课题研究的能力这一内容，邀请教研室的老师就大家遇到的难点问题进行有针对性的指导，如如何选题、如何撰写开题报告等。校级培训内容都与区级培训内容相吻合，但不受时间和时长的限制，可以就培训难点内容插入更多的案例供新教师进行分析—学习—理解—借鉴，新教师在前期学习的基础上再学习、再理解、再运用，能够更好地为个人开展教学研究提供有力的支撑。

6. 区级培训内容的再研究

学校高度重视新教师的成长，把新教师成长作为学科教研组重要的工作内容之一。为了深化区级培训内容，校级教研组在制订教研方案时会把培训的重点内容作为教学研究的主要内容。如，大单元教学是目前教学研究与实践的主要方向，也是新教师培训的内容之一。结合这一点，各个教研组在教研员的指导下都把"大单元教学"作为研究内容，制订教研组教研计划，有步骤、有组织地实施研究。这样就体现了"区级培训—区级教研—校级教研"一条线的优势。这样的安排，让新教师在参与活动的过程中有明确的主题、清晰的方案和具体一致的计划，利于他们完成教学实践的固化。

三、校级研训活动的深化，为新教师专业发展搭建平台

在区校级开展两级研训活动的基础上，学校要以新教师的专业发展为目的，为其搭建平台，为其成长提供学习、交流、展示的机会。

（一）项目推动促发展

1. 针对区级培训的重点内容，学校可以采取项目式研究的方式进行落实。在项目推进的过程中，更多采用任务驱动的方式，任务明确，目标清晰，人员分工合理，有助于新教师在项目中发挥作用，也促进了新教师专业能力的提高。

整本书阅读项目是燕山教研中心师训部门面向地区中小学语文教师实施的项目。学校作为参与校之一，充分鼓励参训教师把参训内容带到学校，并把整本书阅读项目作为语文教师专业发展的生长点，作为学校特色发展的生发点。近两年，学校加大了项目的研训力度，组建了项目团队，建立了学期方案、月落实计划，先后开展了多次整本书教学研究活动和课堂教学研究活动。新教师作为项目研修主力，不仅参与活动的策划、组织与实施过程，针对项目推进中的难点问题，如在阅读课程的教学实践上，也作为实验教师承担阅读课的授课任务，为自己的学科发展打下了基础。

2. 实践平台强锻炼。

3. 搭建交流平台。

4. 对于培训一年的新教师来说，学校坚持组织"秋实杯"展示活动。一是新任教师的开学初"亮相课"，重在教学基本功的熟悉与运用；二是新教师的"研磨课"，重在对一个学期的学习成果进行展示

与汇报；三是"展示课"，在一学年结束之前，重在对一年学习成长的校内展示。有计划安排有考查侧重点的交流平台的搭建，为教师提供了展示的机会。在参与交流展示的过程中，有个人的努力、有教研组的支持，新教师的学习培训成效得到转化，也在展示中体会到收获的快乐。

（二）打造研学平台

针对新教师的发展需要，根据本人参与教育教学情况，以结对子的形式搭建"师带徒"的传帮带平台。学校为新教师牵线找师傅，这样在平时的工作中新教师可以通过"看、问"等形式解决难题，而"看、问"也正是新教师提升的主要途径。

根据新教师本人教育教学的实际水平，打破年龄和学科界限，组建"团队研修联盟"，促进其在研究中发展。学校成立了由近三年参加工作的教师组成的"青年教师联盟"，大家定期对个人发展规划、个人成长总结进行交流，形成共同激励，激发彼此不断进步的动力。成立党团员组成的"正能量+"联盟，适时完成重点话题的研讨活动，从思想上引领新任教师不断树立正确的价值观、育人观，为教书育人做好思想保障。

站在学习者中心的视角组织教师培训工作，以区级培训活动为主体，以校级教研活动为支撑，在市级专家、区级教研员的共同引领、指导下践行"学、研"并行的教师培养途径，在培养目标一致、研训内容统一的情况下使培训课程高效达成。在这样的培训之中，新教师得到了来自区级和校级两个层面的指导与帮助，在参与中意识到学习的重要、意识到成长的重要，因此主动参训、积极实践的愿望更强了，教育教学能力也在研训活动中提升，完成了研修由学到用的转化，促进了自身的成长。

运用微活动提升小学青年教师职业认同的探索

——以燕山地区东风小学为例

北京市燕山东风小学　赵　堃

一、绪论

（一）问题提出

1. 建设高素质专业化的教师队伍的目标需求

教师职业认同度越高，越可以富有热情地、积极地投身到教育教学活动中，体验职业快乐和成功，进而进一步增强自身专业能力。研究小学青年教师职业认同的发展与现状，对于推动教师培训动态发展，进而增强师资心理素质与教师职业发展动力，有着很重要的意义。

2. 教师队伍的现实情况

青年教师处于教师职业发展的起始阶段，在刚刚进入这一职业时可能会遇到各种困难和挫折，感受到理想和现实的差距，这些都会对青年教师的职业理解和感受产生影响，进而影响到青年教师对于职业的认同。只有促进青年教师对于职业的认同和理解，才会使青年教师从内心深处对教育教学工作更加认可，并认识到教师的职业价值，形成积极的职业情感，从而形成内在的动力，促进青年教师自身的专业发展。因此，职业认同对于青年教师的职业发展起到了关键的作用。

（二）研究目的和意义

1. 研究目的

第一，了解学校青年教师职业认同的形成历史以及发展过程中的重要影响因素；第二，积极探寻学校青年教师职业认同感形成的新路径，并努力通过增强学校青年教师的职业认同感推动学科发展。

2. 研究意义

一是教师需要有较强的职业认同感，较强的职业认同感促进教师专业发展；二是教师职业认同直接影响教师自身的工作和生活状态，更会直接影响学生的学习效果和心理健康；三是对于小学青年教师职业认同的探索可促进教学质量的提高，同时促进学生的全面发展。

（三）核心概念界定

1. 微活动

《广雅·释诂二》中记载：微，小也。活动，是由共同目的联合起来并完成一定社会职能的动作的总和。微活动，即规模小、参与方式简单、能够随时随地开展的活动。

2. 小学青年教师

在《教育大辞典》中对教师是这样界定的："教师，是向受教育者传递人类积累的文化科学知识和进行思想品德教育，把他们培养成满足一定社会需要的人才的专业人员。"本文所提到的"青年教师"，特指燕山地区东风小学教师中 40 岁以下的教师。

3. 认同

学者们关于认同感的内涵界定也各有侧重，但人们都能够由此达成一种共识，认同感的形成是社会化的、动态发展的、富有可塑性的一个重要过程，认同感是由客观的社会存在和个人的意识互动，所产生的价值观上的集体认同。

4. 职业认同

职业认同是一种社会心理学范畴，研究者们因其选择的着力点不同而产生了关于职业认同的不同定义。影响职业认同感的产生与状态的因素众多：既有社会的原因，也有个人兴趣和追求的原因；既有物质层面的原因，也有精神层面的原因。

5. 教师职业认同

国外的学者们对教师职业认同定义的研究，也各有不同。有的学者把教师职业认同问题和高校教师的自我概念、自我形象紧密联系起来。北京师范大学发展心理研究所前所长申继亮博士指出：职业认同感，是指教师觉得所从事的职业内容有价值、有意义，并可以从中发现快乐。

（四）文献综述

1. "认同"概念研究

欧洲学者指出，"认同"包括了个人认同与社区认同。个人认同是指个人对自己独特性的意识，即个人可以从时空上明确自己是自己，而并非别人。社会认同则是指个人对自身所处的一定社会群体、社会类别和社会领域中的意识，它可以使个人意识到自身在某种社会类别中与部分人相似，但又与另一些人不同，从而进一步巩固这一意识。

美国学术界认为基本的理解方法为角色理解，即个人对自身在社会关系构成中所处某种社会地位的意识。

2. "职业认同"概念研究

学者首先从人类社会心理和政治哲学的范畴来界定职业认同，然后从乔治·赫伯特·米德的现代社会学说以及埃利克·埃里克森所做的科学研究出发。"自我同一性"是埃利克·埃里克森提出的一个核心概念，主要是指个体在过去、现在、将来的连续性、一致性。后来学者们的研究，把重心聚焦于职业认同感在社会情境下的产生上，并提出了职业认同感是个人心理因素与社会因素联合影响下的结果。

由车文博编著的《心理咨询大百科全书》中对职业认知的定义为："职业认知，本来是心理学的一种范畴，即指社会个人对关于所承担的职位工作目标、职位的价值及其他方面各种因素的认识，以及与社会上对该职位的评估和预期之间的统一。即个人对他人或群众的相关工作职业领域方面的观点、理解完全同意或接受。"

3. "教师职业认同"概念研究

国外有关教师行为认知的研究，可追溯到 20 世纪 90 年代，教师行为认知逐步发展，形成了自己的研究主题。比如，古德森和库勒就对没有进行过传统专业教育职前训练的教师的职业接受状况展开了研究，强调要聆听教师的心声，并重视教员在教学实践中的个性生活。

在孙美红、钱琴珍的《教师职业认同研究综述》中提道：教师职业认同，既指一种过程，也指一种状态。"过程"是指教师从自己的经历中逐渐发展、确认自己教师角色的过程。"状态"是指教师当前对自己从事的教师职业的认同程度。

综上所述，对教师职业认同的研究已经成为一个独立研究课题，有了一定的深度和广度，以往大都是单独研究高中或小学教师职业认同，对运用具体方式提升职业认同的研究较少。通过文献可以发现，教师职业认同水平较高的教师表现出较好的职业稳定性和发展潜能。以往的研究为本文对小学教师职业认同提升的研究提供了理论支撑，使本研究能在前人研究的基础上进行现状、实践的研究。

（五）研究设计

1. 研究内容

学校的管理者肩负学校教师培养的责任，针对研究目标笔者认为目前影响这一问题的因素很多，如个体因素、家庭因素、学校因素、社会因素等。基于上述考虑，本研究围绕如何提升教师职业认同这个基本问题，衍生出三个研究内容：

一是青年教师职业认同的现状；

二是导致青年教师职业认同现实状态的原因；

三是开展微活动提升青年教师职业认同的策略。

2. 研究方法

基于上述内容，本研究将采取以下几种方法：文献研究法、问卷调查法、访谈法、课堂观察法。

二、燕山地区小学青年教师职业认同现状的研究

（一）现状调研

1. 思路：查阅相关文献资料，进行文献综述；进行问卷调查研究；对研究对象进行调查，并对代表教师进行访谈；据调查结论，从理论及访谈内容出发探讨影响小学教师职业认同的因素，提出提升教师职业认同的策略。

2. 对象：燕山全地区小学 40 岁以下青年教师 120 人，实际填写

问卷 116 份，有效率 96.6%。

（二）燕山地区小学青年教师职业认同调查结果

燕山地区地处北京西南，行政区划属于房山。截至 2020 年 6 月，燕山地区共有 7 所幼儿园、5 所小学、4 所初中、1 所高中。本文以燕山地区为例，以调查问卷的形式对 5 所小学开展问卷调查，将设计好的问卷在 5 所小学发放，发放的对象为 5 所学校年龄在 40 周岁以下的青年教师（见表 4–1）。

1. 基本数据

表 4-1　燕山地区小学青年教师职业认同调查结果

名称	选项	频数	百分比 /%
1. 性别	男	16	13.79
	女	100	86.21
2. 年龄	21—30 岁	63	54.31
	31—40 岁	53	45.69
3. 文化程度	本科	108	93.1
	研究生	8	6.9
4. 政治面貌	团员	36	31.03
	中共党员	40	34.48
	群众	40	34.48
5. 您来自哪里	燕山地区	86	74.14
	燕山地区以外其他地区	30	25.86
6. 技术职称	二级教师	56	48.28
	一级教师	39	33.62
	高级教师	1	0.86
	无	20	17.24

续表

名称	选项	频数	百分比 /%
8. 是否兼任行政职务	是	18	15.52
	否	98	84.48
9. 您为什么从事教师职业	自身条件限制	5	4.31
	从教思想稳定	111	95.69
10. 您认为作为一名燕山的教师和其他城区教师比起来怎么样	非常光荣	58	50
	比较光荣	46	39.66
	从未觉得光荣	12	10.34
11. 您是否具有扎根燕山、致力发展燕山教育事业的想法	一直考虑	99	85.34
	偶尔考虑	11	9.48
	从未考虑	2	1.72
	不确定	4	3.45
12. 您是否觉得自己的价值在教育教学事业中得到了体现	很同意	50	43.1
	同意	47	40.52
	一般	18	15.52
	不同意	1	0.86
13. 您是否热爱教师这份工作	非常热爱	74	63.79
	比较热爱	36	31.03
	不热爱也不厌恶	6	5.17
14. 您认为师德师风建设	很有必要	102	87.93
	有必要	14	12.07
15. 您感到目前的工作压力大吗	非常大	38	32.76
	较大	57	49.14
	一般	20	17.24
	很轻松，无压力	1	0.86

名称	选项	频数	百分比 /%
16. 您和家长的沟通	很密切	32	27.59
	比较密切	64	55.17
	很少联系	18	15.52
	没有联系	2	1.72
17. 您对目前学校的考核考评制度的态度是	非常满意	41	35.34
	满意	70	60.34
	不满意	5	4.31

2. 职业认同现状

（1）小学青年教师职业认同情况整体良好

问卷调查中：有 111 人从教思想稳定；99 人考虑一直扎根燕山教育；50 人很同意、47 人同意，自己的价值在教育教学中得到了体现。从整体统计结果可以看出，燕山小学青年教师的职业认同程度整体良好。

（2）教师的现实职业状态和理想状况有一定的差距

约有 10% 的人从未觉得做燕山教师是件光荣的事，觉得自己的价值没有在教育教学中得到体现，不太认同小学教师的职业，认为理想的职业生活状态和现实的职业生活状态是有很大差距的，从事小学教师工作不能很好地发挥自己的才能、实现自己的人生价值。

有的教师以为，小学生应该很好管教，不像初中生那样叛逆，也不像高中生那样有自己的思想；但是现在发现小孩子也不好管。

（三）影响小学青年教师职业认同情况的主要原因

1. 社会因素

（1）小学教师工资水平不高、劳务付出和经济报酬并不成正比有的青年教师认为小学教师职业地位一般，觉得目前的收入一般，有的人对收入不太满意甚至非常不满意。

（2）社会对教师的要求越来越高，尊重程度却大不如前

教师社会地位不高不仅仅体现在教师待遇不高等方面，奉献程度与报酬也不成正比。在访谈中，有教师抱怨：现在家长没有以前尊重教师了，家长和学生的素质都越来越差。

（3）教育改革带来的不适应

一些教学改革所提供的条件，较少考虑教师的社会接受能力和适应性，给教师们造成了诸多的不适应。

2. 学校因素

（1）学校对教师的评价机制

在访谈中有教师反映自己最大的压力是学生的成绩，因为其余几个班的老教师都很强，自己才工作一年，和他们比还是有差距的。

（2）校园文化因素

学校作为一个社会组织，有自己的文化，它表现为一个学校共同的价值观、思想、作风和行为规范等。初任教师作为学校群体中的一员，其所处的校园文化氛围往往会对他们的职业认同起到一定的导向作用。

3. 教师个人因素

（1）教师个体的个性特点和对待工作的态度

在相同的社会环境、校园文化、教龄相同的师资中，有的教师授课经历不断丰富，并逐步成了专业带头人；而有的教师在遭受到挫折和磨难之后，渐渐在枯燥的日常事务中没有了工作的激情和兴趣，只是将教学当成一个谋生的手段。

（2）教师的入职动机

从调研中可以看到，很大一部分的小学教师选择了这个职位，只因为教师是一个比较稳定的职业。部分教师选择了受他人（如家人）的影响，选择小学教师职业纯粹是为了谋生。他们选择小学教师职业，更多的是为了自身的生活服务而并非出于对教学行业的喜爱，具有这样价值观的小学教师也必然会缺少一种对工作环境的强烈向往的内心动机。

三、思考与实践

（一）提升小学青年教师职业认同的几点思考

1. 营造尊重、支持、和谐的教育氛围

首先要增强对教师专业性的认识，同时支持教师，在正常的教育教学秩序下，开展具有个人特色的育人活动。当然，学校以及教师自身也应该多关注专业化的发展，提高教师的专业水准和素质，做到以德服众，这是毋庸置疑的。

2. 构建融合、积极、协作的校园文化

学校要多方了解青年教师需要，给予青年教师更多的指导和帮助，及时给予他们更多的关怀和指导，让他们感受到来自学校的温暖和支持，增强归属感和安全感。加强对青年教师的激励与肯定，增强青年教师的自信和内驱力。

3. 树立正确积极的职业价值观，努力提高自身素质

教师自己不能随波逐流，要树立正确积极的职业价值观。学校还应该对青年教师开展职业生涯规划方面的相关训练，指导青年教

师合理地谋划自身的职业发展，通过不断积累、不断发展，从而持续提升自我素质。

（二）东风小学在青年教师职业认同提升方面的实践探索

1. 强队伍，夯实管理基础

学校作为党组织领导的校长负责制试点学校，注重党建工作与中心工作相融合，不断加强两支队伍建设，夯实管理基础，为营造融合、积极、协作的校园文化打下坚实基础。

（1）加强干部队伍建设

领导干部是学校的领路人，要在学校发展的各个时期发挥自己及团队的力量。发挥领导班子的"领头羊作用"，从分清工作内容、厘清责任分工、明确工作目标几个方面入手，对成员的职责定位、作用发挥进行细化。副书记、副校长要强调"双线进入，交叉任职"，要求党支部书记和专职副书记对学校教育教学工作的重点、难点做到心中有数，并紧紧围绕业务工作科学安排党建工作，把党的工作贯穿于业务工作的全过程，使党建工作与中心工作相互协调、互相促进。

提高中层领导的管理能力、服务水平，坚持每周召开行政例会，在交流工作的基础上注重工作能力的提升。

（2）加强教师队伍建设

中共中央、国务院印发《中国教育现代化2035》，提出建设高素质专业化创新型教师队伍，坚持把教师队伍建设作为基础工作，为教育现代化提供人才支撑。在新的时代背景下，面向教育现代化的新要求，要不断加强教师队伍建设，激发教师队伍活力，让教师找到从教的幸福感、满足感、荣誉感。

2. 微引领，提升从教价值感

注重以师德教育提升教师从教价值感。学校开设党建课堂，加强思想引领。建立"大课堂"概念，利用党员学习、教师集会、主题活动等时间，把学习、教育、实践等纳入课堂，在提高政治素养和业务能力的同时让党员做榜样，让教师有认同。首先在"知识学习"课堂中强化理论学习，坚持"思想铸魂"。通过专题学习和综合学习两个板块，面向不同教师群体开展"政治理论学习"和"政治理论引领＋业务知识学习"。其次是在"先进导行"课堂中强化教育引导，坚持榜样引领。把先进人物的思想、行为作为将教师道德认识转化成道德行为的催化剂，以此激发党员教师的工作热情，使其保有持久的工作动力。最后是在"活动体验"课堂中强化行为转化，坚持"实践塑形"。结合垃圾分类岗前值守、校园防疫岗位坚守等重点工作组织实践活动，要求党员参加，号召教师参与，让党员在活动中明身份、亮形象、树榜样，让教师在活动中强使命、讲责任、做引领。

3. 微讨论，增强团队归属感

学校组织青年教师成立了"向上吧，青年"联盟，充分利用微信平台搭建"正能量，新闻＋"讨论平台，构建起稳固的学习共同体。话题集中贴合实际，分享内容的质量不断提高，积极的、向上的、理性的、深入的，大家在发表自己思考言论的同时也在理解其他人的思考，这是一种思想的"交换"，大家相互启发、彼此促进，最终会形成一个基于正向的、积极的认同，逐渐提升教师职业幸福感的良好局面。2020年，我们大胆聚焦教育中的一些敏感话题，从自身教育教学的实践中寻到发展的生长点，不断向思考型、理性的优秀教师迈进。2021年，我们办读书沙龙，共读李希贵校长的《为了自由呼吸的教育》，从小话题引入，共读、分享，抒发个人感悟，有时针锋相对、有时思想共鸣，大家在共读中，得到了学习共同体彼此依靠、互相成就的难得体验。

4. 拓平台，提升专业成就感

（1）加强教研团队打造

加强教研组制度化、规范化、常态化建设。开展专项业务学习培训，建立主题性组级教学责任制并使之常态化，保证学习工作有计划、有内容、有讨论、有记录、有落实、有检查。抓关键时间点促交流。

（2）组建校际间研修联盟

一是针对学校教师人数少，以学科为单位，教师无法组成备课研究团队的情况，基于"一人一学科"的现状，与邻近学校建立教研联盟，争取举行一月一次的校际间"学、研、磨"研修。

二是抓住区域"课程一体化建设"项目契机，与地区其他中小学组建"一体化、贯通式"发展联盟。

（3）借力优势资源

借助教研员指导力量，在按时参加学科教研活动的基础上，定期邀请教研员到校进行"一对一"指导、"点对点"帮扶，建立指向行为转变的"区级培训校级落实"研学体系，帮教师在实践中固化教研员的指导。

（4）注重教师工作坊建设

充分发挥"班主任工作坊"作用，用好用足班主任每周例会时间，开展向名师模仿学习的"仿做"活动，疑问解答的"访学"活动，名师优师经验共享、纺织牢固、互促网络的"纺建"活动，以此促进德育队伍发展。

四、效果和启示

（一）初步成效

1.更加关注自身专业发展。通过教师职业认同提升策略的实施，教师们拥有了更为坚定的职业认同感，在教育教学方面深入思考的人多了，思考的角度宽了，思考的层次更深入了。

2.更加高涨的教学热情。教师们在师德课堂的引领下，在丰富的教研活动中，在交流碰撞中，不断深入思考如何提升教育教学效能。他们上课时表现出来积极的情绪，他们在备课上花费很多心血，他们会时时关注该专业领域的新进展，他们会博采众多教材之长，充实和丰满课堂教学，他们的成长以及对教师职业的认可，都让人欣喜。

（二）几点启示

首先，在社会层面上需要形成更加完善的教育从教生态，使所有教师都心安。

其次，在校园层面上需要不断加强师德师风建设。一是规章制度的建立，用规章制度来约束教职工不合规范的言行，以形成崇尚规范的良好氛围。二是惩罚教师不合规范的言行，以产生警示效果。

以成长营方式提升新任教师班级管理能力的研究

——以星城中学新入职教师培养为例

北京市燕山星城中学　李阳君

一、选题缘由

学校可持续发展离不开新任教师新鲜血液的补充，新任教师是学校发展的动力和活力之源，他们所带班级管理成效的好坏，直接影响学校教育教学质量。提高班级管理质量、促进学校创新发展必定离不开新任教师班级管理能力的提高，结合我校近年来新任教师逐渐增多的状况，成立青年教师成长营，构建老带新、新人切磋交流的学习共同体模式，探索帮助青年教师掌握在当前时代背景下的班级管理能力，对学校的发展意义重大。

二、研究方案与设计

（一）研究方案

青年教师成长营是以行政手段成立的青年教师专业成长共同体，是一个自愿性组织，是一个共同促进的成长天地，同时也是青年教师心灵的家园。学校中出现的青年教师的问题是培训的起点，解决这些问题是培训的归宿。教师要成为学习的组织者、参与者、引导者、促进者。通过本课题的研究，探索我校青年教师班级管理能力提升的有效途径，探索如何发挥骨干班主任、有经验的老教师的传帮带作用，以及如何延伸班主任培训会、社会实践、家长会等活动的价值，对青年教师带班育人能力起到促进作用，形成集管理、教学、科研为一体的青年教师专业发展培养机制，达到塑造一支品格优秀、业务精良、职业道德高尚的教师队伍的目标。学校将从以下三个方面开展活动。

1. 学校引领：借助青年教师成长营这一平台，利用隔周周四下午学生放学后的时间，开展形式多样、内容丰富的专题培训。

2. 典型引入：借助班级管理中的典型案例开展解决问题的头脑风暴，新老教师在交流中相互启发、相互学习。

3. 伙伴互助：新老教师结对，通过伙伴互助的方式使结对教师从日常学习、课程教学、班级管理、教育科研、信息技术等方面加强互相学习，营造人人学、学人人、人人帮、帮人人的氛围，在互帮互学中提升人格魅力，增强问题研究解决能力，加快教师专业发展。

（二）研究设计

1. 研究过程设计

（1）营地建设：选择固定的场所（学校专门的培训教室）和流动的环境场所（观摩活动地点），商定活动时间和活动形式。

（2）选拔营员：入门期青年教师（入职五年内的教师）。

（3）基础性培养阶段：拟订培训计划和活动方案，组建同伴互助小组。从应知应会着手培养，使青年教师掌握教育教学的常规要求和教学技能，帮助青年教师明晰个人专业成长的目标。培养青年教师教育情怀，鼓励青年教师将个人发展与学校发展结合。在班级管理的难点问题上，借助名师引路、专家指导，促进青年教师理论结合实际，找到自己能够驾驭的方法，逐渐形成自己的特色。

（4）梳理促进青年教师班级管理能力提升的有效策略。

2. 研究方法设计

（1）问卷调查法：针对我校入职时间在五年内的青年教师下发调查问卷，了解他们在教师专业发展上的困难和需求，针对问题拟设教师成长方案，设计引领青年教师成长的活动。

（2）行动研究法：按照青年教师成长营规定的内容对整个运作进行实践研究，并不断优化调整，摸索出最优的策略、最优的途径。

（3）个案研究法：在青年教师成长营中，对比较典型的学员进行跟踪研究，总结出不同层次的青年教师专业成长的不同规律。对个案的追踪可以弥补人数少造成的普遍性不足。

（4）经验总结法：对培养过程中的经验进行理性分析，得出具有指导意义、具有借鉴价值的青年教师培养的经验与方法。

三、研究过程

（一）新任教师班级管理能力现状调查

1. 运用访谈法了解到的情况

访谈新教师了解的情况：五四制的初中学生中七年级学生管理难度最大。七年级学生个性突出，部分学生行为习惯问题突出，影响青年教师课堂纪律，劝阻效果微弱，青年教师在某些班级上课对于纪律问题感到很头疼。

访谈老教师及班主任了解到新任教师的情况：工作有积极性，

但是普遍缺少对课堂的把控能力。教学用语和给学生的指令不清晰，可选择余地很大，学生活动起来之后，教师收不住。新任教师遇到问题总拿班主任吓唬孩子，采用这样的办法不能树立自己的威信。部分新任教师在班级群发言内容欠考虑，把个别学生问题上升为班级问题，影响学校和班级声誉。缺少整体思考，不知道如何配合班主任管理班级。

访谈学校领导了解到的情况：新任教师整体工作有热情，但是在从学生到教师的角色转化中，对教师的角色定位还需要思考。除了教学工作，新任教师发挥自己特长组织学生活动的能力也需要培养。

2. 通过问卷调查了解到的情况

通过组织新任教师填写问卷了解到他们在组织班级活动、处理班级突发事件、有效管理班级以及针对问题开展研究和实践方面遇到的困难较多。相对于班级管理，新任教师认为自己的学科专业素养与教学实际需求较为匹配。

3. 调查结论

新任教师有较高的工作热情，但缺乏足够的耐心，对学生思想教育不得法，甚至无从入手。在开展班级管理工作时，对自己的工作职责和工作内容不清楚，班级管理基础理论知识（教育心理学和班级管理理论）不够扎实，对班级管理相关的知识和资讯学习热情不高，往往在班级或学生出现问题时才去学习、寻找解决方法，班级管理的方法不多、技能不强，策划和管理班级工作过于简单，缺乏系统、科学的班级管理能力，影响班级管理效能。

（二）新任教师班级管理能力现状分析

1. 对新任教师学习习惯和学习兴趣需要进一步引导和培养

班级管理能力是指做好这个班级管理工作所应具备的知识结构和知识水平，主要包括专业知识以及相关政策法规知识等。对于新任教师来说，教师的职业伦理——关怀伦理是开展工作的前提，教育心理学和班级管理知识等是班级管理的专业知识，更是完成班级管理工作的基础知识。教师只有在关怀伦理下开展工作，并把相关的理论知识灵活地运用到班级管理工作中，与具体的班级管理工作有效对接，并且不断反思体会，才能有效地把知识转化为能力。新任教师的学科专业知识储备问题不大，但是教育心理学知识需要增强，对《中小学教师职业道德规范》中的内容还需要深入理解，并将其融入实践中。

2. 新任教师思想教育工作能力需要提升

思想教育是使学生发展形成某种思想和价值判断的教育，即通过各种教育手段使学生形成教育者希望学生形成的某种"思想"，以适应班级、学校和社会的需要。对于新任教师来说，提高对学生的思想教育工作能力是提高班级管理能力的关键，正所谓"攻城为下，攻心为上"，就是这个道理。

3. 新任教师班级管理策划组织能力需要提高

班级管理工作的有效开展离不开活动。策划组织班会课、班队活动、主题教育活动等是教师开展班级建设的重要内容。活动既是对学生进行教育的形式和手段，又是使学生得到实践锻炼的形式，是师生有效互动交流的重要平台，可以有效地传播主流价值理念。每项活动都要求教师从人、物、事、时间、空间等方面提前策划好，在具体活动中组织好，才能使各种活动发挥作用。

（三）提高新任教师班级管理能力的过程

1. 帮助青年教师明确何谓班级日常管理能力

（1）班级日常管理的认知能力

主要要求和培养新任教师对班级日常工作内容的认知能力。班级日常工作内容包括：学生晨午检上报、卫生消毒、课程安排、班干部选拔任用、班级文化建设等。

（2）班级日常管理的计划能力

新任教师必须根据学校的工作计划和阶段工作重点，以每学期、每月、每周为计划时段，结合班级实际情况和自身的特长优势，计划好班级每个时段的工作，保证班级工作有序开展。

（3）班级日常管理的执行能力

新任教师每天的班级管理工作内容很多，必须从时间角度、地点角度、学生角度、工作角度等方面保证班级有序运行，确保班级管理每天的工作内容有序地执行、落实，不能丢三落四，顾此失彼。

（4）班级日常管理的协调能力

新任教师每天的管理工作都必须面对人（学生、同班任教的老师、学生家长、学校行政等），要协调校内的教育工作；要协调学校其他部门工作；要协调家庭教育、社会教育与学校教育协同育人的工作。新任教师能否按照《中小学德育工作指南》中"三全育人"的要求开展育人工作，协调能力尤为重要。

2. 引导青年教师明确成长目标

（1）乐于学习。学习是新任教师班级管理能力进步和提高的主要途径，在班级管理的过程中，新任教师更需要加强学习，乐于学习，让学习成为新任教师前进的动力。

（2）善于管理。对于新任教师，善于管理是指运用所学的班级管理知识，结合班级实际，科学、智慧、高效地完成班级管理工作，达到"管是为了不用管"的最终管理目标。新任教的班主任班级管理能力培养有两方面，即班级日常管理能力和班级系统管理能力。

（3）能够创新。当前的教育面临很多的新形势、新变化、新常态、新问题，要求老师开展管理工作时既要遵循教师关怀伦理，又要创新教育手段、教育方法等，使教育效果与时俱进。

（4）学会反思总结。作为新任教师，需要多与学生沟通，通过不断总结、不断改进来提升和完善班级管理工作。通过沟通和总结可以理清班级管理的思路、方法，使班级管理更科学、更系统有序，对提高新任教师的班级管理能力起到重要作用。

（5）树立远大目标——有做新时代立德树人好教师的责任担当。加强新时代青年教师理想信念的引导，激励青年教师树立立德树人的教育目标。带领青年教师学习新时代教育教学改革的文件，以及当下教育家的一些教育故事、教育精神，帮助青年教师树立适应时代要求的责任担当意识。

3. 提高新任教师班级管理能力的策略

（1）以学练结合的形式安排学习内容

加强班级管理相关理论学习，养成良好学习习惯。针对较多新任教师在大学学习时没有系统学习教育心理学、班主任工作理论等内容的情况，组织新教师通过业务学习、班主任工作培训、讲座交流等形式，学习教育心理学、教育理论、现代班级管理学理论、现代教育技术、社交学理论等，促使他们掌握现代的教育观念，把握当前教育发展新趋势。

为此，结合学校实际工作，我校给青年教师安排了四类课程，涵盖理论知识和实践操作。

第一类综合素养课程（理论课程）包括：师德修养与职业道德规范；教育法规与廉洁教育；区情、校情了解；学校历史、文化；学校规章制度。

第二类教育综合能力（理论与实践课程相结合）包括：带班育人基本能力（如何与家长有效沟通、如何处理突发事件、如何形成稳定积极的班级氛围）；组织学生活动方法以及突发学生伤害事件处理流程和办法；组织参与学生德育系列活动。

第三类教学基本能力（理论与实践课程相结合）包括：学习本学科课标；试做近三年本学科中考试卷并结合考试说明、课标以及课改文件选择三道试题进行分析讲解。

第四类实际操作课程（理论与实践课程相结合）包括：现代教育信息技术能力提升；摄影摄像技术指导；公众号编辑；学校新闻稿撰写；学生活动档案类工作如何做（活动前方案和应急预案撰写、活动组织、活动总结）。

（2）以帮带引领的方式保证效果

"一对多"帮带。就是一名班主任或经验丰富的老班主任帮带两到三名新任教师，在新学期初，以年级组为单位，由学校统筹安排好"帮带组合"，通过拜师结队、制订帮带计划、专题指导、定期交流、总结反思等环节，开展新任教师帮带指导工作。

"一对一"结对指导。由一个班级管理工作能力强的班主任来帮带一个班级管理工作能力相对较弱的新任教师，提升新任教师的班级管理能力，针对新任教师的工作难点（班会课和班队主题活动的策划和组织等）进行个别指导。新任教师要善于向经验丰富的教师学习班级管理知识，学历高低不是判断教师管理能力强弱的标准。

名家、名主任引领。我校通过校内名班主任的专题讲座、班会课示范、班队活动展演给新任教师提供观摩学习机会。我校还邀请西城教育学院德育专家朱洪秋教授指导我校班主任以三阶段四环节班会为抓手落实班级管理。选派新任教班主任参加教委组织的班主任培训，为新任教班主任对班级集体活动的策划和组织提供学习榜样，有利于他们较快突破班级管理中的重点和难点，班级管理能力得到快速提高，班级管理质量不断提升。

（3）以结对共进的方式促进成长

同年级组结对。同年级的班级管理有很多共性，包括共同的问题、相同的做法、学生相同心理特点等。新任教师根据自己任教年级，与自己同年级的其他新任教师结对，大家可以结合同年级的班级管理中出现的问题进行交流、探讨，共同研究问题，解决问题，分享工作心得，互相取长补短，取得"1+1大于2"的工作成效，共同提高班级管理能力。

同科组结对。同一科组的新任教师，因为出自相同专业，任教相同学科，自然可沟通的话题，结成对有利于共同探讨班级管理过程中的问题，共同学习，互相交流，寻找解决问题的途径和方法，不断提高班级管理水平。

与外校新任教师结对。要提高新任教师的班级管理能力，除了加强校内的结对学习交流外，还要与名校交流结盟，为新任教师与外校的新任教师结对牵线，拓宽新任教师学习交流的范围和层面，为他们学习班级管理的知识和技能提供更多的机会、更大的空间，有利于新任教师不断提高班级管理的能力和水平。

（4）搭建平台展示激励学习热情

举办沙龙、论坛等研讨交流活动。结合学校和班级管理过程中出现的共性问题，设定专题，开展新任教师与校内其他班主任的沙龙、网上论坛等研讨交流活动，让每位新任教班主任都参与其中。举办沙龙是希望通过一种比较轻松的形式实现班主任培训的目的。每次沙龙活动都要求主题明确，有序轻松，交流积极，切实解决一些班级管理工作中的具体问题。

（5）梳理经验，形成机制

我校结合实际制定了一系列的新任教师培养制度，包括：新任教师学习和培训制度、新任教师结对帮带制度、新任教师评价激励制度、新任教班主任成长管理制度等。把提高新任教师班级管理能力纳入学校具体管理日程中，并形成相应的管理机制，使提高新任教师班级管理能力工作具体化、科学化、制度化。

四、结论及建议

本研究以我校新任教师班级建设能力培养为例，通过对新任教师班级管理能力的内涵和构成要素分析，针对新任教师班级管理能力存在问题及原因分析，结合学校实际，提出一整套提高新任教师班级管理能力的机制——通过学练结合、帮带引领、结对共进、平台展练、形成机制，有效地、较快地提高新任教师班级管理能力。由于资源有限，本研究存在问卷样本容量小的问题，今后可以在燕山地区范围内试用提高新任教师班级管理能力长效管理机制。对于提高新任教师班级管理能力，本研究没有进行成效测评，今后要进行提高新任教师班级管理能力的成效测评，完善提高新任教师班级管理能力的培养机制。另外，由于研究能力有限，研究对象过于单一，本研究只针对新任教师的班级管理能力进行了研究，而没有对教育中的领导、学科教师、学生进行相关研究。今后要努力提升自身的研究能力，来补充这些方面的不足，从而达到更佳的研究效果。

在研究的过程中，我还发现：在新任教师班级管理能力的主要构成因素中，态度和能力是较为重要的，其中态度是能力提升的前提。目前新任教师所具备的能力、知识使其还不能完全胜任班主任工作，其中态度认识是基础，这一点不过关，将会影响后面的培训提升。另外，学校凝聚力氛围和教师团队合作能力也很重要，这是新任教师成长的重要外部条件。目前我校需要很多年轻的教师加入班主任队伍，需要更多有经验的班主任加进班级管理的大家庭，引导新任教班主任提高班级管理能力。

提高新任教师班级管理能力是一个很有意义的新课题，本研究仅是对它的一个初步研究，今后还需进一步深入探索。新任教师班级管理能力不是一个不变的系统，它具有明显的动态性和时代性，它会随着时代发展，新任教师班级管理能力的标准和要求会不断产生变化，所以对于新任教师班级管理能力的研究也应不断地主动适应基础教育改革的步伐和信息化时代的要求，与时俱进，不断深入，一定会有更多、更新的提高新任教师班级管理能力的研究成果产生，为我们的基础教育事业做出更多贡献。

基于青年教师科研素养提升的学校微课题实施路径研究 [1]

北京市房山区燕山星城小学　周洁辉

一、选题的缘由

李克强总理在 2021 年《政府工作报告》中提出，要发展更公平、更高质量的教育，构建德、智、体、美、劳全面育人的教育体系。

我校是远郊区县的一所小学，近 5 年有将近 30% 的教师退休，这所学校正处于新旧交替的关键时期。从学校近年招聘的新教师来看，只有 12% 的新教师是师范专业的教师，大多数新教师都不是师范专业，这些年轻教师在教学过程中存在很多问题。例如，由于缺乏儿童心理知识，在课堂教学的过程中无法有效组织教学，课堂设计的环节多以讲授式为主，没有让学生参与其中，课堂效率低下。我们希望通过微课题研究帮助年轻教师提高解决问题的能力和科学素养；也希望在课题研究的过程中，梳理出我校的科研校本研修的新方式和与之匹配的培训内容，整体提升教师的专业素养。

---

[1]　本文为北京市教育科学"十四五"规划2021年度一般课题"基于青年教师科研素养提升的学校微课题实施路径的研究"（立项编码CFDB21468）的研究成果。

二、研究设计

（一）"体验式学习"理论

20 世纪 60 年代，"体验式学习"在美国盛行。它随后被"户外发展学校"和"冒险主题培训机构"广泛使用。在训练过程中，要以轻松生动的方式引导学生，让他们发现自己原有的优势和劣势，从而达到认识自己、融入团队的目的。

20 世纪 80 年代，美国人大卫·库伯构建了一个体验式学习模型——"体验式学习圈"（见图 4-5）。他提出，有效的学习应该从经验开始，表达观点，反思、总结和形成理论，最后将理论应用于实践。

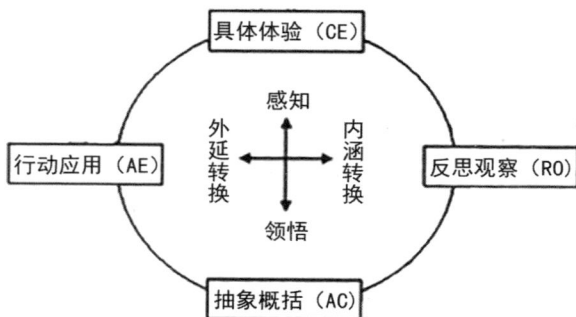

图 4-5　大卫·库伯的四阶段体验

春秋时期的孔子，就非常重视通过体验获得知识。他认为"学""思""习""行"四者必须相互联系、相互结合。在宋代，在著名的白鹿洞书院，学生们被要求"注意一切，观察和培养自己"，其中也包含了"体验式学习"的理念。

从儿童到青少年和成人，都可以使用体验式学习。通过在中国知网上的搜索，发现将"体验式学习"运用到小学数学学科的情况较多，这与数学学科的特点有直接联系，在特定情境中的体验可以让枯燥的数学知识和概念更加形象化，更便于学生理解。"体验式学习"在成人教育中被广泛使用，创设问题情境可以引发他们的深入思考，使他们能结合自身情况自主地建构知识或技能。本课题就是将"体验式学习"运用到青年教师的科研校本培训中，使青年教师在体验中了解科研，在交流反思、抽象概括中理解科研，在实践运用中提升科研素养。

（二）研究设计

1. 核心概念界定

（1）微课题研究

"微课题"在全国各地拥有不同的名称，有时被称为"微课题"，有时被称为"小研究课题"或"教师个人课题"，甚至"基本课题"。本研究中"微课题"的定义倾向于江苏省如皋市教育科学研究所袁玥对"微课题"的定义："一线教师在教育教学过程中发现的小而具体、突出的实际问题，影响教育教学的效益和效率，具备解决的条件和能力。"

"微课题研究"是指青年教师根据教育教学中存在的问题，通过观察、分析和实践、优化，寻找解决方案或策略的一系列科学活动。

（2）科研素养

科研素养是指从事科学研究的科研人员应当具备的素质，包括科学研究意识、科学研究方法和科学研究精神。

本研究中的"科研素养"是指教师的科研意识和科研能力。

本研究中的"科研意识"指能够深入思考课堂教学、教材、学生之间的关系，养成爱思考、爱追问的习惯，逐步形成反省思维。"科研能力"是指根据问题和现象关注研究问题，通过文献阅读和研究方法选择，有针对性、有计划地开展研究活动，综合和改进研究成果的能力。

2. 研究思路

本研究的总体思路是梳理和分析国内外关于"体验式学习"和"微课题研究"的相关研究，提炼适合我校教师校本科研的方法，系统设计我校校本科研的方法和内容。

3. 研究方法

（1）行动研究方法：本课题在研究过程中主要采用"实践与反思"的行动研究方法。

（2）文献法：查阅国内外研究现状并加以梳理，为本课题研究奠定理论基础。

（3）调查法：在研究初期，通过问卷调查和访谈，对我校青年教师科学素养现状进行调查分析；在下一阶段的研究中，还将调查青年教师的科学素养是否有所提高。

（4）观察法：在研究过程中，我们将采用"观察"的方法，对我校青年教师进行观察和指导。

三、研究结果与分析

（一）了解青年教师科研素养的现状

为了更好地了解青年教师科研意识和科研能力的现状，课题组编制了相应的调查问卷，对燕山地区的高中、初中、小学的 35 岁以下教师进行了问卷调查，共有241人参与。问卷结果整理如下（见表4-2至表4-7）。

您的最高学历是（单选题）？

表4-2　学历统计

选项	小计	比例
本科	167	69.29%
硕士研究生	72	29.88%
博士研究生	2	0.83%
本题有效填写人次	241	

您认为一名中小学教师最需要培训的方面是（多选题）？

表4-3　培训需求统计

选项	小计	比例
应用现代信息技术教学的能力	143	59.34%
课程整合开发能力	165	68.46%
教育教学科研能力	185	76.76%
课堂教学的实施能力	193	80.08%
教学反思能力	143	59.34%
班主任管理能力	136	56.43%
本题有效填写人次	241	

您认为促进教师专业发展的主要动力是（多选题）？

表4-4　动力统计

选项	小计	比例
干一行爱一行	105	43.57%

续表

选项	小计	比例	
使学生获得更好的发展	180		74.69%
职务职称能够尽快提升	52		21.58%
多劳多得，追求更高的收入	55		22.82%
不进则退，适应教育改革的新要求	92		38.17%
更好地实现人生价值	133		55.19%
本题有效填写人次	241		

您认为最能体现教师职业幸福的是（多选题）？

表4-5　职业幸福感来源统计

选项	小计	比例	
职务职称的提升	58		24.07%
取得更高的学历	20		8.30%
学生因我而获得良好发展	219		90.87%
业务水平的提高，不误人子弟	171		70.95%
经济收入提高，受到社会的更多尊重	125		51.87%
本题有效填写人次	241		

您对自己目前教师专业发展状况满意吗（矩阵单选题）？

表4-6　专业发展状况满意度统计

题目	选项				
	很不满意	不满意	一般	满意	很满意
（1）教学能力和水平	1（0.41%）	2（0.83%）	95（39.42%）	129（53.53%）	14（5.81%）
（2）班级管理效果	2（0.83%）	7（2.90%）	107（44.40%）	114（47.30%）	11（4.56%）

题目	选项				
	很不满意	不满意	一般	满意	很满意
（3）科研能力和成果	3（1.24%）	31（12.86%）	127（52.70%）	70（29.05%）	10（4.15%）

要想成长为一名市区级骨干教师，按照影响程度高低排序（排序题）。

表4-7　市区级骨干教师能力要求排序

选项	平均综合得分
学科教学能力	3.64
教科研成果	2.66
班级管理水平	2.02
资历高低	1.33

1. 教师参与研究态度积极

从最高教育水平上看，我们地区的青年教师素质高，有一定的研究能力，对教育和科研有很强的认同感。然而，大多数教师的年龄较小、教学经验较少，缺乏教育教学经验，尤其是在这一领域的研究方面。在对我校21名青年教师的访谈中了解到：这些青年教师均无主持课题研究的经验，仅有4人参与过其他老师的课题。大多数年轻的教师相信课题研究可以提高教育技能。当然，也有教师认为课题研究只是为了职称晋级、评选骨干或者达到学校要求，对参与课题研究的积极性不高。

2. 课题研究存在的困难

在访谈的教师中，只有9.5%的人认为学习过程并不复杂，这2名教师是参与过其他教师的课题研究的，其余教师均感觉困难很大或困难较大。年轻教师担心课题研究的内容和方法存在困难。年轻教师最大的困惑是，他们不知道研究什么，也就是说，他们不知道如何确定研究的问题，研究问题与教育教学之间的关系是什么。其次就是怎样研究，也就是研究计划的制订与落实很难保障，缺乏研究的方法。再次就是什么时间研究，现在教委、教研中心和学校对青年教师的培养力度很大，青年教师要参与很多培训、展示活动，青年教师又是整个学校工作的主力，研究时间是没有保障的。最后是不知道如何取得研究成果，论文的写作技能需要提高。

（二）提升青年教师的科研素养

我们将遵循"体验式学习"的框架，按照体验、交流反思、抽象概括、实践运用四个阶段设计科研校本研修的方式和培训内容，帮助青年教师体验微课题研究的全过程。

针对前期调研中的几个问题，我设计了如下微课题研究的体验活动。

1. 确定研究问题

英国科学家 J·D.贝尔纳曾说过："提出课题比解决课题更困难，所以选择课题便成为研究战略的起点。"研究问题的选定是课题研究的关键所在。

为了帮助青年教师寻找研究问题，科研室设计了主题反思交流活动。青年教师每天记录他们的学习问题，每周进行交流。交流时随机进行分组，大家交流自己遇到的问题，同伴之间出谋划策，并记录下还未解决的问题，再在全体青年教师中交流解决。我们也邀请了学校的骨干教师和骨干班主任参与每次的交流活动，尽可能地为青年教师解答他们遇到的问题。经过一个月的积累，将自己的问题按照解决的迫切程度进行分级。我们如何将这些问题转化为研究问题？科研室主任会通过与青年教师之间的研讨，逐步帮助他们找到问题的根源，以及初步的解决方法，帮助他们确定研究方向，再逐步聚焦，最后得到研究问题。

2. 确定研究方案

为了把握研究的方向，能依照预期目标进行科学研究，参与微课题研究的教师必须要撰写细致的、操作性强的研究方案，帮助自己理清思路，规划研究时间。

研究人员应使用简短的语言阐明研究的中心问题，阐明为什么要研究，并列出将使用哪些研究方法进行研究。为了方便教师起草研究计划，学校科研室设计了"微课题"申请表，如表4-8所示。

表4-8　燕山星城小学教师"微课题"申报表

课题名称			
申报人姓名		申报人年龄	
申报人职称		职务／任教学科	
研究问题描述与情境性分析			
研究目的与意义			
核心概念的界定			
主要研究内容			
研究过程与方法			
预期成果			
表达形式			
学校意见			

3. 落实研究过程

研究过程扎扎实实是保证微课题研究实效的关键所在。确保微课题研究的过程，才能有效促进教师的专业成长。在落实研究的过程中，学校科研室可以从以下几点进行服务和指导。

其一，增加阅读积累。

鼓励青年教师根据研究的主题进行阅读，阅读与课题理论相关的书籍、从中国知网上搜索各种权威的期刊文章和优秀的硕博士论文，从别人的实践经验中学习有效做法或与众不同的观点，提升研究能力。

其二，提升研究的效率。

学校科研室成立微课题研究小组，根据不同学科，邀请有课题研究经验的骨干教师担任研究小组组长，根据青年教师制订的研究方案对青年教师进行定期的指导活动，指导课题的研究方向和过程。"微课题"研究问题小，周期短，一般以学年为单位进行课题的研究。学校科研室、课题组长帮助青年教师制订研究的月度计划，并按照计划有条不紊地进行课题研究。这样，既帮助青年教师厘清研究思路，也是对课题研究的一种基本保障。

其三，提炼研究成果。

随着时代的发展，教师已经不仅仅是"教书匠"，而更多应该承担"科学研究者"的角色，这样才可以紧跟新时期课程的改革发展，对新课程进行设计和实践。因此，我们要帮助青年教师提炼自己的研究成果，并撰写论文，用论文体现出问题研究的过程与价值。

四、研究建议

（一）健全规章制度

切实建立较为健全的规章制度是保证微课题研究顺利开展的基本条件，完善的规章制度体系可以从不同角度提升工作效率。

第一，要清晰明确课题的研究流程。青年教师填写星城小学微课题研究申请书，由校长办公会进行审批；课题立项要进行开题答辩、中期汇报和结题答辩，增强微课题研究的仪式感及实效性。

第二，要增设分享交流制度。微课题的负责人每个月至少阅读1篇与课题相关的文章，并完成读书笔记，在每个月的交流会上进行分享与交流。

第三，要建立微课题的研究档案，记录研究过程中的数据和内容，便于课题资料的整理和课题研究成果的撰写。

第四，将微课题研究作为青年教师"入格"培养的必修课。工作时间在五年内新任教师必须开展校级微课题研究，此项培训内容的完成情况也将成为新任教师考核、职称晋级、各级骨干评选的条件。

第五，学校绩效工资分配方案中明确规定：课题研究后，需要将课题的研究资料和研究成果进行整理，由科研室组织具有高级职称的教师或市区骨干教师组成课题评审组，对校级微课题进行评审，准予结题后，参与微课题研究的教师将获得相应绩效奖励。

（二）匹配培训课程

首先要保障培训。教师做微课题研究少不了对各项理论知识、研究方法等内容的积累，因此学校科研室要按照微课题的研究流程，给予相关的培训。培训内容涵盖梳理教育教学中的问题现象、聚焦研究问题、研究目的与意义、核心概念的界定、研究内容、研究的方法、预期成果与形式。培训时，将以上内容拆分进行，青年教师通过尝试写、修改、再修改的过程，逐步完善微课题的研究方案。在科研校本培训时，还要注意培训的方式，不能一味讲授，还应多多互动，促使青年教师对自己的课题进行深入的思考，确定研究的思路，顺利地完成此次研究，帮助青年教师提升理论水平与科研能力。

（三）邀请专家指导

首先，科研室还根据教师们选题的方向，邀请经验丰富的专家，用最先进的理念为教师的科研活动进行辅导和监督，从而提高教师课题研究的质量和效益。

其次，组建微课题研究小组，指派市区骨干教师、有课题研究经验的教研组长任研究小组的组长，随时指导青年教师的课题研究，提高微课题研究的质量与效率。

在两年多的微课题研究中，我校青年教师共完成了 24 个微课题研究，研究的成果获得市区级奖励 7 项。2021 年的"双减"政策出台后，第一批参与微课题研究的教师们，分别就作业设计、单元备课、整本书阅读等问题开展了微课题的研究，研究的成果得到了区级教研员的认同，在区级教研活动中进行了展示。他们常说："这都得益于微课题研究。"

微课题研究让老师们能透过现象思考本质，让他们主动思考，在一次次的尝试中，寻找解决问题的办法；微课题研究让老师们了解和掌握更多的研究方法，开拓了研究思路，提升了科研素养。

基于需求分析的高中青年教师校本研训策略
——以北京市燕山北师大燕化附中为例

北京师范大学燕化附中　刘江波

在当前青年教师培养中，广泛存在着供需结构性矛盾。学校是培训活动的组织者，培训时间、培训方式、培训课程、培训对象，完全由学校根据自身需要或者现有条件单方面确定。但是，由于缺乏需求调查或者调查方向存在问题，学校提供的培养课程往往与教师专业发展需求存在着差距。这里面有学校提供的培养课程问题，也有教师自身的主观认识问题。如何处理好学校培养体系（供给侧）与青年教师专业发展（需求侧）的相互关系，就成为本研究的关键问题。

一、问卷调查

（一）调查背景

为了进一步了解广大青年教师专业成长需求，提高培训工作的针对性、有效性，引领教师做好职业规划，促进青年教师尽快成才，我校教科研室对本校青年教师进行了专业成长培训需求调查，调查的主要内容是青年教师对以往培训的感知和对未来的培训需求，希望通过培训需求调研，促进教师培训供给侧改革。

（二）青年教师总体概况

从学历上看，我校青年教师主要由硕士研究生组成，硕士研究生占 85%，本科 15%；性别构成，女教师占绝大多数，占 81%；从入职时间一栏可以看出，多数青年教师教龄在 1—6 年；很多老师都有过培训经历，培训内容也是多方面的；青年教师的职称，一级职称占 15%，二级职称占 85%。

（三）研究问题

随着国家和学校对于高素质教师队伍建设的越发重视，以及教师职业规划意识越来越强，传统的"完成学分式"的教师专业发展培训面临重重困境，教师自主发展的需求逐渐被置于重要地位。在此背景下，本研究主要聚焦于：

1. 目前高中教师专业发展需求主要有哪些？需求程度如何？

2. 哪些培训形式、培训内容是受青年教师欢迎的？哪些是低效的？

（四）调查方式

问卷调查：设计并发布问卷星电子问卷调查 1 份，回收有效问卷 57 份。

（五）问卷数据及分析

1. 职业认同

（1）青年教师对自身职业的认同感调查。满意（51.52%）和比较满意（48.48%）合计占到 100%，这一点是值得欣喜的，说明广大青年教师对教师职业是高度认可的，这是从事教师职业的一个重要前提。

（2）对于胜任教师工作的必备素质。强化自学意识，自我提高占到 90.91%；增强科研意识，在反思中提高占到 81.20%。说明青年教师能够辩证地看待自身发展的动力问题，明白内因才是最根本的。

（3）一名中学教师最需要培训的素养能力。广大青年教师普遍指向了教学能力，课堂教学实施能力（73.68%）、教育教学科研能力（75.44%）、课程整合开发能力（66.67%）占比较高，出乎意料的是班主任管理能力（54.39%）占比并不是很高。这是与现实相悖的，在学校管理中，班主任的班级管理能力对于学生的成长极其重要，一个有先进教育理念、科学教育方法的好班主任往往可以影响几十个学生的人生观、价值观以及未来命运。因此，对这种忽视班级管理能力培养的倾向要及时加以制止和引导。

2. 职业期待

（1）在教师职业幸福的认识上。从问卷中可以看出，青年教师的敬业意识是值得肯定的：学生因我而获得良好发展（85.96%），业务水平的提高、不误人子弟（64.91%）所占比例最高；而经济收入提高、受到社会的更多尊重（61.4%），所占比重排第三；职务职称的提升（28.07%）和取得更高学历（8.77%）占比更低。可以看出，在学生发展与自身利益之间，教师毫不犹豫地把前者排在了前面，这就是教师职业的可敬之处。

（2）在五年内完成的专业发展目标上。超过半数的青年教师把五年内专业发展目标定位在成为区级学科教学骨干（63.64%）；成为校级学科骨干教师占到 39.39%；也有的有更高的定位——成为市级学科骨干教师或班主任（18.18%），这是符合青年教师团队年龄结构的，一部分青年教师教龄已经达到 8 年以上，定位在市级骨干是符合实际的。市区级相加，总占比达到 81.82%。职业理想是教师专业发展的重要动力，职业规划符合实际必将推动青年教师的专业发展。

3. 自我认知

（1）在个人专业发展规划的问题上。调查表明，有自己发展规划的占到 70.18%，而选择听从管理部门安排（1.75%）的非常少，这说明，青年教师团队对自己职业的发展有积极的态度、内在的需求，总体上是持主动态度的。但是也有约 1/4（28.07%）的人需要进一步的职业规划引导。

（2）选择当前自己最需要提高的三种能力。调查结果显示，课堂教学能力与教育教学科研能力占比为 75.76%，并列第一；而论文写作能力和班级管理能力排在之后，占比分别为 51.52% 和 48.48%。这与上述"一名中学教师最需要培养的素养能力"调查结果惊人的相似。

（3）对自己的专业发展状况的满意情况调查。在班级管理、学科教学两个维度，都有半数教师选择"满意"，这是基本盘；而选择"一般"的达到了 1/3 还多。在科研能力和成果这一项，满意率最低，选择"不满意"的占到了 15.79%。这说明，在促进教师专业成长方面，不仅对学科教学、班级管理两大主题不能松懈，对科研意识、科研能力的培养也是青年教师急需的，这几个维度涵盖了教师专业成长的绝大部分领域。

4. 培训需求

（1）你认为哪些途径最有利于自身快速成长？教育教学一线实践的磨炼，占到 91.23%；不断进行教育教学反思改进，占到 82.46%。这两个数据，说明依靠内因推动事物发展成为共识。而贵人相助、前辈引领带动占到 57.89%，专家培训占到 19.3%，说明了培训以及外部引领带动的重要性，显示了外因在事物发展中的重要作用。

（2）以下校本研修的具体方式对教师专业发展的影响情况（见表4-9）。这是一项反思我校校本研修主要措施对青年教师专业发展的促进作用的设置。在提供的7项措施中，选择"有效""非常有效"的比例基本都达到了80%，只有"青蓝工程"略有差异，其"一般"（21.05%）的比重偏大。这说明，学校为青年教师搭建的成长平台普遍发挥了作用。对"青蓝工程"尚需深入挖掘，加强过程监督和效果评价，对师傅不能"一拜了之"。

表4-9　校本研修对教师专业发展影响调研结果

题目选项	非常有效	有效	一般	不太有效	无效
（1）集体教研	12（21.05%）	34（59.65%）	10（17.54%）	1（1.75%）	0（0%）
（2）赛课评课	18（31.58%）	32（56.14%）	6（10.53%）	1（1.75%）	0（0%）
（3）专家培训	13（22.81%）	34（59.65%）	9（15.79%）	1（1.75%）	0（0%）
（4）青蓝工程	17（29.82%）	28（49.12%）	12（21.05%）	0（0%）	0（0%）
（5）自我反思	19（33.33%）	33（57.89%）	5（8.77%）	0（0%）	0（0%）
（6）观摩研讨	19（33.33%）	35（61.40%）	3（5.26%）	0（0%）	0（0%）
（7）专题研究	16（28.07%）	35（61.40%）	6（10.53%）	0（0%）	0（0%）

5. 培训方式

（1）对于"最有效培训方式"，大家意见比较分散。专家讲座引导占57.89%，身边的典型带动占75.44%，团队拓展活动占35.09%，活动式学习占59.65%，说明各项培训方式都发挥着不同的作用，其中，活动式学习方式和身边典型带动方式得到大家较高认可。

（2）在"您喜欢什么样的人给你进行培训"问题中，一线教育教学能手占94.74%，本校优秀教师、班主任占40.35%，知名教育专家占 56.14%。其中，一线教育教学能手的示范引领作用极其重要。而知名教育专家和本校优秀教师、班主任的作用亦不容忽视，因为本校的优秀教师、班主任才是最了解本校学生实际的，才最能起到典型引领的作用，才是最有发言权的，这与"一线教育教学能手占比达到 94.74%"并不矛盾。

二、访谈

为了便于访谈的进行，笔者从学校青年教师中，选取 6 名教师，并将教师专业发展分为新手阶段（教龄 0 ~ 3 年）、胜任阶段（教龄 4 ~ 6 年）、成熟阶段（教龄 7 ~ 10 年）和专家阶段（教龄 11 年以上）这四个阶段（见表 4-10）。

表 4-10　不同学科访谈对象分类

学科	教龄	发展阶段	性别	学历
数学	5	胜任阶段	女	硕士研究生
语文	12	专家阶段	女	硕士研究生
英语	3	新手阶段	女	硕士研究生
地理	7	成熟阶段	女	硕士研究生
物理	1	新手阶段	女	硕士研究生
化学	8	成熟阶段	男	硕士研究生

注：部分研究生学历为在职研究生。

在座谈会中，笔者针对调查问卷中的重点问题，与教师进行了交流。交流中，笔者发现以下问题。

（一）培训方式上

在培训方式上，教师普遍认为要灵活多样，既可以网上学习，也可以实地考查、外出参观，还可以集中授课、专家到校实地指导。如此就可以适应不同情况的教师需求。

（二）培训内容上

在培训内容上，要求有针对性。部分专家的授课内容不适合，理论性太强，实用性不强。因此，教师普遍希望专家多采用案例分析方式，有所感、有所悟，多解决实际问题，少谈理论。同时，培训内容不能仅限于课程理念、通识培训，还要针对班级管理中的实际问题进行交流。

（三）培训时间上

在培训时间上，大多数教师倾向于脱产培训，至少是利用上班时间，而不是周末。脱产学习，一是有利于放下杂事，静下心来学习；二是能有机会走出去观摩学习，眼见为实，避免纸上谈兵；三是认为当前培训主要集中在下班时间，教师一边要上课备课，一边要接受培训，工作较累；四是培训时间放在暑假，教师认为占用了假期时间，积极性也不高。教师渴望除了集中培训外，能多走出去，在平时工作中，希望上级主管部门能多开展各种教研活动，同时在经费上能予以保障，避免经费问题限制教师走出本校校门。

（四）对于培训者的选择上

除了专家引领，还需要身边的典型示范，如优秀青年教师的示范。

三、基于研训需求分析对学校管理者的建议

（一）了解青年教师真实需求，做到研训有的放矢

事实证明，凡是脱离一线教师实际需求的培训，都不会取得理想的培训效果。新时期的青年教师对专业发展培训并不是简单的被动接收，而是有着更新、更高的需求，对培训课程、培训形式、培训质量、培训者的素养都更加挑剔：希望培训内容能够具有较强实用价值，能够将培训知识迅速转化为自身的专业技能；希望培训形式丰富多样，采用课堂互动、案例分析等喜闻乐见的方式。因此，作为培训管理者应顺势而为，转变观念，坚持自下而上的原则，倾听一线教师的培训诉求，采取订单式培训，促进教师专业发展。

（二）丰富校本研修形式，激发教师专业发展积极性

校本研修既包含校本教研也包含校本培训。校本研修不能仅仅满足于一般的教研和备课，还要发展学生、发展教师。因此要有目标分析，要有对校情、师情、学情的仔细分析，在分析中找到差距和不足，缺什么补什么，差什么培训什么、发展什么。开展校本研修，学校领导是关键。作为学校发展的决策者和推动者，学校领导对校本研修意义的认识尤为重要。作为学校领导，要克服各种困难，为教师营造一个良好的学习研修氛围。校本研修形式多样，比如：同课异构；微格教学；青蓝工程、校际结对、区域联盟等；教学竞赛、校本课程的研究与开发、班级管理与活动组织、心理辅导与团队建设；等等。

通过建立促进校本研修的激励机制、导向机制和保障机制，不

断地去激发和唤醒教师学习、研究和发展的欲望，张扬教师的个性，凸显教师主体地位，锤炼教师的智能和技能。

（三）厘清错误观念，增强教师专业发展动机

当前，影响教师专业发展的有两种错误思想倾向：一是对教师职业本身不认同，只是冲着教师职业这个"铁饭碗"来的，缺乏职业幸福感；二是教师专业发展目标模糊，自我发展意识不强。部分教师对于培训的意义认识不深，一些教师参加培训的动机就是完成任务、拿到培训证书、取得继教学分，对专业发展研修活动抱有无所谓的态度。

对上述错误思想倾向，一方面要进行职业道德、爱岗敬业、爱校爱生教育，另一方面还可以通过帮助教师进行校本职业生涯规划来引导。

引导教师进行职业生涯规划，就是要教师明确自己的专业发展目标，通过自己的努力，不断接近目标、实现目标，从而体验成功、体验幸福。只有将教师专业发展与教师职业幸福感密切关联，才会使教师从外在的"敬业"转变为发自内心的"乐业"，从挣钱养家的"职业"转变为实现人生价值的"事业"。

（四）适当增加专业发展压力，强化各阶段教师专业发展动力

这里所说的加压，是指学校面对不同发展阶段的教师，结合教师职业生涯规划，赋予学校的发展期待，让学校每位教师"跳一跳，摘桃子"，将外在压力转化为教师专业发展的内在动力，力求获得最大可能的发展。

教师职业比较特殊，近似于终身制，一旦成为教师，除非触犯法律，将永远持有教师的资格和待遇。这一方面能够使教师们在较宽松的环境下工作，但另一方面也使得教师的专业成长动力不足。问卷分析显示，教师们的专业发展动力主要来自自身对教育事业的热爱，对学生和工作的责任心，这是教师专业发展的内在压力，也是关键的动力源泉。而通过完善管理制度，适当增加不同阶段教师专业发展压力则是一种有效的补充。比如，要安排新任阶段、胜任阶段青年教师做班主任工作，参与班级管理，参与各类教学比赛、展示，参与论文、管理手记撰写、评比，把校级骨干作为发展目标；督促成熟阶段教师做展示课、研究课，反思梳理教学成果，将参评区级以上骨干教师、高级教师作为发展目标；创造条件引导专家阶段教师把市级骨干、正高级作为发展目标，并成为青蓝工程的主力。

各类先进评比要力戒论资排辈，将量化考核机制作为主要手段，给予青年教师公平竞争机会，调动青年教师积极性，加强教育教学研究和反思，关注成果梳理，从而激活学校教师专业发展整体氛围。

（五）充分运用假日培训，破解培训工学矛盾

高中教师普遍满负荷工作，选科走班的形式，教师一旦外出参加培训，学校无法调课也无法安排相应的教师去代课，很多教师回校后还得将落下的课抽时间补上。调查显示，如果学校组织集中培训（上级安排除外），多数教师认为一次集中培训连续4~5天最合适，集中培训时间安排在假期（非周末）比较恰当。对于高中青年教师来说，周末往往只有一天，如果被用来培训，休息不说，连解决终身大事的社交时间都没有了。多数教师认为调课后参加培训比较恰当。另外，组织外出培训，要比在校培训更受欢迎。

（六）组建多层次师资资源库，满足教师专业发展多样化需求

调查结果显示，来自教学一线的骨干教师、骨干班主任、教科研优秀教师，也就是身边的专家比较受老师们的欢迎，这就要求我们的培训师资队伍既要包含富有理论素养的高校专家，又要包含身边具有实践经验的教师典型代表。建议积极组建师训资源库，促进高校学科专家资源库与本校或区域内优秀教师资源的有效整合，粗粮细粮营养搭配。只有大学专家是无法满足广大教师的专业发展多样化需求并取得良好效果的。

另外，培训者的个人风格也对培训效果影响显著。在通常情况下，青年教师容易接受的不仅仅是学科领域中的佼佼者，而且还必须是充满正能量、语言幽默、举止优雅、互动亲切的人。因此，培训者也要转变观念，与时俱进。

第五篇

园本文化建设与教师培养

保育员队伍专业素养提升策略的研究
——以燕山地区幼儿园为例

北京市房山区燕山东风幼儿园　张德中

一、燕山地区幼儿园保育员队伍现状分析

为能够了解现阶段保育员队伍的真实情况，笔者运用调查问卷的方式，对燕山地区 7 所幼儿园的保育员进行了问卷调查。本项调查共下发问卷 60 份，回收问卷 60 份。下面对问卷的数据进行统计及分析。

（一）保育员基本情况

1. 年龄结构

数据显示（见图 5-1），目前的保育员以 41—50 岁的妇女为多数，占了总数的 50%，虽然她们有丰富的经验，但职业生涯马上要接近尾声，对专业的追求相对来说缺少内驱力。31—40 岁占 37%，20—30 岁的保育员仅占总数的 5%，说明保育员这个岗位不吸引年轻人，可见保育员在人们的印象中，还是属于比较低下的职业。

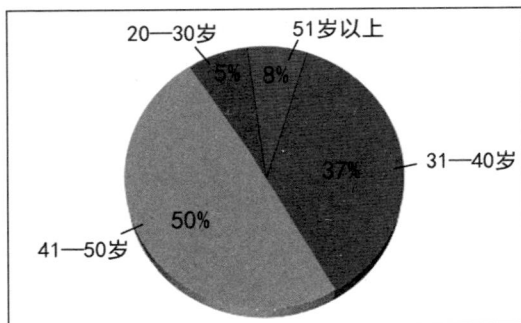

图 5-1　年龄结构分布

2. 学历层次

统计数据也显示（见图 5-2），在被调查的 60 位保育员中：初中学历只有 7 人，占 11.7%；高中或中专学历有 18 人，占 30%；大专学历有 31 人，占了总数的 51.7%。我们欣喜地发现，在这支队伍中，保育员队伍的学历结构，已经在发生变化，有由以前的低学历向中高学历发展的趋势。

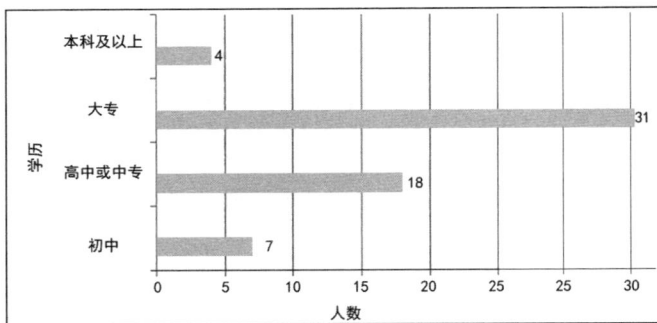

图 5-2　学历分布

3. 职业等级

数据显示（见图 5-3），各幼儿园中高级保育员占比达 70%（$42 \div 60 \times 100\% = 70\%$），说明保育员队伍在其专业的理论和技能上，应该具有较高的水平。

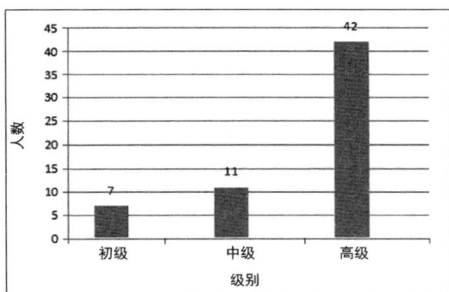

图 5-3　职业等级统计

（二）现有专业水平情况统计

1. 规范操作

在被调查的保育员中，100% 都能坚持每天严格按照规范进行卫生管理。这不仅反映出她们在卫生管理方面的专业知识比较丰富，技能比较娴熟，同时也反映出她们对工作一丝不苟的态度（见图 5-4）。

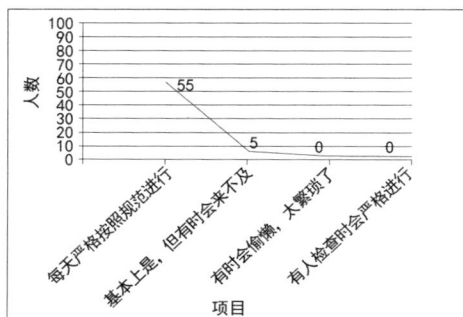

图 5-4 规范操作统计

2. 家长指导

从所调查的家长指导情况来看，84% 的保育员能够主动和家长沟通，还能向家长提出一些建议（见图 5-5）。笔者认为，这可能跟保育员的年龄有关，因为她们大部分都已经为人母，有过育儿经验，能把自己的亲身体验和家长分享。另外，来接送孩子的大部分是祖辈，他们比较关心的是孩子的养育，更能和保育员找到交流的话题。

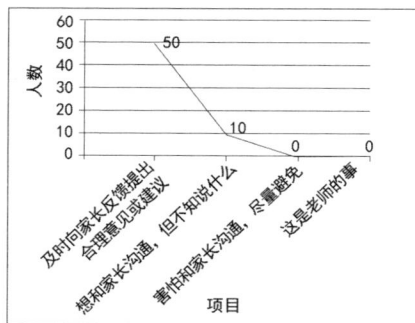

图 5-5 家长指导工作情况统计

3. 生活指导

生活指导方面的调查数据显示（见图 5-6），36.7% 的保育员还是认为该由老师负责指导，而自己则是在旁协助。另外，48.3% 的观点支持参与对孩子指导，但方法上还是有出入。因此，如何科学适宜地指导孩子生活，使保育员指导方式方法符合目前课程改革的理念，也是亟待各幼儿园解决的问题。

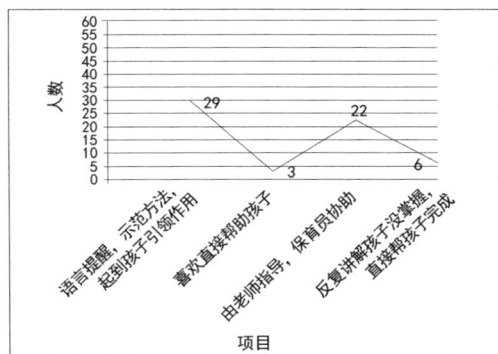

图 5-6　生活指导情况统计

4. 参与教学

我们可以清晰地发现，保育员对自己的专业素养认知大部分是明确的。她们知道哪些是规范的操作方式，也知道作为保育员除了要进行卫生管理之外，还应该参与对孩子的生活指导、参与幼儿园的教学活动，及时与家长沟通反馈，以取得更好的教育效果（见图5-7）。

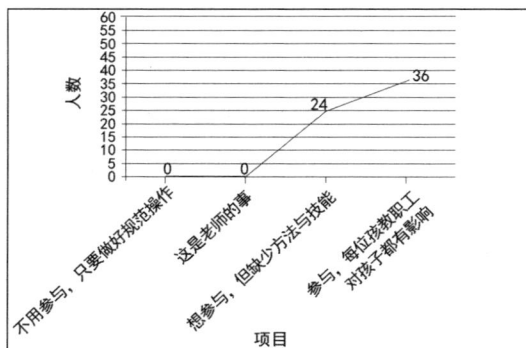

5-7　参与教学统计

（三）保育员培训情况

统计数据显示（见表 5-1），有 10% 的保育员除职业培训与园本培训之外，"参加过"系统的培训，而 6.7% 的保育员则表示"没这样的培训，从没参加过"，占 83.3% 的保育员表示"有时有培训，但不系统"。

表 5-1　培训情况统计

问题	选项	人次	百分比
除了保育员的职业培训与园本培训外，你还参加过系统培训吗？	参加过	6	10%
	有时有培训，但不系统	50	83.3%
	没这样的培训，从没参加过	4	6.7%
	总计	60	100%

二、开展促进保育员专业化的园本培训

园本培训摒弃了以往以僵化的书本知识为"本"的模式，结合活生生的工作实践、有针对性的培训，满足不同幼儿园、不同保育员的专业发展需要，是提高在职保育员专业水平的重要渠道。

（一）保育员园本培训的内容

保育员园本培训的内容来自四个方面。一是从保育员中来，在幼教工作中保育员会有许多问题，受理论水平与实践经验等诸多因素的限制，保育员解决问题是有困难的。幼儿园可以对这些问题进行收集与梳理，再组织大家讨论学习，解决问题。二是从孩子中来，孩子的一举一动，都可以是研究的话题。三是从管理中来，从管理的角度提出培训内容也是必不可少的。四是从热点中来，敏感捕捉政治、教育等方方面面的信息，对其进行筛选，形成园本培训的"教材"。根据这四方面的内容，保育员园本培训的内容可被划分为以下五类。

1. 人文素养类

针对保育员的人文素养的培训，内容比较宽泛，主要有师德教育、政治学习，以及《教师法》《教育法》《未成年人保护条例》等与幼儿教育相关的法律法规，还有重要的一部分培训内容是幼儿园的规章制度和保育员的工作职责。

2. 理论知识类

理论知识类的培训内容是指与保育员专业密切相关的理论，主要有幼儿心理学、学前教育学、幼儿园安全知识、幼儿保健学等。这些内容都有系统的理论体系，可以帮助保育员由浅入深地理解并

运用到实践中去。

3. 教育方法类

主要针对保育员在日常工作中所需要的一些教育方法，如观察幼儿的方法、指导幼儿游戏的方法、组织幼儿活动的基本流程、与家长沟通的方法、对幼儿进行生活管理与指导的方法等。

4. 技能技巧类

保育员的技能技巧内容很宽泛，而园本培训所指向的技能技巧，是指保育员在日常实践中用得到，并且是保育员自身比较薄弱的内容，主要有绘画、剪纸、手工、泥工、讲故事、唱歌等内容。这些技能技巧可以帮助保育员在组织活动时将枯燥乏味的内容形象化，能够调动幼儿的学习兴趣、激发幼儿行动的热情。

5. 现代技术类

科学技术在日新月异地发展着，教育技术也在不断地更新中。信息技术是现代教育人必须掌握的一门技术，保育员的园本培训，信息技术是必不可少的内容。保育员要学习使用网络资源、学习制作 PPT 和 Flash，这些技术都能帮助保育员在开展保育活动时事半功倍。

（二）保育员园本培训的主要形式

笔者走访了区级的四所幼儿园，在与幼儿园保育负责人访谈的过程中，了解到各幼儿园在保育员培训方面进行了多方面的尝试，培训形式丰富多样，也取得了一定实效。各幼儿园的培训形式大同小异，主要有以下几种。

1. 师徒带教

师徒带教有两个层面：一是保育员层面，高、初级保育员之间的带教，即由经验丰富的高级保育员带教新手保育员，在她们之间建立师徒关系；二是班级层面，即班级中的两位教师带教保育员，侧重在组织活动及指导幼儿游戏方面的带教，如观察方法、组织幼儿的策略、与家长沟通的方法等。

2. 案例研讨

案例研讨是培训负责人采用对某一实际情境进行描述而引起分析、讨论、演绎、归纳，最终解决实际问题的方法所选的案例，可以是一个片段、一个情节，也可以是一个完整的保育员参与活动的过程，案例来源于真实的教育世界，是发生在保育员身边的事情。这样她们在研讨的过程中，就能设身处地地从实际情景出发，设想解决问题的多种方案。案例分析的过程是保育员反思自身行为、整合已有经验和新获知识解决问题的过程。

3. 知识竞赛

知识竞赛的方式较多被运用在理论学习上。对原本枯燥的业务知识，以竞赛的方式加以巩固。因为有了竞赛，保育员的被动学习会转化为主动学习，将"要我记"转变成"我要记"，最终达到提高学习理论知识兴趣的目的。

4. 观摩讨论

观摩两个层面的活动。一是保育员层面，由培训负责人组织保育员去观摩某一位保育员的现场活动，如来园的游戏指导、运动中的生活指导等，在观摩的基础上一起来发现问题，总结经验，帮助保育员将他人的有效经验运用到自己的实践中去。二是教师层面，组织保育员观摩名优教师的教学录像、幼儿园内骨干教师的教学活动等。其目的是让保育员熟悉教学活动的组织过程，感受到教与学的方式，以及教师提问的策略与使幼儿有效回应的方法等，将这些经验迁移运用到保育员的实践中去，使保育员的专业素养得到纵向的提升。

5. 微格教学

微格教学的目的是提高保育员组织幼儿活动的能力。其开展的方式是：先由保育员确定某一生活保育方面内容，然后根据班级幼儿的情况设计活动过程，再在保育教研组活动上模拟教学；其他保育员针对这一教学过程，提出自己的看法，解决存在的问题，总结有效的方法，为保育员在班级中组织幼儿活动做好铺垫。

6. 专项活动

专项活动的目的性强且有较大的激励性。在幼儿园中，保育员的专项活动有"保育能手"评选、"师德标兵"评比、自制教玩具评比、讲故事比赛、幼儿个案评比等。这些活动能够激发保育员学理论、学技术、重实践的工作热情。除了幼儿园组织的专项活动之外，还可以由保育员来组织策划专项活动，让保育员在人际协调能力、组织能力、计划能力方面都得到提高，进一步促进保育员的自我完善，提高保育员的自身素质。

7. 保育教研组活动

保育教研组是保育员专业发展的基地。一方面，可以将管理者在日常检查过程中发现的问题作为教研活动的讨论话题，让保育员各抒己见，从而形成科学的共识，不断提高幼儿园的保教质量。另一方面，形成专题式、开放式的教研。借教研组这个平台，促进保育员在教学、研究方面的能力发展。根据她们在日常工作中表现出来的优势，让她们承担部分组织教研活动的任务，充分发挥保育员在教研活动中的主动性，增强保育员参与研究的深度和广度。除了以上形式之外，还有很多园本培训的方式，如"头脑风暴""主题辩论""活动展示"等，这些丰富多彩的方式在园本培训中大放异彩，使园本培训更具有实效。各园还充分利用园际合作的方式，共享资源，起到最佳的培训效果。

三、保育员工作绩效评价的主要方式与方法

（一）月考核

1.考核内容

月考核主要考核保育员在一个月中遵守规章制度、完成岗位工作职责以及完成保育任务的情况。将这些内容设计在考核表中，通过所占的不同分值比重，突出考核的重点（见表5-2）。

表5-2　保育员月常规工作考核表

一级指标	二级指标	考核标准	分值	自评	他评	园评
工作态度30%	职业操守	工作积极主动，团结同事，有协作精神，服从园内安排	5			
		遵守幼儿园规章制度，不迟到、不早退、不随便请假	5			
		使用礼貌用语，不大声喧哗，不训斥幼儿	5			
		对集体大型的卫生清扫、物资整理、物品搬运等工作积极配合	5			
		上班时间不做私事、聚众闲谈，遵守职业道德规范，坚守工作岗位	5			
		耐心、细心地对幼儿进行护理，无家长投诉	5			

续表

一级指标	二级指标		考核标准	分值	自评	他评	园评
工作内容 40%	生活管理	进餐	有效把握进食量，关注幼儿正确进餐方法及姿势，无催促进餐及餐间指责幼儿行为	3			
			鼓励、帮助进餐有困难或有特殊需求的幼儿	2			
		生活护理	根据气候冷暖及时为幼儿增减衣物	3			
			保持室内空气质量良好	3			
			培养幼儿良好的睡眠（入睡时间、睡姿）习惯，关注午、晚睡觉时衣服是否合适，随时为幼儿盖被子，提醒并照顾幼儿如厕	3			
			照顾小班幼儿如厕，培养中、大班幼儿自理能力，指导幼儿便后洗手	3			
			幼儿面部卫生、衣物整洁、离园时仪容仪表整理	2			
			无安全事故	3			
	卫生清洁消毒	环境卫生	床面、设备用具、玩教具整洁，布置得体，幼儿衣服摆放整齐	3			
			地面干净清爽，无垃圾、无积水、无异味	3			
			便池、便盆及时冲洗，无尿碱、无异味、无蚊蝇，地面无积水	3			
	卫生清洁消毒	生活教玩用品	每餐按要求对餐饮用具清洁消毒	3			
			每日按要求对毛巾（擦手、擦桌）、被褥、枕巾消毒	3			
			每周定时、按要求对木制、毛绒、书籍、塑料教玩具清洁消毒	3			

一级指标	二级指标	考核标准	分值	自评	他评	园评
岗位职责 30%	配班	能在教师组织下配合指导幼儿进行教学及活动	5			
		活动中配合指导幼儿正确使用或取放、整理教玩具	5			
	行为规范	无体罚、变相体罚、威胁、恐吓幼儿现象	5			
		客观、有礼地向家长反馈,交流幼儿在园生活情况	5			
		妥善保管幼儿衣物及班级设施、设备、物品	5			
	卫生	开展班级卫生清洁、物品消毒(方法、时间、内容)工作,相关表格记录及时正确	5			
总分			100			
最终得分(自评 10%+ 他评 30%+ 园评 60%)						

2. 考核方式

幼儿园保育员月考核的方式有保育员自评、他评、园评等。保育员自评即保育员对照考核内容与标准,通过自我反思与分析,对自身的保教效果进行价值判断。他评是由主管领导评价,根据平时检查及个人表现给出客观评价。园评是考核小组评价,考核小组由园长、副园长、保教主任及保健医组成。以三种方式相结合的形式推进月考核,既避免了自我评价较高的主观性,又避免了单一他评的片面性,使评价更加公正全面。每月应当记录好扣分的原因,让保育员们了解本月工作不足在哪里,明确下一个改进的方向,有助于不断提高保育员的工作质量。

（二）常规工作自查

1. 自查内容

保育员的常规工作都比较雷同，较多涉及规范操作，有量化的指标，如每学期开学准备工作、每天的消毒工作等。将这些内容制订成可自查的内容与标准，保育员通过对照标准衡量自己的行为，从而达到提高操作质量的目的。

2. 评价方式

保育员可以参考评价内容与标准，对自己的工作进行价值判断。但一般来说，自我评价容易出现较强的主观性，往往会出现满分现象，所以为了保证评价的公正，还需要他评及园评。自评占分数的10%，他评占30%，园评占60%。

（三）跟踪检查评价

所谓跟踪检查评价，是指由保健医负责，全程跟踪某一位保育员半天的工作情况，了解保育员在规范操作以及指导幼儿方面的优秀经验与不足，再通过当面指导与书面反馈的形式，向保育员提出工作改进的意见。这种评价方式对提高保育员的专业素养有很大的实效，所有评价的内容都是描述性的语言，避免了量化考评表格的单一，能够真实反映保育员的个性，发现她们的亮点。

（四）专项检查评价

所谓专项检查评价，是指针对保育员日常工作涉及的某一个或者几个方面的内容制定评价的标准，成立检查小组或者由专人负责，对这几项进行检查与评价，以评估保育员的专业水平，发现存在的不足，供管理层今后在开展具有针对性的培训与指导时参考，以不断提高保育员队伍的整体水平。专项检查评价的内容比较宽泛，大致可分以下几类。

1. 教学技能类

主要包括保育员组织幼儿活动时所需的一些基本专业技能，如讲故事、折纸、绘画、泥工、唱歌等。针对这些内容中的某项或几项，制定相应的评价标准，通过他评的方式检测保育员在这方面的水平。

2. 规范操作类

主要包括保育员对幼儿实施保育工作时所需的科学严谨的操作步骤与方法，如幼儿午餐准备、来园消毒工作、教玩具的清洁与消毒等。这几项内容有统一的标准，检查小组或人员能够按照这些标准评价保育员操作的规范性、速度以及工作的质量。

3. 组织指导类

主要包括保育员参与幼儿活动、指导幼儿的能力与方法，如对幼儿来园游戏的指导、对幼儿运动中自我生活护理的指导、对幼儿午餐和午睡的指导等。在《3—6岁儿童学习与发展指南》中有关于如何组织幼儿游戏、生活、运动的一些指导要点，以这些要点为导向，通过评价来提高保育员的专业素养。

4. 个案科研类

主要包括保育员对特殊幼儿的个案记录，如针对肥胖儿保育员制订的保育计划，有幼儿的基本情况、所要采取的措施与方法、幼儿在这些措施方法下的行为表现、幼儿的体重变化等，这些个案能够反映保育员在科学养育幼儿方面的专业水平。除个案之外，保育员参与教研活动的情况、保育员参与幼儿园保育课题的情况，都可以作为评价的内容。

5. 学期（学年）工作绩效的评价

学期（学年）工作绩效评价，是针对保育员在一个学期或一年的工作情况进行评价，选出学期（学年）的优秀者予以奖励，这种评价较多带有"奖惩"的目的，以此来调动保育员的积极性，促进保育员对自我专业发展提出更高要求。

（1）评价内容

综合保育员在一学期或学年中所有的表现，从"德能勤绩"四方面考评。考评过程中，保育员的工作总结、日常各种检查评价的内容都是依据。

（2）评价方式

一般先由保育员通过工作总结对自己一学期（学年）工作做个回顾，然后进行自我评价。考核小组根据日常检查评价情况以及保育员的自我评价，做出最终评价。评价结果要在园内进行公示，在所有教职工都知晓评价结果并无异议的情况下，学期（学年）工作绩效评价才算完成。

总之，幼儿的成长离不开保育员的照顾、支持和引导，保育员的成长离不开管理者的支持、培养和指导，幼儿园的发展离不开保育员队伍的建设。作为管理者，要依据保育员个人实际情况，提供有针对性的培训和指导，不断提升保育员队伍专业素养，形成一支团结向上、保中有教、勇于实践、勇于创新的保育队伍，从而推动保育工作质量的不断提高。

幼儿园教职工的园所文化认同现状及影响因素研究

——以星城幼儿园为例

星城幼儿园　陈　爽

幼儿园文化是社会文化的一种，是校园文化的纵向有机组成部分，在幼儿园管理中发挥着举足轻重的作用。幼儿园文化是幼儿园的灵魂，园所文化价值的发挥离不开幼儿园教育主体的认同，特别是幼儿园教职工的认同。幼儿园的文化教育理念和价值最终要通过幼儿园教职工认知上的理解、情感上的支持和行为上的践行来体现。对园所来说，幼儿园的文化建设有助于幼儿园管理工作的开展。幼儿园文化作为特定的存在，具有强有力的导向、凝聚和规范功能。文化的核心价值是有效提升教职工的使命与责任，从内涵层面整体提升幼儿园的办园品质。各幼儿园预想的园所文化能否落地、发挥作用决定了该园环境建设的样貌、园所管理方式的选择、课程设置以及教职工队伍的成长等多方面因素。所以说，幼儿园文化建设是幼儿园可持续发展的重要动力。

本文希望能够了解当前幼儿园教职工园所文化的认同现状，从中挖掘当前幼儿园在园所文化建设中遇到的困难，并从社会、幼儿园自身、个人三个方面深入分析导致这些问题的原因与影响因素，随之提出相应的完善应对策略，更好地增强幼儿园教职工群体的园所文化认同，服务当前教学发展。

一、幼儿园教职工文化认同存在的问题

园所文化是幼儿园的根，一般来说，幼儿园文化分为精神文化、制度文化、物质文化，三者特质不尽相同。

首先，相较于制度文化和物质文化而言，有相当一部分园长和幼儿园教师受传统观念的影响，忽视精神文化的建设。造成这种现状的主要原因有两点。一是园所文化的建设停留在表面形式上，并未对精神文化进行深入研究，比如为了吸引生源，幼儿园大肆宣传自己是蒙台梭利幼儿园，可在实际的教学实践中，园长以及老师对于蒙台梭利并不了解，只是借用这张美丽的皮来掩盖虚无的精神文化。另外，许多幼儿园认为园所文化的建立，就是在幼儿园可见的地方张贴显示本园文化的广告牌与标语牌。这样错误的认知会降低幼儿园教师对园所文化建设的热情，对本园园所文化持漠视态度，认为精神文化建设无关紧要。二是受市场经济的影响，为追求利润的最大化，许多幼儿园的教育目的不再纯粹，一切以满足家长的需求为目标，不考虑教育的科学性，在此过程中自然而然会忽视和放弃自身的园所文化。而幼儿园教师对园所文化的认同感也必然受影响。

其次，教师缺乏职业归属感。星城幼儿园教师群体在日常工作的过程中并没有感受到园所的重视。

部分老师表示学校当前并没有关注老师的职业规划，只是不断下达任务指令，老师完成日常工作是职责所在，完不成则是失职。在访谈中也有部分人表示出这方面的想法，由于受不到重视，无法发挥所长，面对越来越严峻的生存压力，如果有更好的机会或者平台就会选择离开。

最后，缺乏健全的制度文化建设。科学规范的幼儿园管理制度可以培育出自我管理、自我约束的制度文化。一方面，很多教师群体其实并不清楚学校的各项规章制度，也没有参与规章制度的制定，这种参与感的缺失既影响了教师的积极性，同时也导致教职工对现有的制度不了解、不认可，出现管理认知上的偏差；另一方面，健全的制度文化应该包含科学的教师评价体系，它是提高教师工作热情、促进教师专业成长的保障，但目前幼儿园没有出现科学化、标准化的教师评价体系，教学评价标准制定主体相对单一，评价方式还是传统的专断，缺乏人本性和民主性。

学校在制定学科教学评价标准的时候并没有根据学科特色进行，基本上大部分学科都采用统一的评价标准。一般来说，由学校领导与教育部门结合学科的特色来制定评价方案，这种"一刀切"式的教学评价模式忽视了被考评者自身的意见，导致教学评价缺乏弹性，无法真实有效地反映学科自身的特色，也影响了任课教师想要通过素质教育提升学生综合素养的积极性与主动性。这样的评价体系不考虑教师的接受程度，不结合每位教师自身的实际情况，是缺少教师的理解和认同的。这使得园所文化无法深入人心，获得幼儿园教师的认同。

因此，提升幼儿园教师对园所文化认同感应从以上三点做出努力。

二、幼儿园教职工文化认同的影响因素分析

（一）社会环境

社会环境影响因素主要体现在行业认可度相对较低上。第一，尽管一直以来我国非常关注教育，提出科教兴国、教育强国的发展战略，不断加强加大对教育的各项投入，但关注层面依旧停留在小学、初中、高中乃至高等教育层面。长久以来，社会大众对幼儿园老师的认知依旧停留在"带孩子"的层面上，将幼儿园老师简单认同为"保姆""托管"等，幼儿园老师与其他教育体系中老师的地位不均等。第二，由于工资水平较低，所以在家人朋友面前的认可程度较低，也无法取得社会人士的认同，社会地位不高。很多人都认为，幼儿园教师工作非常简单，没有任何技术含量，工作人员纯粹就是在混日子。第三，在日常工作中缺乏领导的重视，领导将"带孩子"视为一件很简单的事情，缺乏对于这一工作的理解与认可。由于缺乏社会、家庭、工作单位全面的认可与理解，长久下去，幼儿园教师就会面临职业困境。

（二）幼儿园管理

由于历史方面以及政策方面的遗留问题，一些具有一定实力的民办幼儿园迅速扩展为幼教集团，而一些实力不突出的民办性质的幼儿园到目前为止还依然处在家族式的、经验型的、间接式的事后管理状态。一直以来，我国幼儿园大致分为公办和民办两大主体，其中也不乏混合办园、集体办园等，就幼儿园的教育大环境来讲，幼儿园管理还趋向于"保守""谨慎""专制"的状态，相应地促成了"保守""谨慎""专制"的园风。此外，从上述调查来看，有部分被

调查者将自身园所文化认同度不高的影响因素归于学校。

第一，岗位配置不科学，通过现有的调查分析，可以发现很大部分的被调查者认为自己的能力没有得到有效的发挥，深究原因：一方面是学校招聘时并没有与应聘者深入沟通工作内容与要求；另一方面，教职工缺乏与岗位匹配的技能，也无法获得更换岗位的机会，进而影响教职工职业能力的展现与发挥，导致教职工缺乏对自己的认可，以至于难以认可学校文化。

第二，缺乏健全的考核激励机制。目前学校在开展教职工考核的时候，往往流于形式，过程过于简单，依旧以直线上级评价为主，考核结果往往具有非常强的主观性，会受到考核人的主观印象影响，使公平性停留于表面，日常工作效率与积极性低下，工作关注点侧重于领导关系处理。

第三，教职工福利多少与考核结果的相关性不强，多劳多得和能者多得的原则在考核过程中既没有得到应有的体现，也没有发挥作用。同一工作岗位，除学历和工作年限造成的收入差距外，其他待遇水平基本无差，绩效考核无法给教职工带来相对应的工作报酬，从而使职工逐渐失去积极主动的工作态度。

（三）个人因素

结合当前访谈的结果来看，有几个教职工在选择学校工作的时候并没有很深入地思考，也缺乏对自身岗位的理解与认知，完全是认为学校工作安稳才来应聘，由此导致后期融入学校文化时出现一些问题。部分老师能够快速实现自我调整，能够调整心态，真正地融入当前学校组织，但依旧有部分老师缺乏对学校的认可。

近些年来，幼儿园在招聘的时候相应提高了学历要求，致使老师整体的文化水平有所提高，专业知识相应得到了提高。幼儿园的教学价值观以及思维模式也发生了诸多的改变。在这个过程中，他们的价值观、思维方式、行为方式时常处于一个个矛盾中，是该创新还是保守、是该标新立异还是绝对服从、是学西方教育还是守中国教育等，这些问题时常让一线幼儿园教师苦恼。这说明了一个重要的问题，知识水平的高低不等同于思想觉悟的高低。相对于其他社会领域的职业群体，幼儿园教师的职业思想觉悟略显慢几个节拍，对自身的职业发展规划模糊不清，缺乏对职业规划的认知与了解，由此导致对岗位认知出现偏差，进而无法突破瓶颈。

此外，市场曾经出现的"虐童"事件表明，一个合格的幼儿教师不能仅有高文凭，基本的"爱儿童"的价值观和教育行为才是至关重要的。只有具有了较高的学前教育教学思想觉悟，才能有正确的教育教学行为方式。

三、提升教职工园所文化认同的策略

（一）社会角度

幼儿园在我国社会发展中有着不可替代的作用，幼儿园工作人员也是国家建设的重要推动力量。从社会角度出发，了解社会对幼儿园办学的具体需求，把握幼儿园办学的发展方向，提升办园满意度。从幼儿园角度出发，调整社会各界对于幼儿园教职工的评价，保障教职工的合法利益，提升行业认可度。

（二）学校角度

第一，营造良好的工作环境。良好的工作环境可以提高集体的凝聚力和向心力，也可以有效提升教职工工作效率。这里所阐述的工作环境主要包括硬件设施和软件设施两部分。所谓硬件设施，是指保证日常工作运行所需的办公用品、教学设备、科研仪器以及相应配套设施等。从这一层面出发，幼儿园需要完善后勤保障人员配备，保障办公区域干净整洁，各项设施能够正常使用，同时要确保各个教职工能够正常使用各项办公设施。合适的硬件设施是推动工作高效进行的保障，同时也有利于职工的身心健康。软件设施是指与基层教职工有关的环境，改善软件设施环境也可以改善对基层管理人员的管理，具体可以从以下几点入手。

1. 注重工作氛围营造，采取人性化管理措施。良好的工作氛围是推进工作的润滑剂，互助互信、团结友爱的工作氛围可以通过人性化管理来实现。

2. 学校人事管理以及工会等部门在日常管理时可以注入一些人文色彩，切实了解幼儿园教职工的内心需求、兴趣爱好以及价值取向，为他们创造更为民主、自由、宽松的人文工作环境。

3. 注重学校文化建设，建立良好的沟通反馈机制。教职工是一个院校运作的基础。如果所有教职工都能坚持园所文化精神，紧密团结地热情工作，就会形成学校发展最稳定、坚实的基石。反之，如果内部的教职工纪律涣散、对于学校没有信任和荣誉感，对于工作没有热情和责任感，离职率高、流动大，学校就会像一盘散沙，不仅用人成本和时间成本增多，工作也难以推进。而想要真正在教职工心中植入园所文化，最重要、最关键的是影响教职工，最开始的一步就应该是了解教职工。只有教职工的声音被听到了，教职工才会愿意真正认同接受园所文化。

第二，加强教职工福利制度建设。

1.完善工会体系制度。为教职工购买意外、重疾等相关保险服务，加强教职工对学校的依赖性与信任感，通过工会活动，提升教职工队伍凝聚力。

2.为教职工提供各式各样的福利服务。例如为教职工提供文体设施，开创瑜伽、舞蹈等不同的社团，开展心理调查、咨询、心理讲座等活动，满足教职工日常生活上的个性需求，释放教职工压力，提高教职工工作生活的积极性。

3.通畅上下沟通渠道，多开展合理化建议征集、谈心等工作。及时掌握教职工在工作、生活等多层面的困难、问题，第一时间解决或调整。

第三，优化绩效管理机制，提升绩效考核执行力。薪酬是岗位价值的体现，具有清晰的结构和明确的职责。在工作职责的基础上，加上任职资历，确定合理的价值和补偿区间，还要根据个人能力以及性能水平等，在综合多方面的因素后确定个体实际工资。与此同时还要提升绩效考核的执行力。绩效考核是复杂的过程，与多个因素相关，要采用系统的方法和原理进行考核，对员工的职务中的工作行为进行考查，并且评定工作效果。

第四，提升教职工群体对学校决策的参与度。现阶段，教师参与学校管理主要是提供一定的建议与看法，一些重大决策依旧是由管理层做主，很多时候难以保障教师群体自身权利。因此，学校在制定管理决策的时候应该积极鼓励教师群体参与探讨。此外，教师参与管理，还需充分考虑决策的时效性、结构等问题，如奖金分配制度的制定，不仅需要定义工作岗位，还需要定义工作量，否则容易引发教师彼此恶性竞争的局面，导致决策意见无法统一。在制定各项制度的时候需要得到教职工的认可，由教职工代表参与制定，并取得大部分教师的认同，确保资金分配的平衡性。

概括来说，就是能够尽可能满足教职工需求，从生活上解决教职工后顾之忧，在工作上扬长避短，个性化地满足成长需要，提升教职工价值感。

（三）个人角度

第一，清晰认知自己的能力，结合自己职业发展的目标，形成客观公正的自我评价，评价可以包含知识素养、能力水平、个性特征等多个方面。不同的目标设定决定了不同的实现方法，因此在总目标不变的情况下，可以根据每阶段职业发展状态、外部条件变化，灵活调整这一时期的目标，分段实现。

第二，幼儿园发展战略是个人发展的风向标，及时关注幼儿园发展动态，据此调整自身的目标并与之同步，找到适合自己的岗位，提升自己的竞争实力，从而使自己能够在岗位上获取更高层次的满足感。

第三，开展积极主动的学习与技能提升，培养更为广泛的兴趣爱好，从而能够积极面对繁琐的工作内容，能够从内心深处化解工作中所遭遇到的不愉快，通过运动、娱乐、休闲等方式来释放压力，减少工作所带来的心理压力，积极探索新的领域，才不会感到工作的乏味，从而能够从枯燥的工作中解脱出来，寻找更为深层次的需求满足。

幼儿园文化是社会文化的一种，是校园文化的纵向有机组成部分，在幼儿园管理中发挥着举足轻重的作用。本研究立足于星城幼儿园，在进行文献综述基础上，使用问卷调查与访谈调查方法探讨幼儿园教师文化认同中存在的问题，从社会环境、幼儿园管理、个人因素三个方面分析了影响幼儿园教职工文化认同的因素，针对这些因素，提出提高行业认可度、加强学校关注重视、开展积极主动的学习以提升自己能力等应对策略。

构建促进教师专业发展的分层园本培训的实践研究

燕山迎风幼儿园　　王娇凤

一、选题缘由

　　教师的专业化发展是教育现代化的根本要求，是幼儿园可持续发展的重要基石，而园本培训是提高师资质量、提升保教水平的主要渠道。但我们发现，在针对幼儿教师专业培训方面，单一的园本培训已经脱离了现阶段教师专业化发展的道路，分层园本培训这一概念的提出可以更好地针对不同层次教师进行合理化培训，从而达到提升幼儿园专任教师的专业能力，进而促进幼儿园专业化发展的目的。专业发展是一个长期的过程，在推进分层园本培训实践研究中促进教师专业化发展，既覆盖了全体教师，又能针对教师的个性化特点，给教师的专业化发展提供全方位的支持。这一课题的研究对提升办园质量，凸显办园特色，促进教师专业化发展具有重要的理论意义和现实意义。

二、现状分析

　　目前来看，国内外众多学者及很多幼儿园对园本培训做出了大量的实践研究，能够为入职年限不同、学历层次不同、发展水平不同、个人需求不同的教师提供多种学习培训机会，以弥补教师职前教育的不足，满足专业化发展的需求。总体来说，分层园本培训的实践研究是教师专业化发展的一个重要的、有效的途径。在专家研究的基础上，我们将从我们幼儿园、我们的老师的实际需要出发，以我园为培训基地，按不同需求组织开展园本培训，并且进一步丰富园本培训的内容，构建分层园本培训模式，形成园所培训特色，促进教师专业化发展，提升幼儿园保教工作质量。通过问卷调查，了解园所教师的现状及需求，探究其存在的问题，分析问题产生的原因，从而达到按需施训的目标。

三、研究内容

（一）研究目标

1. 关注园所和教师的实际需要，以我园为培训基地，达到按需施训的目标。

2. 进一步丰富园本培训的内容，构建分层园本培训模式，形成园所特色。

3. 通过对分层园本培训进行研究，促进教师专业发展，提升幼儿园保教工作质量。

（二）研究内容

1. 调查园所教师的现状及需求，探究其存在的问题，分析问题产生的原因，从而达到按需施训的目标。

2. 针对教师的专业发展要求，构建分层园本培训模式。

四、研究过程

（一）调查设计与实施

目前，幼儿园虽然制定了培训内容及模式，但一贯采用"一刀切"式培训。现在看来，教师培训模式改革迫在眉睫。因此，我们试图通过问卷调查深入了解不同层次、不同特点的教师现状与需求，剖析以往培训的有益经验和不足之处，探讨符合我园情况的分层园本培训机制，并为其他园所园本培训模式提供借鉴。

1.调查目的及调查问卷设计

（1）调查目的

实践证明，培训内容和培训形式是否科学，应以参加培训的教师的需求为准绳，否则培训就是低效的培训。调查目的是：从调查了解入手，了解不同层次教师的现状与需要，把握教师成长动态，结合问卷中的问题追根溯源，找到问题所在，从而实施有效的园本培训，使园本培训更加契合教师成长的实际需求和成长规律，促进教师进行准确的职业定位，提升教师的专业化水平，使园本培训工作更加专业科学有实效。

（2）调查问卷设计

根据我园现实情况和教师特点，我们设计了《迎风幼儿园专任教师园本培训需求调查问卷》，通过问卷获取大量数据，并对问卷进行分析，了解参与教师的各方面情况，发现存在的问题。问卷主要包括两个部分，即个人基本资料以及培训需求调查。

（二）问卷分析

本次问卷调查对象的主体是：迎风幼儿园专任教师，其中包含 15 名教师，1 名保教干部。本次调查共发放问卷 16 份，回收 16 份，有效率 100%。

1. 个人基本资料调查及分析

迎风幼儿园专任教师年龄主要集中在 20—25 岁，整体呈现年轻化的趋势。青年教师富有朝气，有活力，工作热情高，接受能力强，乐于学习，整体具有较强的可塑性。这得益于燕山办事处、燕山教委对学前教育的重视，3 年来他们从人力、物力、财力等方面大力支持学前教育发展。

从学历上看，大专及以上学历达到 100%，其中本科学历占 56%。整体学历水平较高，为园本培训的开展和实施奠定了良好的基础。

从教龄及职称上看，我们将教师划分为三个类别。

（1）职初期教师

职初期教师占 25%。其优势：精力充沛、工作热情高；孩子喜欢年轻教师；接受新事物、新观点的能力较强；愿意接受有挑战性的任务，敢于创新。其不足：一日生活各环节指导能力欠缺；教育教学能力不足；与家长沟通的能力不强，欠缺经验。

（2）成长期教师

成长期教师占 43.75%。其优势：有一定的教育教学基础；能够独立带班，有丰富的班级管理经验；善于研究；创新意识强，是园所各项工作的骨干力量。其不足：学科特色不明显，没有形成自己的教育风格，引领辐射作用还不够明显。

（3）成熟期教师

成熟期教师占 31.25%。其优势：具有丰富的教育理论，基础教育教学经验丰富，具有一定的班级管理经验，家园工作有经验、有方法。其不足：工作缺乏积极主动性，有倦怠情绪，不易接受新事物、新理念，对自身专业发展要求不高，研究意识、创新意识薄弱。

2. 教师专业能力现状与培训需求调查的分析

87.5% 的教师认为目前缺乏对新的教育教学方法的了解和运用，62.5% 的教师认为缺乏教育科学研究的意识和方法，有 50% 的老师认为知识陈旧老化。

教师教育教学专业能力方面比较欠缺的地方包括：首先是教学设计能力（68.75%），其次是观察和解读幼儿行为的能力（62.5%）、教学反思能力（62.5%）、教学科研能力（62.5%），最后是舞蹈及边弹边唱能力（56.25%）、言语表达能力（43.75%）、教学资源运用（43.75%）、环境创设能力（37.5%）、教学评价能力（37.5%）、家长工作能力（37.5%）、教学实施能力（37.5%）、技术工具运用（31.25%）、教育支持能力（25%）、课堂表现力（18.75%）、教学组织能力（18.75%）。

教师认为最有效的培训模式为听优质课（75%），其次为案例讨论与分析（56.25%）、考查观摩（56.25%）、参与式培训（56.25%）、现场研修（56.25%），最后为园际交流（43.75%）、短期课程培训（37.5%）、专题讲座（37.5%）、专题研讨会（31.25%）、课题研究（25%）、经验分享（25%）、师带徒（18.75%）、中长期课程培训（12.5%）、自主学习与反思（6.25%）、网络学习（6.25%）。

教师最希望获得的培训内容是游戏活动的支持与引导（87.5%），其次是教育教学设计组织实施（68.75%）、一日生活的组织与实施

（62.5%）、主题环境与区域创设（62.5%），最后是幼儿评价（50%）、教研活动的组织开展（43.75%）、幼儿心理健康知识（43.75%）、信息技术的运用（43.75%）、家园沟通（25%）、学前教育理念知识（18.75%）、班级常规及安全管理（18.75%）、论文撰写方法和技巧（18.75%）、个别幼儿的教育（12.5%）。

五、提升对策

鉴于幼儿园需求与教师共性个性需求不同，深入剖析幼儿教师需求，采用不同形式进行培训，探索分层园本培训形式及内容。

（一）深入一线，查摆问题

幼儿园组织教学干部深入一线，通过不断地、连续地观察、比较、询问等方式了解教师存在问题，并根据问题制定园本培训实施策略。例如本学期我们主要观察研究数学区，通过看数学区来反观老师存在的问题。当我们把目光转向教育现场时，我们发现数学区投放的材料不均衡，基本上全是数字类的玩具和材料，孩子根本不玩，甚至整个区幼儿都很少光顾。基于这个现状，我们进行了深入分析：一是玩具少、材料单一、结构不均衡，原因是教师对数学领域的核心概念把握不清晰；二是材料没有及时更换，原因是教师对幼儿、对材料、对幼儿与材料的互动还缺乏有效观察和了解。因此，园本培训的一个方面就是从梳理核心经验入手，使老师在清晰理论的基础上再在实践中找问题。这是存在的共性问题，还有教师个性化问题，比如对幼儿年龄特点掌握不到位、心中无目标、眼中无幼儿、不能做到适时介入幼儿游戏等。针对教师个性问题我们采取直接指出、个别指导、分层培训等不同方式。

（二）共性需求，集体培训

通过观察和调查问卷分析发现，教师需求存在许多共性。共性问题将采用集体培训的方式，实现最佳效果。

1.针对专业理念方面的培训

如针对问卷中出现的共性问题之一，教师欠缺对于新理念的掌握与运用，我园采用"专题讲座＋案例分析解读"的方式解决。我们邀请专家名园长针对新理念进行全员培训；培训后开展第一次研讨交流，针对培训谈一谈自己在工作中出现的问题；带着问题和解决措施开展实践；接着进行第二次反思研讨，通过一段时间实践，说一说整改情况，再一次提出存在问题，大家一起研讨……在学习培训、反思研讨、实践反馈的循环往复中，提升教师教育理念，这是教师们喜闻乐见的形式。

教师教学活动设计与区域环境创设也是共性问题，针对教师们的需求，我园采用了线上培训方式，请专家为教师进行集体培训，职初期教师对具体做法进行解读，成长期教师结合自身经验进行解读，成熟期教师则有了更多的理论基础，其效果是事半功倍的。

2.针对专业能力方面的培训

（1）整合资源，形成合力

对职初期和成长期教师而言，一日生活活动和教育活动设计与实施需求是优先的，我们采用"现场观摩＋交流研讨＋自我反思＋交流展示"相结合的培训方式。我园老教师基本功扎实并有丰富的经验，能够针对一日生活活动及教育活动对职初期教师和成长期教师进行培训，从中交流自身收获，达到相互学习的目的。

舞蹈是青年教师基本功中的一项弱势，因此，邀请园所骨干教师为教师做舞蹈系列培训，从基本舞步到动作表情，从学习舞蹈到创编舞蹈，最后以小组为单位进行展示，在这个过程中充分体现了何谓双向学习，最后达成的效果十分显著。

在教师日常工作中撰写的幼儿观察记录发现，不论新老教师都缺乏观察幼儿的能力，于是我园将教师们聚集在一起，设计了系列培训。园长——"世界咖啡"有效观察幼儿；专家——区域中如何观察幼儿行为；保教组长——科研从规范做起……层层递进，对园所内外资源进行整合，从观察幼儿到理解幼儿，再到规范撰写观察记录，具有良好的实际效果。

（2）师徒结对，共同成长

为充分发挥成熟教师与骨干教师的"传""帮""带"作用，我园以"师徒结对"为突破口，采取"多帮一师徒结对"有效新形式。每学年我们都会为新入职教师选派思想品德高、业务能力强、经验丰富的成熟期教师作为新入职教师的师傅。制订实施方案，对师徒都提出工作要求和责任清单：师傅每学期至少听徒弟 4～8 次教育活动，每周查看 1 次日计划并观摩 1 个半日活动等；徒弟遇到问题及时向师傅请教，按照清单完成工作安排。师徒根据各自优点特长相互学习，有的青年教师电脑使用能力强于成熟期教师，这样师徒可以相互学习支持。

而传统意义上的一对一师徒结对，在教育更迭如此迅速的时代，也亟待革新。我园经过一段时期的实践与研究发现，新教师的成长不仅需要师傅的"传"与"带"，更需要多方合力的帮助。每位教师的特点不同、风格不同、教育手段不同，要让青年教师与不同教师进行交流、学习与碰撞，多角度、立体式相互切磋、融洽关系、相互提高。

（三）个性需求，分层培训

不能只从教龄、教师的成熟度来划分，也不能单以园方角度来定夺，分层应关注教师所产生的问题和个体需求，根据教师的不同特点，区分不同的教师群体。作为园所的领头羊，研训者首先要有正确的教育观念、过硬的专业素质，为此，研训者本身也有计划地参与到各类培训活动中，通过走出去、请进来、结对互助等多种形式，接受学前教育最前沿的理论，关注教师队伍中的焦点问题，有针对性地参与园本培训活动。

针对不同层次的教师组织不同的比赛，如在"课堂教学展示课"活动中，根据教师们的不同层次，分别进行成熟期教师示范课、成长期教师自荐课、职初期教师过关课。

1. 针对职初期教师

对职初期教师，幼儿园需要进行全面观察与科学分析，确定其现有发展水平，以及将进行的职业素养培训和专业技能培训内容，在此基础上，让有经验的成长期教师对职初期教师进行教育、教学经验的传授与指导，尽快让职初期教师熟悉幼儿园的一日工作流程，并让其掌握教学设计的专业技能，从而促进职初期教师整体专业化水平的提升。此外，应为职初期教师提供机会观摩其他教师的教学活动，让其在观摩中学习新方法、找到新思路，进而在实践中找到自身的不足，便于职初期教师的自我完善，巩固幼儿园的教学基础。

2. 针对成长期教师

成长期教师是幼儿园发展的中坚力量。重点岗位用重兵，在针对成长期教师进行培训指导的时候，需要结合各种类型的教学模式进行不同方面引导，让成长期教师吸取好的教学经验，再结合自身教学经验中的优势对自己固有的授学形式进行改进，逐步完善自己的教学形式。成长期教师在教学过程中应加强对幼儿的重视程度，针对每个幼儿不同的需求进行教育指导，从而提高自身的专业素养。

3. 针对成熟期教师

成熟期教师入职多年，已经积累了非常多的教学经验。在针对成熟期教师培训时，我们鼓励他们追高逐远，学习先进的教学理论并加强在实践中对先进教学理论的运用，逐步提升成熟期教师的研究探索能力，在结合幼儿园发展的实际情况与教学安排等因素的基础上，利用先进的教学理论知识对幼儿园提出有针对性的改革与创新意见。推动其发挥特长，组织成熟期教师承担教育理论讲座、教育技能培训、师德师风建设以及指导职初期教师的任务，使得这些教师在培训过程中互相学习，共同提升。

（四）问题生成，随机培训

教师的培训不应局限于计划，要关注教师个体的发展水平，着眼于教师教育教学中存在的实际问题，形成一个个"问题群"。关注教师日常活动中实际的问题与需求，把教师的实际需求作为培训内容，牢牢把握住教师的发展需要，以培训为契机，保障教师的专业发展，发挥教师潜能，使得教师在工作中积累更多相关经验、获取专业成长知识、稳步提升研讨能力。我国采用"沙龙式""研讨式"等方式，先后组织了幼儿一日生活设计与实施、课题的选择与撰写、区域活动中有效观察幼儿、保健保育知识、有效促进家园沟通的策略、信息技术应用知识和技能等多方面、全方位的培训。

综上所述，"需求生成、分层培训"园本培训模式，是多向互动、循环发展、螺旋上升的。通过对不同层次的教师观察、了解和科学分析，按需供给，既满足不同层次、不同水平的教师对于专业化提升需求，又起到促进教师持久和充满动力地学习的作用，最终形成金字塔形教师队伍结构，实现园所教师队伍素质的动态提升。

幼儿园青年教师专业化发展实践研究

燕山小天使幼儿园　张　姗

纵观国内外关于幼儿园青年教师培养的研究，国内外对青年教师的培养还缺乏系统有效的机制，没有完整的模式，尽管从教育行政部门到幼儿园都提出了一些对教师培养的方法、措施、评价等，但是宏观层面的机制很难符合学校青年教师实际发展状况，同时学校在管理上缺乏完整的激励青年教师实现自我发展的措施。在前人研究的基础上，依托教师成长俱乐部活动的开展，本文试图构建青年教师主题式培养机制。

青年教师作为幼儿园实施教育教学的主力军，其专业发展尤为重要。然而现在青年教师在成长中出现一些共性问题：专业研究主观能动性不强，不善于总结教学得与失，撰写教学论文、发表论文的意识淡薄。从青年教师现状分析，部分青年教师缺乏自我发展的内在动力。

一、幼儿园青年教师（职初期、发展期、成熟期）职业发展存在问题

（一）部分职初期教师对职业价值认识不足

职初期教师，大部分是受到他人的影响而选择教师职业的。在职业观念上存在着一定的不适应，并不是所有职初期教师都认同教师职业的崇高价值，更对教师职业的意义与未来发展缺乏坚定的信

念，这就直接导致他们的岗位定向不明确，很多人是怀着教师这份职业工作稳定的心态才走上教师岗位的。

（二）角色转换迟滞

职初期 1—3 年的教师，面临学生角色与职业角色的一次根本转换。这一角色转换的任务较为艰巨、难度较大，不少职初期教师是欠成功的。他们明了社会对教师的角色期望，但仍然沿袭原来作为受教育者（即学生）的行为模式，不能完全认同并遵循教师角色规范。

（三）从业能力不足

每一位青年教师虽经职前系统的专业学习，初步掌握了有关教育教学的理论知识，但将理论转换为实践的能力不是一蹴而就的，因而他们往往在教育教学、组织管理等方面缺乏操作能力。一般地，对于绝大部分教师来说，从业能力不足只是暂时现象，不懈的教育实践会使他们的能力不断得到提高并逐步积累起教育经验。教师强烈的自我提高意识是极为重要的动力因素，要把自我提高提上日程，利用一切机会锻炼自己，努力增强从业能力并逐步形成坚定的职业自信心。对于发展期 5—10 年、10 年以上教龄的青年教师来说，他们往往缺少更新观念、及时补充专业知识、提升技能的意识和实践收获，对待工作凭自我经验解决，应付敷衍，这必将对教师的从业能力发展形成障碍。

二、幼儿园青年教师分层专业化培养的策略

对青年教师应有科学性、前瞻性、实效性的培养思路，要使青

年教师培养工作在 21 世纪上一个新台阶，符合时代发展的新要求，应该在培养模式、机制、重点等策略方面做好文章、形成特色。

（一）突出阶段性培养重点、循序渐进、逐步发展

1. 对职初期（0—2 年教龄）的青年教师主要是进行基础性内容的培养，工作从应知应会着手，使青年教师掌握教育教学的常规要求和教学技能，形成一套有效的工作常规。将教师行为规范放在工作首位，在日常的教育教学经验积累的过程中，能够把以讲解为主的教学活动转化为以组织学习为主的教学活动，以至崭露头角。

引导职初期的青年教师成为"理智取向型"的教师，倡导此阶段青年教师开展渗透性学习。针对幼儿教师群体的素质和特点，倡导渗透性学习，对于幼儿教师成为终身学习者、提高自身综合素质将大有帮助。建立适应教师个人专业成长的内在动力系统，对于促进教师个人专业成长来说尤为重要。

2. 成才期（3—5 年教龄）阶段可以使青年教师从完成常规工作到掌握丰富教学方法，具有较强的幼儿教育理念、具有强烈的儿童观，能够组织幼儿开展有效教学与行动学习，可以熟练地掌握教师互助技能，经常与其他教师一起评价、探讨幼儿学习的反应，积极地开展同伴间相互学习，力争有更多的教学能力突出的青年教师或教坛新秀。

3. 发展期（6—10 年及以上教龄）主要是发展性培养阶段。按照每个青年教师个性发展的趋势，进行分类培养。首先培养此阶段的教师具有先进的教育观念、扎实的教育理论和独特的教学风格，使这部分青年教师向学科带头人、名师方向发展；其次使他们根据自己的教学特点，培养自身较强的科研能力，进行高层次自我发展。

　　鼓励发展期的青年教师成为"特色型"的教师。具有一定教学经验的教师会在工作的基础上，形成自己的特色和专长，并加以深入探索和实践，以此形成自己的优势和风格。

三、提升青年教师自我反思能力

　　教师不是理所当然的教育者，也不是做了充分准备才去做教师的，而是需要在实践中持续不断地学习，教学相长，逐渐地形成实际的教育教学能力，领悟教育的真谛。

　　记录身边的小事，讲述教师自己的故事，是一种自我教育的有效方式，而且便于实施。幼儿教师的工作，乃至其职业经历就是由许多繁杂琐碎的小事串联而成的。其实小事不小，因为它常常具有某种意义或价值。教师如果能将这些日常生活中的小事或教育实践记录下来，就可以将其作为日后反思、回顾自己专业经历的素材。

（一）职初期的青年教师撰写自己的成长小故事

　　以个人的方式描述、记录自己的教育教学过程中特定的教育情境、事件，以及其中相互作用的人际关系，并加以分析、思考，可以使自己的个人经历与职业产生联系，从而认识自己的行为和自身专业发展。对每天经历着的各种各样的事件和故事进行一定的思维加工，将其以文字的形式呈现出来，就形成了生动的教育故事、案例。教师记录自己的故事，可以帮助自己积累教育教学经验，清楚地认识自己工作中面临的重点和难点，促进教师对自身行为的反思。

　　记录是教师对以往的教育教学经历予以整理、归纳、概括、评价和再认识的过程，以便更好地调节和控制自己的教育行为，引起事件的某种改进，从而改进教育实践和提高教育质量，由此实现经验的总结与专业成长。

（二）成才期的青年教师撰写教育教学故事（案例）

通过记录和讲述自己的故事，进行案例研究，有助于教师认识和理解自己的教育行为，增强自我意识，在自身经历与日常工作、职业之间建立联系，成为自身专业发展的主人。

案例写作是以书面形式反映教师的教育教学经历，展示教师在教育实践中发现问题、分析问题、解决问题的过程与方法、经验与教训，这种个人的经验也可以成为大家共享的经验。

通过见诸文字可以强化教师对自己教育教学能力的认识，促使教师把关注点集中在一些根本性问题上。随着这些文字材料的增多，教师就会发现自身工作中的难点究竟在哪里，今后的努力方向应该是什么，从而积累自己的教育职业经验，不断回顾自己走过的道路，促进教师个人的成长和发展。

（三）发展期的青年教师撰写自己的教育日志

教师要把撰写教育日志作为自己工作的一部分，作为一个整理自己观点和思路的机会，要把外部要求转换为自己的内部需要。如果教师能够及时地将自己从事教育教学工作的所做、所为、所见、所闻乃至所感记录在案，养成持续记录教育日志的习惯，那么，教育日志就会成为教师职业生涯中自我专业成长的"同行伴侣"。作为发展期的教师，要懂得"研究始于问题"，教师要让自己有一双发现问题的眼睛，培养自己的问题意识，而不是凭借自己的工作经验见怪不怪、熟视无睹或无所用心。只有将理论联系实际，不断与自己进行专业对话，才能形成教育实践的智慧，实现专业成长。

四、结合办园理念，形成"留人—育人—立人"一体化的培养模式

所谓一体化培养模式，体现的是整体性框架，而不是单一零散的师资培训工作。总的说来，对青年教师的培养要有"留人—育人—立人"一体化的观念和培养措施。在这三者中，留人是培养工作的前提，育人是培养工作的中心，立人是培养工作的目标。要开创"留得住，育得好，立得稳"的青年教师培养工作的新局面，必须做好如下工作。

（一）以留人促育人

育人的基础是留人，留得住人才能更好地育人。在留人工作中，既要讲事业，也要投入感情，还要考虑待遇。

1. 用事业留人

为广大青年教师构筑追求事业理想、个体发展的时间与空间，创建施展个人才能的舞台，支持他们实现积极的人生价值。

一是激发教师的自我发展动力。通过引导教师主动学习先进人物的思想，发现自己的需要与幼儿需要的结合点，主动提升自身思想境界等方法，帮助他们树立正确的自我价值观念，发现人生的意义，增强责任感和成就动机。

二是为教师提供发掘潜能的空间。为教师开发潜能创造条件，使他们不断发现与挖掘自己的潜能，注重教师在工作中的挑战性、愉悦性和发展性。

2. 用感情留人

要有全方位、全过程、全人员的关心、理解、尊重、支持青年教师成长的环境氛围与具体措施。

一是园内组织的各项活动都要以尊重教师独立的人格与尊严为原则，一切活动都把"尊重每一个人"放在首位，尊重每一个人的意见，通过"举手"或"投票"决定幼儿园的大事小情。

二是尊重每个人的个性与能力，让人人都能看到自己的价值，根据教师的兴趣创设青年教师美术社团、舞蹈社团、非洲鼓社团、剪纸社团等，结合教师的爱好，大胆让青年教师组织月饼DIY、牛轧糖制作、插花、多肉造景等具有特色的工会活动，营造富有凝聚力的群体氛围，使每位成员彼此尊重、真诚相助。

（二）以育人求立人

立人的关键在于育人，育得好才会立得稳。在培养过程中要明确"立人"的目标，通过为青年教师创造"立人"的条件与环境，开展各种"育人"活动。

1. 帮助青年教师树立终身学习目标

一是组织职初期的青年教师开展以师德为核心的规范化教育。与青年教师共同制定师德公约，教育青年教师爱岗敬业、甘于奉献。在日常的教育教学活动中，根据青年教师的具体工作情况，围绕爱心、耐心、热心、诚心开展思想建设活动，让青年教师始终保持职业的高度自觉，在保证思想学习、思想动向始终不偏离的情况下，关注自身专业发展。

二是带领成才期的青年教师制定个人奋斗目标。科学而可达到的奋斗目标是鼓舞人进取的精神动力。通过建立青年教师成长档案的方式，实时关注、总结个人成长状况，激励他们继续学习。

三是关注发展期青年教师的思想工作。这一发展阶段青年教师在工作上取得了一些成绩，工作热情高，但大多数年龄处于30—35周岁，情绪比较容易受客观条件的影响。所以，当他们取得成绩时，我们要注意告诫他们戒骄戒躁；当他们遇到困难、挫折时，我们要及时与他们促膝谈心，分析原因，总结教训，鼓励他们继续前进，并用身边的真实事例，帮助他们树立克服困难、战胜挫折的信心；同时，我们还注意关心这一阶段青年教师的个人生活，帮助他们树立正确的恋爱观、婚姻观、子女观。

2. 引导青年教师学会交流与合作

一是帮助职初期的青年教师学会在教师团体中的互动。瑞吉欧教育的代表人物洛里斯·马拉古奇认为教师"必须放弃孤立、沉默的工作模式"，开展团队学习。作为职初期教师，要保持虚心的态度，勤于请教，与不同性格的老师间做到相互接纳、互相欣赏，与其他工作人员能够尊重有礼、注重细节。每周为职初期的教师提供一定的时间用于教师之间的交流讨论，成立学习型小组，鼓励大家协商解决教育实践中出现的问题。

二是引导成才期的青年教师加强师幼互动中的交流。陈鹤琴先生说过：一个满面笑容的教师，大家都会喜欢。儿童是最有感情的，你态度和蔼，笑口常开，使儿童感到温暖，感到亲切，儿童就会接近你。孩子更喜欢和和蔼可亲的教师交往和交流。有亲和力、和蔼可亲的教师不仅儿童喜欢，和家长也容易沟通与合作，容易取得家长的信任。

三是鼓励发展期的青年教师与家长建立有效的合作关系。幼儿教师的专业体现在会将家长视为教育孩子的合作者，认识到家长的支持与合作有利于激发幼儿学习的动机，使其更好地适应幼儿园生活，形成更适宜的教育方案与策略。能够在工作实践的过程中，尊重家长们不同的家庭背景、家长的能力和兴趣，采取多种有效的策略鼓励家长参与孩子的教育，积极地与家长有效地交流与合作。

3. 名师资源共享，建立名师工作室和名师带教项目实验室，形成阶梯式、多元化的名师带教制度

职初期的青年教师由经验型的园级骨干（或老教师）带教，力争在3年内掌握一线的教育教学组织能力。成才期的青年教师由区级骨干教师带教，通过青年结对的形式，达到相互研讨、彼此影响、共同进步的目的，在工作五年内，能够形成具有自己特色的教育教学方法。发展期的青年教师由市级骨干教师带教，用以带动此阶段的教师形成教研科研的工作思想和工作能力，力争形成具有自我独立思考和研究的教育教学成果。

（三）拓展不同发展现状教师培养工作的激励机制

青年教师承担着幼儿的德育、心理健康教育、安全教育以及班级管理工作任务，是联系幼儿园和幼儿家长的桥梁和纽带。幼儿园教育是以班集体为单位来进行的，幼儿园教育的各项工作，都跟青年教师工作有关系，青年教师队伍的发展是幼儿园教育教学工作得以正常开展的重要保证。

幼儿园职初期教师专业化发展的策略研究

——以北京市燕山幼儿园职初期教师为例

北京市燕山幼儿园　吴雪燕

职初期对于幼儿园教师来说是一个全新的阶段，也是一个挑战：因为这是新教师从学习知识到探索实践的一个过程，它对教师以后几十年教学生涯是否能够专业化发展，是驶向浩瀚的大海还是就此搁浅，有深远的影响。我园近几年新教师不断增加，因此，培养职初期教师专业化发展，成为当前幼儿园管理者亟待解决的问题。本文通过问卷调查、文献查阅、行动研究，对我园职初期教师进行专业化发展现状分析，并采用多种方法策略，促进职初期教师尽快完成由受教育者到教育者的角色转换，通过其专业化发展，促进幼儿发展、促进园所保教质量，也能够进一步提升幼儿教师的社会地位。

一、燕山幼儿园职初期教师专业化发展的现状分析

我园职初期教师在全园专任教师中占比 42%，是教师队伍的主力，其中本科、专科分别占比 25% 和 75%，通过调查问卷和访谈对职初期教师的专业态度、专业知识与能力、人际交往和心理适应等诸多方面进行了解，发现以下优势和问题。

（一）职初期教师专业化发展的优势

职初期教师精力充沛、积极热情，喜欢帮助别人，同事之间关系比较融洽；有爱心，和幼儿关系平等，能够做到尊重幼儿；教师均为学前教育专业毕业，经过 3 年学校学习，具有一定的幼儿教育专业知识；掌握一定的电教化手段，在文档处理、制作课件上有一定优势。

（二）职初期教师专业化发展存在的问题

1. 职业理解与认识不足

通过访谈发现，新教师入职多出于对工作以及收入较为稳定、工作环境较为安全的考虑，或听从家长安排，把教师职业单纯当成一种谋生的手段，因此欠缺职业理想和信念，敬业精神与职业荣誉感不足，没有对自己未来发展的规划。

2. 专业知识储备与实践能力不足

职初期教师对幼儿身心发展特点和规律、教育方法和策略了解与理解不足；在工作实际中开展教育教学活动时，不能充分了解幼儿，对发展目标制定、教学活动设计掌握不好，无法有效促进幼儿发展；缺乏通识性常识知识，例如开展科学活动时，对科学概念认知存在错误；新教师在组织和实施一日教育教学活动过程中，师幼互动较弱，往往只注重流程，忽视了幼儿发展。

3. 人际关系以及沟通不畅

职初期教师普遍反映与家长进行沟通合作比较困难，觉得家长不配合，经常挑老师的毛病，因此害怕或躲避家长；对园所管理人员有礼貌，但通常不会主动沟通，诉说自己的困难，怕管理人员不认可自己的能力；和老教师以及师傅沟通不多，多数喜欢和自己同期或同班的教师聊一些工作中的事情，分班时喜欢争取和自己年龄相仿的教师同班工作。

4. 学习与工作态度调节不好

抗挫折能力弱，在工作中一旦遇到困难会很低落，不会调节，感到现实与理想有显著差异，工作热情就会减弱；对幼儿园开展的各项培训、教研等活动，能够按时积极参加，但是主观能动性不足，积极参与和思考不够，一般不发言，除非点到名字才说，因此培训教研的成果指导工作实践有效性不足。

（三）影响我园职初期教师专业化发展的原因分析

1. 由于幼儿园教师社会地位不高，录取标准低，新教师综合素质基础薄弱

声誉可以表明一个群体的社会地位。不同社会群体，尤其是家长群体对学前教师职业认知的状况不容乐观。很多家长对幼儿园老师这个职业还是持有一个肤浅的认识。低需求降低了标准，降低了幼儿教师的整体素质，导致幼儿教师就业时的专业技能不足。教师的专业性不够让社会和家长认识到学前教育的重要性，但不可能扭转学前教师的专业声誉。

2. 职业理解和幸福感是影响幼儿教师专业化成长的重要原因

能否实现"专家型教师"的飞跃，在很大程度上在于个人是否具备对事业成功的内在驱动力。爱德华·L.德西与理查德·弗拉斯特这两位知名美国心理学家在《内在动机：自主掌控人生的力量》一书中指出：自主意味着愿意，胜任意味着有能力。优秀的学前教育者投身教育的动力是高贵的职业理想。只有明确了自己所从事的职业，认

识到自己所从事的职业的重要性，才能不断提高自己的责任感和职业素养，更好地完成工作，关注自己的职业发展。

3. 培养方式有效性不足是影响职初期教师专业化发展的外因

培训教研等推动职初期教师专业化发展的方式有效性不足，所以导致教师入职后专业知识和能力提升慢，不足以支撑专业化发展。如针对性不足、凭经验组织安排、内容形式不能直接指向职初期教师的发展问题症结所在等原因，导致职初期教师专业发展的困惑未解决或收效甚微。

二、我园职初期教师专业化发展的策略

通过现状分析，我们发现影响职初期教师专业化发展的因素主要是教师的入职条件低、教师专业化发展内驱力不足、园所的外部推动不足这三项。针对问题，我们开展研究，通过实践尝试，找到能够促进职初期教师专业化发展的有效策略。

（一）强化沟通协调，把好入门关

近几年，园所党政一把手多次和教委领导沟通，提出关于提高教师入职门槛的建议，多次向相关领导反映其重要性，希望进行协调。从 2020 年开始，我园新入职教师均为首都师范大学本科毕业生，通过面试和入职后实践观察，专业能力较专科毕业生有很大提高，接受能力强，为专业化发展打下良好基础。

（二）发挥职初期教师的主观能动性，激发其专业化发展内驱力

1.制订有效的职初期教师职业发展规划，引导职初期教师明确职业发展目标

职初期教师刚入职，对自己的专业化发展的认知并不清楚，对学前教育行业以及自身的特点把握不好，不能给出客观公正的评价，所以在制订未来职业发展规划时常常会感到迷茫，只是流于形式或主观地做出规划，或从网上抄一份并不符合自己的实际情况的规划，当自己无法达到和实现时便会产生挫败感，过低的则很难对自身形成正向指引，不久后这份规划就被束之高阁，变成历史资料了。

我们采用领导骨干包干制帮助职初期教师制订可行性规划，应用丰富的经验帮助职初期教师客观分析优势与不足，以人为本，引导其制订切实可行的发展规划，增强规划的针对性和独特性，对职初期教师自身及其成长阶段进行正确的发展定位，使其明晰职业理想，激励教师主动为完成目标而去努力和奋斗。

2.开展职初期教师定期业务档案考核，进一步落实规划

每学期末，组织所有职初期教师开展职初期教师业务档案分享，使这些职初期教师互相介绍、彼此欣赏、一起学习，激发积极向上的好胜心，激励年轻的老师们主动完成规划中的目标，更好地发挥教师的主动性。

3.加强师德师风建设，全面提高职初期教师荣誉感与责任感

（1）规范教师行为，做好师德师风建设

学习幼儿园教师的职业道德，甄选教师道德之星，建议教师规范教育行为。将道德教育融入日常教学活动中，充分尊重孩子的感

知差异，给每个孩子理解、包容和信任，爱所有的孩子，坚持"以孩子为本"的理念。

（2）发挥示范作用，引领职初期教师师德师风建设

充分发挥政治核心和思想引领作用，引导教师学习和进行学风建设。他们职业生涯的早期阶段以高尚的师德和专业精神形成了勇敢的承诺和团结友好的园所风格。

（3）给予其足够的信任、适当的鼓励和赞赏

对于职初期教师，我们要不吝惜赞扬，抓住他们一点一滴好的变化，明确提出表扬，增强他们的自信，使他们乐于学习，乐于发展。

（三）有效外力助推职初期教师专业化发展

职初期教师教学实践经验少，理论基础不够扎实，理论联系实际能力不足，因此需要开展有针对性的专业化培养，通过教与学、研与磨、帮与扶、评与奖、思与变，循序渐进助推职初期教师的专业化发展。

1. 教与学丰富职初期教师专业知识储备

阻碍职初期教师专业发展的重要因素之一就是专业知识不足。离开校园，踏入真正的幼儿班级，来到孩子们身边，做什么、说什么、怎样说、怎样做，这些都是职初期教师亟待学习的。

（1）积极开展园本培训

访谈发现，职初期教师对园本培训持积极配合态度，但有时听不懂，所以培训效果不明显。我们针对这种情况，对职初期教师开展"共性需求"和"个性点菜"培训，定期征集职初期教师培训需求，选择他们喜欢的教师为他们做培训，实效性较以前有了很大提高。

（2）走出请进开阔眼界

访谈发现，职初期教师也很愿意参加园外培训和交流，或聆听更高层次专家的培训，对照不足，取长补短。我们打破以往大多安排骨干和成熟教师走出去的惯例，安排职初期教师参观优秀园所，观摩环境、教育教学活动，并请他们回园后做二次培训。职初期教师兴趣浓厚，精心制作 PPT，梳理学习内容，为成熟教师做培训，并在培训提问和互动中，得到了丰富的收获。

（3）培养终身学习意识

我们通过引导职初期教师开展自学和他学，培养职初期教师终身学习这个可持续发展的良好习惯。每周自学专业书籍，一篇篇笔记让职初期教师头脑里的专业知识越来越丰富；每月观摩师傅、骨干的教学随笔，职初期教师发现了成熟骨干教师的教学优势，弥补了自己的不足；每学期开展读书会，跳出功利读书的圈子，分享自然科学和人文社会科学知识，拓宽知识面，更好地为专业化发展服务。

2. 研与磨提高职初期教师专业实践能力

（1）有效教研解决问题

依托园本教研，把教研内容和职初期教师的日常教育教学实践问题紧密地结合起来，在解决他们实践问题的同时，指导职初期教师掌握科研方法，增强职初期教师的科研意识，激发科研兴趣，为未来走向成熟和优秀，成为研究型、专家型教师打下基础。

（2）集体备课实践提升

导师制集体备课是职初期教师专业成长的有效途径之一。我们通过集体备课，帮助职初期教师完善自己的教学计划，明确教学目标，选择适宜的教学内容，设计合理的教学步骤，丰富教学形式，在讨论中不断进步，使专业发展的效果更为明显。在"两教一保"没有多余人员的情况下，每周管理人员会抽出两个半天，进班替换职初期教师进行配班，支持职初期教师集体备课。同时，每次都有一名导师参与集体备课，随时进行疑难解答。

3. 帮与扶解决职初期教师发展中的问题

（1）营造良好精神环境，打造和谐人际关系

幼儿园环境，尤其是人际心理环境，对教师就业初期起到了很大的"氧气"作用。先前的研究表明，"复杂的职业关系对处于职业生涯早期阶段的教师来说是最烦人的"。相反，健康、积极、和谐的人际关系让工作和生活焕然一新，让你心情舒畅。因此，我们要打造一支服务型的管理团队，营造一个公平、尊重和支持的工作环境，促进新教师和管理人员之间的沟通，让新教师感受到幼儿园大家庭的温暖和关怀，使之尽快融入群体成为大家庭的一部分，从而减少新教师流失。

开展体验式培训，发放沟通问题问卷，依据真问题，邀请骨干班长开茶话会，在宽松的氛围中，用一个个小妙招破解一个个大问题，引导他们建立和谐的和领导、和老师、和家长、和幼儿的关系。把握合作精神，经常换位思考，能促进家长对职初期教师的信任和理解，提高职初期教师的工作积极性。

（2）成立导师团队，给予全面支持

我园组成以管理干部、骨干教师、领域名师为主的导师团队，依据观察结果分析，结合职初期教师的个人成长需求，按照优势互补原则，为每位新教师配对适宜的导师。综合导师以思想水平较高、业务全面的班长和骨干教师为主，从思想层面、带班能力、专业技能、家长工作等方面对新教师进行全方位指导；领域导师以在领域内拥有教学专长的教师为主，帮助新教师提高教学水平。导师们通过

定期的观摩、问题会诊、反思、案例分析等模式，解决职初期教师在实践中出现的共性问题、个性问题、疑难问题，使职初期教师专业实现质的飞跃。

4. 评与奖树立职初期教师专业发展信心

开展职初期教师的定期评价，通过多种评价方式，客观公正地树立职初期教师专业化发展的自信心。

完善激励机制，修订奖惩、绩效分配、评价制度，激发教师专业化发展的动力。例如，实行教师分层奖励，职初期教师里的优秀者可以享受和骨干、成熟、优秀教师同等的待遇，由此激励职初期教师群体更好地进行专业发展。

5. 思与变促进职初期教师专业化发展发生质变

教师的专业能力首先体现在自己的教育实践和反思身边发生的教育现象的能力上。因此，我们引导和鼓励职初期教师把自我反思作为专业化发展的重要组成部分。

反思能力不是自然提高的，而是在实际工作过程中有意识、分阶段培养的。当反思成为一种习惯，教师才会自主地、专业化地成长。我们通过每日教学计划反思、观察记录、教育笔记、学习故事、幼儿成长档案、听课、评课等多种形式，指导职初期教师逐步深入和深刻地进行反思。例如进行完集体教学活动，我们会引导职初期教师思考：当幼儿无动于衷时，是不是问题太难，或者是不是幼儿没有兴趣，所以才没有反应；当幼儿不会动手操作时，是不是我们的材料不适宜或难度过高……教师要不断结合自己的教育教学状况、幼儿的学习情况来总结经验、寻找差距，这种反思可以促使处于职业初期的教师不断更新指导观念，坚持自己的教学方法，提高教学的管理能力。在新时代，面对新形势、新环境、新问题，培养时代所需的高素质人才，培养社会主义接班人，需要有一支专业化的幼儿教师队伍，来保障幼儿教育这项基础教育的开展。职初期教师作为新时代的圆梦人，作为推动教育发展的最鲜活的力量，需要我们在其专业化发展成长过程中加以积极正确的支持引导。如此他们才能担当起培养新时代中国特色社会主义接班人，实现中华民族伟大复兴中国梦的重担。

对于园所而言，只有结合时代发展对人才的需求，不断调整培养人才的方式，才能更有效地促进幼儿教师队伍的专业化发展，才能不断提升幼儿教师的社会地位，促进园所高质量发展。

幼儿园文化建设现状的调查研究

北京市房山区燕山小天使幼儿园　杨　蓓

一、研究背景

（一）国家政策法规的要求

党的十八大开启了全党全国各族人民为全面建成小康社会、实现中华民族伟大复兴中国梦而团结奋斗的新征程。国家先后颁布了《中共中央　国务院关于深化教育教学改革全面提高义务教育质量的意见》《关于培育和践行社会主义核心价值观的意见》，这些文件的出台给正在蓬勃发展的校园文化注入了新的活力，引导和推动校园文化建设的研究进一步向纵深开展。党的十九大报告提出了新时代文化建设的基本方略，概括起来大致有四个方面，即明确了文化建设在中国特色社会主义建设总体布局中的定位，提出了新时代文化建设的目标，指出了新时代文化建设的着力点，提出了新时代文化建设的基本要求。

教育事业的发展历来是我们党和国家高度重视和关心的焦点，校园文化是社会主义先进文化中的重要一环。坚持立德树人根本任务，不断加强和改进师生思想教育工作，全面推进全员、全过程、全方位育人工作，是促进依法治校能力现代化、教育事业蓬勃发展和培养社会主义合格建设者和可靠接班人的战略要求。

（二）幼儿园内涵发展的需要

北京市房山区燕山小天使幼儿园始建于 20 世纪 90 年代，其间经历了企业园、民办园的阶段，2010 年正式成为公办园。此后，在燕山办事处和燕山教委领导的关怀、扶持下，幼儿园办园条件逐年改善，硬件设施全部达标。同时通过燕山学前中心、燕山学前教研室的专业引领，小天使幼儿园持续加强师资培训和教研指导，教师队伍素质稳步提升。2018 年被授予第三届北京市"辛勤育苗"学前教育工作先进单位，2020 年被评为全国足球特色幼儿园。基于国家政策法规的要求和幼儿园持续发展的需要，幼儿园设计了本研究课题，以此深度挖掘幼儿园在不同发展时期的文化积淀，传承园所发展历程中优秀的文化传统，不断激发教职工的内驱力和凝聚力，以期促使教职工团队进一步达成共同的发展愿景，明确发展方向，为幼儿园的持续发展提供不竭的动力。

二、研究综述

（一）国内外研究现状

国外最早关注"校园文化"的是美国学者华勒。1932 年，他在自己的专著《教育社会学》中，首次提出了"学校文化"这个概念，华勒认为"学校文化"是"学校中形成的特别文化"。亨利·罗索夫斯基在担任哈佛大学文理学院院长一职时撰写了《美国校园文化：学生·教授·管理》一书，其中对美国大学文化因素做出了分析。亚伯拉罕·弗莱克斯纳也在专著《现代大学论：美英德大学研究》中对现代大学的职能进行了个案分析。到 20 世纪 20 年代中期，关于中小学校园文化，国外也出现了一些浅显的、实践探索类的研究。但是，在查阅文献资料的过程中发现，关于幼儿园文化建设方面的论述和著作相对还是比较少。

我国最早提出"校园文化"这一概念的时间是 1986 年 4 月，此后同年 5 月，在共青团上海市委学校工作部召开的校园文化理论研讨会上，"校园文化"这一概念得到了认可。同年 11 月，上海交大召开"高校校园文化建设"专题研讨会，经过对 200 多篇论文的筛选，编纂了《文化、校园、人：校园文化研讨会论文集》。20 世纪 90 年代是校园文化建设的发展阶段，"校园文化"再次成为国内高度关注的问题，中小学校也形成了研究校园文化的热潮，并获得了相应的研究成果。

20 世纪 80 年代后期，幼儿园文化建设也受到了重视。一部分从事幼儿园教育工作的人员撰写了相关幼儿园文化建设各个方面的浅析、初探论文，如：徐雪珍的《幼儿园文化建设刍议》、陆克俭的《幼儿园文化建设要注重人文精神的弘扬》、孙琴干的《幼儿园文化建设的误区》、姚艺的《对幼儿园文化建设的初步思考》、李丽蓉的《呼唤幼儿园文化建设》、董华英的《从文化素养提升到幼儿园教师的专业成长》等，但对于幼儿园文化建设的相关实证研究还比较少。

综上所述，开展此项研究能够掌握教职工对于园所文化内涵的认识和理解程度；分析幼儿园文化建设的现状及成因，并有针对性地给出改善对策；继承园所发展历程中优秀的文化传统；增强教职工凝聚力，使教职工达成共同的发展愿景，促进幼儿园的内涵持续发展。

（二）概念界定

1. 文化

"文化"是中国古代已有的词。"文"本义是各色交错的纹理，"化"本义是改易、生成、造化。"文"与"化"并联使用，最早见于西周初年的《易·贲卦·象传》。西汉后，"文"与"化"合成一个词，本义是"以文教化"，表示文对人的性情的陶冶。《现代汉语词典》对"文化"的解释为："人类在社会历史发展过程中所创造的物质财富和精神财富的总和，特指精神财富。"

2. 学校文化

学校文化是经过历史长期发展积淀而形成的全校师生员工的教育实践活动方式及其所创造的成果的总和。

3. 幼儿文化

幼儿文化是指幼儿园在长期发展和教育实践中形成并被共同认同的、特有的价值观念，包括幼儿园成员共同遵循的最高目标、价值标准、基本信念和行为规范等。

（三）研究意义

1. 理论意义

通过查阅相关的文献资料发现：相对于幼儿园来讲，大学、中学、小学文化建设相关的实证研究较多，幼儿园相关的实证研究则很少。因此，开展此项研究，可以进一步丰富幼儿园文化建设的相关研究资料，为本地区其他幼儿园开展此类研究提供可借鉴的经验。

2. 实践意义

通过课题研究，可以充分梳理幼儿园文化建设的脉络，了解其现状和现存问题及其成因，提出和形成有效的改进策略，推进幼儿园文化建设的进程，以使幼儿园文化成为促进师生、园所持续发展的积极动力。

三、研究实践

（一）研究目标

通过研究进一步明晰幼儿园在不同发展时期的文化积淀，继承园所发展历程中优秀的文化传统；激发教职工凝聚力，促进团队成员达成共同的发展愿景。

（二）研究问题

1. 掌握教职工对于园所文化内涵的理解程度。

2. 分析幼儿园文化建设的现状，形成有效的改进对策。

（三）研究方法

文献法。查阅国内外现有的文献研究资料，以现有研究为依据，在此基础上结合本园实际发展情况，开展此项课题研究。

访谈法。通过访谈的形式，了解教职工对幼儿园文化建设的理解和认识，了解幼儿园文化建设的现状以及其中的问题。

问卷调查法。课题研究运用问卷调查法，了解幼儿园发展历史、现状及存在问题，调查结果将作为提出改进措施的重要依据。

（四）研究技术路线

通过"课题建立—访谈了解—问卷调查—数据分析—问题梳

理—概念解读—结果统计"几个环节，证实幼儿园文化建设路径实践研究的必要性，从而探索出幼儿园文化建设的实践方法。

四、问卷分析

（一）前期调查

设计相关调查问卷，分别对全园教职工学历构成、园所文化建设和园所文化建设中的实践指导情况进行前期调查。

课题研究前期数据统计情况显示：共有教职工 65 人，一线教职工中本科学历 19 人，大专学历 7 人，中专学历 4 人，职高 1 人，高中 2 人；后勤教职工本科学历 15 人，大专学历 6 人，中专学历 2 人，初中学历 9 人。

问卷调查共有四个方面。

其一，教职工对园所文化建设理解情况方面的调查结果显示：一线教师完全知晓园所文化的占 40%，一般知晓的占 50%，不清楚的占 10%；管理干部完全知晓园所文化的占 60%，一般知晓的占 40%；后勤教师中完全知晓园所文化的占 20%，一般知晓的占 80%。

其二，在园所文化建设中的实践指导方面：一线教师中，认为园所文化和环境融合情况好的占 40%，融合较好的占 35%，融合一般的占 25%；管理干部中，认为园所文化与环境融合好的占 40%，融合较好的占 50%，融合一般的占 10%；后勤教师队伍里认为园所文化与环境融合好的占 20%，融合较好的占 30%，融合一般的占 50%。

其三，关于园所文化指导课程建设方面：一线教师中认为园所文化指导课程建设完成效果好的占 25%，较好的占 30%，一般的占 45%；管理干部认为园所文化指导课程建设效果好的占 60%，较好的占 40%；在后勤教师中，认为园所文化指导课程建设效果好的占 20%，较好的占 30%，一般的占 50%。

其四，园所文化引领队伍建设方面，调查数据还显示：一线教师认为效果好的占 20%，较好的占 50%，一般的占 30%；管理干部中，认为效果好的占 50%，较好的占 50%；后勤教师中，认为好的占 30%，较好的占 35%，一般的占 35%。

（二）问题分析

一是幼儿园现有教职工对文化建设的内容了解不深入。在课题研究过程中，我们对 40 名教职工进行了访谈，访谈内容包括：您来到小天使幼儿园任职时，处在哪个历史时期、当时的办园性质是什么、当时园所的教学特色有哪些、园所的办园理念是什么等。访谈对象包括从新入职的青年教师至教龄在 20 年以上的教师，基本覆盖了一线教师和行政后勤工作人员。教龄 20 年以上的教职工，经历了园所从成立初期直至 20 世纪 90 年代的过程，当时幼儿园属于企业办园，是各个企业的后勤部门，主要任务是解决企业职工子女无人照看的问题。后因企业改制，幼儿园被剥离出企业，幼教中心和 6 所幼儿园成立了燕凌春雨幼教集团，性质为民办园。在这 10 年中，幼儿园的主要任务是"生存"，集团中的各个幼儿园都根据教师的特长和家长需求开设了兴趣班，有一些具有园本特色的教学内容，但当时开设这些特色活动的目的在于满足家长需求、吸引生源、为幼儿园赢利，因此并没有确立办园理念和办园特色。2010 年燕凌春雨幼教集团 6 所幼儿园转制为公办园，在燕山办事处、燕山教委政策、资金的大力支持下发展迅速，初步确立了"以美育美、和谐发展"的办园理念，以美术活动、幼儿鼓乐为特色。在此期间入职的、教龄在 10 年以上的教职工，对办园理念有一定的了解。2020 年在原有的办园理念的基础上又进行了细化，新入职的教职工有一定了解的是补充、修改后的园所文化理念。但从问卷调查分析汇总数据可以看出，无论是教龄在 1 至 3 年的新任教师还是具有 5 年以上甚至更长工龄的教职工，对于幼儿园的办园理念、办园宗旨、育人目标仍然了解得不够详细。

二是教职工对文化建设内涵理解不到位。在访谈中，教龄在 20 年以上的老教师谈道："在企业办园特别是民办园期间，幼儿园需要自负盈亏，教职工的工资、待遇得不到有效的保障。在当时的条件下，幼儿园领导的主要任务就是要创收和赢利，没有更多的时间和精力去梳理办园理念，更谈不上进行文化建设。因此当时的教职工对于幼儿园文化建设也没有什么概念，普遍认为自己的任务就是干活，看好孩子就行，其他不是自己应该考虑的问题。转制为公办园后，幼儿园认识到办园理念、育人目标、办园宗旨等是幼儿园提升质量不可缺少的因素，因此以园领导为主自上而下制定了相应的理念、宗旨、目标。教龄 10 年以上的员工都知道'以美育美、和谐发展'办园理念，但是对于其由来、意义和内涵并不清楚。教龄 3 至 5 年的教师情况也与上述情况大致相同。"

三是教职工与管理者对园所文化建设的成效认识不同。通过问卷分析发现：在文化理念与幼儿园环境融合、文化理念指导课程建设以及文化理念指导队伍建设等方面，一线教师、后勤人员与管理者的认识有较大差异。例如：一线教师中认为在文化理念与幼儿园环境融合方面表现较好的仅占 10%，后勤人员占 20%，管理人员占

30%；在文化理念指导课程建设方面，一线教师认为较好的为0，后勤人员占15%，管理人员占0%；在文化理念指导队伍建设方面，一线教师认为较好的占30%，后勤人员占15%，管理人员占30%。由此可见：幼儿园现有的文化理念对于指导环境发展、课程建设、引领教师队伍发展等方面存在不足，一线教师、后勤人员与管理者的认识与理解没有达成一致。

（三）改进策略

1. 注重文化育人的重要作用。注重文化引领对于"人"的重要作用，将文化建设内容列入《幼儿园章程》《幼儿园"十四五"规划》，以"党组织领导的校长负责制"试点工作为契机，定期开展"育美"党建主题活动，引领园所文化建设深入开展，不断加深教职工对幼儿园园所文化内涵的理解与认同。结合不同教龄教职工对园所文化的理解和认识，组织开展青年教师"成为更美好的自己"、骨干教师"我自豪，我是最美教师"、经验型教师"魅力教师，美好故事"等系列展示活动。教职工根据自己的工作经历，讲述工作中见证园所文化建设、内涵发展、个人进步、师生生活、家园共育的故事，增强主人翁的责任感和自豪感，不断提升对园所文化的理解和认识，不断增强团队的凝聚力和向心力，营造"美美与共"的精神氛围，引导和激发教职工自觉成为"美"的精神环境中的一员。

2. 注重队伍建设。首先，坚持师德为先。组织开展"美丽天使，美好师德"系列活动。加强师德相关法律法规的学习培训，筑牢思想防线。通过师德承诺、师德宣讲、师德评比等系列活动，引领教师深入理解师德内涵，将有理想信念、有道德情操、有扎实学识、有仁爱之心作为新时期的师德标准，树立幼儿教师的良好师德形象。

其次，做好队伍的梯队培养。一是干部队伍。倡导"宽严相济，向善向美"的管理文化，要求干部率先垂范，不断提升自身职业道德素养及专业素养，努力夯实理论基础，成为持续学习的排头兵；积极承担园本教研任务，不断提升保教实践能力及研究能力，成为专业领域的领头雁；加强自身的领导力建设，积极参加班子行政教研，不断提升自身的管理水平，丰富管理策略，努力成为团队发展的引领者；不断提升大局意识，加强沟通协调能力，谱写团队和谐的主旋律。二是教师队伍。指导教师制订个人职业生涯规划。通过帮助教师分析其目前的优势、不足，以及面临的机遇和挑战，使其对未来的职业发展有更加明确的规划，激发教师自我成长的内驱力。努力构建清新之美的职初期青年教师梯队、自立之美的成长期教师梯队、自信之美的园区骨干教师梯队以及成熟之美的经验型教师梯队，采用"给信心、强基础、搭平台、勤交流、压担子、重引领、多参谋、出经验"的分层支持策略，为不同梯队的教师提供学习、展示的机会，加速各层级教师的专业成长。

3. 注重促进幼儿主动发展。

（1）通过"育美"园本课程建设的"三个路径、四种策略、四位一体"，实现育人目标。"三个路径"，即尊重儿童自主发展、支持教师专业成长、携手家长筑基教育；"四种策略"，即环境蕴美、生活润美、活动育美、家园和美；"四位一体"，即面对幼儿、教师、园长、家长，以具体策略形成教育合力。

（2）围绕培养身心健康、灵动尚美的儿童的育人目标努力，构建"五育并举，各美其美"的课程体系。开展生活化活动，将新冠肺炎疫情常态化防控、垃圾分类等内容渗透到幼儿一日生活的各个环节之中，蕴含教育契机；通过社区、家园合作，让幼儿在自己真实的生活中观察、发现、探索、成长。

（3）全面落实立德树人根本任务。坚持把理想信念教育、爱国主义教育等内容以寓教于乐的方式融入幼儿的一日生活，为幼儿身心健康成长营造良好的环境氛围。以弘扬中华优秀传统文化为重点，结合二十四节气以及元旦、清明、端午等传统节日，开展相关特色活动，激发幼儿从小爱祖国、爱家乡的美好情感。

（4）以科学落实"双减"政策为重点。注重家园合作和共同参与，为幼儿主动学习提供适宜的环境、丰富的材料，注重五育并举，科学做好幼小衔接工作，为幼儿顺利进入小学打下良好的基础。

综上所述，小天使幼儿园结合园所发展进程中的文化积淀和所取得的成绩，结合时代背景和新形势下对学前教育高质量、均衡发展的要求，开展此项研究。本研究通过访谈、问卷调查等研究方法，详细了解幼儿园文化建设现阶段对于全体教职工的影响程度、存在的问题，并找到了具体的改进策略。进一步明晰幼儿园在不同发展时期的文化积淀，能够对园所发展历程中优秀的文化传统进行更好的传承。激发教职工凝聚力，促进团队成员达成共同的发展愿景，为幼儿园形成以文化人、以文育人的氛围，促进幼儿快乐成长、教师专业提升、幼儿园内涵发展起到了积极的推动作用。

幼儿园教职工对园所文化的认同现状及提升对策研究

——以燕山向阳幼儿园为例

一、选题缘由

幼儿园教职工的园所文化认同影响着教职工的凝聚力、教师队伍的稳定性，文化认同度高，园所就能稳定有序发展。为了更好地了解向阳幼儿园教职工对园所文化的认同度，本研究采用自编问卷对园所教职工进行了园所认同度调查和深入分析，以期有针对性地提出提升教职工对园所文化认同度的对策建议。

（一）良好的园所文化有助于创造良好的工作氛围，提升幼儿园工作效率与质量

研究幼儿园的文化建设，指出文化建设方面的薄弱环节并分析其成因，探索研究文化建设的有效策略，对于整体提高幼儿园的管理层次，促进其健康、可持续性发展具有重要的现实意义。

（二）园所文化建设对教职工文化认同的影响效果及作用机制亟须得到深入研究

幼儿园的园所文化认同是园所全体人员对园所文化，包括物质

322

文化、制度文化、行为文化以及精神文化在认知上的理解、情感上的支持以及行为上的践行。这种认同感也在不断的实践中加以巩固、更新和持续发展，更亟须深入研究。

（三）基于证据反思效果有助于我园改善文化建设

本研究着眼于教师对以"温暖·向善"为核心的"向阳文化"的认同情况，以燕山向阳幼儿园为个案研究对象，通过实证调查与分析，试图对教职工幼儿园文化认同现状及因素进行可行性研究，力求提出提升教职工幼儿园文化认同的有效策略，促进幼儿园各项工作的可持续发展。

二、国内外研究现状分析

经过查阅资料，目前我国学者对于园所文化的内涵理解较为丰富，说明在我国幼儿园文化的重要作用已被广泛认识到，但是研究视角往往局限于单纯的幼儿园文化建设，而对文化的作用机制重视不足。幼儿园文化怎样才能真正发挥作用？园所成员对于园所文化的认同程度对园所文化预期作用发挥的影响是什么？成员对幼儿园文化的认同现状如何？是什么影响幼儿园成员对园所文化的认同？对于这一系列更为深层的问题缺乏相关研究。

三、研究内容

一是通过问卷调查，了解幼儿园教职工文化认同的整体现状及各维度的认同情况，对存在的问题进行归类分析；

二是对影响幼儿园教职工文化认同的因素进行现状分析；

三是探索提升教职工幼儿园文化认同的对策。

四、研究过程

（一）研究对象

此次调查问卷以向阳幼儿园教职工为研究对象，问卷调查实施采用问卷星 App，共发放问卷 48 份，收回 42 份，有效问卷 42 份，回收率为 87.5%，有效率为 100%。在本次的调查中女性教职工为 39 人，占总数人数的 92.9%；男性教职工为 3 人，占总人数的 7.1%。本次调查达到预期结果的 80% 以上，调查有效。

（二）研究框架

为了调查幼儿园教职工文化认同的现状，在查阅相关文献的基础上，自编了一套适合本园园所文化内容的调查问卷。此问卷基本分为两个部分。幼儿园教职工基本信息部分，主要包括幼儿园教职工性别、教龄、学历、工作时间、职称、职位共 7 题。幼儿园教职工文化认同现状部分共有 40 道题，问卷采用李克特五点式量表进行设计。最低分为 1 分——"完全不符合"，然后依次递增，到最高分 5 分——"完全符合"。分数越低认同度越低，反之则越高。本次调查问卷依据大部分学者的研究结论，将文化认同划分为认知、情感以及行为三个维度。其中，认知认同和情感认同相互联系、相互作用，而行为认同是教职工对园所文化认同的外部行为表现。

（三）问卷分析

1. 问卷的项目区分度

通过对教职工的问卷问题进行分析，对题目进行高低分组，利用 t 检验法比较高分组和低分组平均数的差异是否显著。通过统计得到，满足 $t > 2.074$、$p < 0.05$、相关度 $r > 0.3$ 的题目应保留，不满足该统计条件的项目应当被剔除。经过计算，有 16 道题差异明显，相关度较高，应保留；其余 24 题相关度较小，不能很好地鉴别被试差异，故而不作为研究内容。

2. 问卷项目的信度

在多选项量表中，同性质信度反映了量表题项的内部一致性，即量表的总体一致性如何。各因子的 α 系数反映了每个因子层面的一致性如何，系数越接近 1 说明量表的一致性程度越高，而当 α > 0.4 时即认为信度为可信。经过统计决断，剔除平均数差异检验不显著的项目后，对剩余的 16 题进行同质性信度检验，使用 SPSS 工具计算同质性的信度（α 系数）。16 个题目信度检验合格，负荷值高于 0.4，因此这 16 个题目是可信的。

3. 问卷项目的效度

测验的效度是指测量的正确性和有效性，即它能够测出所要测量的心理特质与行为特征的程度。一个测验若无效度，则其他任何优点都无法发挥其真正的功能。结构效度的检验主要通过因子分析来实现，因子分析简化数据指标的作用，以更少的层面来代表原来的数据结构，可以根据题项间的关系，找出题项间的潜在关系结构。在因子分析之前，首先对量表的 KMO（检验统计量）值进行有效性比较（见表 5-3）。KMO 值越大（越接近 1），表示题项间的共同因素越多，越适合进行因子分析。采用主成分分析法提取公因子，并进行方差最大正交旋转，得到4个特征值大于1的因子（F1—F4）。

表5-3　因子分析

因子	题号	因子负荷绝对值	旋转前			旋转后		
			特征值	方差贡献率/%	累计贡献率/%	特征值	方差贡献率/%	累计贡献率/%
F1	5、6、9、19	0.704～0.895	9.325	58.282	58.282	4.606	28.787	28.787
F2	29、39	0.724～0.855	1.966	12.287	70.569	3.451	21.566	50.353
F3	33、38	0.861～0.874	1.185	7.409	77.978	2.832	17.702	68.054
F4	13、30	0.775～0.793	1.159	7.242	85.220	2.746	17.165	85.220

五、不同教职工的园所文化认同的差异分析

（一）教职工园所文化认同的性别差异分析

经过问卷调查我们发现，在幼儿园的教职工中，女性明显多于男性，而在这三个维度中，我们也惊奇地发现，男性教职工的认同平均值普遍都很高，而女性教职工的认同度则相对较低，本研究认为这和家庭角色、事业压力有关。男性教职工在家庭中扮演着重要的角色，同时在事业中面对着巨大的压力，要想取得事业上的成功，只有以积极的态度、极高的热情投入工作，才能获得更高的成就感。因此男性教职工对自身工作的期待值要高于女性教师，对自身工作

的期待值会影响到其对园所文化的认同，高期待值则会产生比较高的文化认同。

（二）教职工园所文化认同的年龄差异分析

通过对不同年龄的教职工对园所文化认同情况的量表分析，我们发现不同年龄的教职工在三个维度上的认同情况存在差异，随着年龄增长，文化认同整体分数提升，尤其是 40 岁以上的教职工认同程度更高一些。这是因为：老教师职业更加稳定、性格更加成熟，工作中更能随时调整自己的状态，并且懂得如何与园所文化理念相协调，工作幸福程度高；而年龄较小的一些教师教育理念、价值观都还不算成熟，这就导致其对园所文化认同上处于探寻阶段，尚不能明确一个清晰的方向。

（三）教职工园所文化认同的学历差异分析

在数据的整理和分析上，我们可以看出，大专以下学历的教职工认同度要高于大专和本科学历的教职工，而研究生学历教职工的文化认同度又普遍高于其他学历的教职工，三个维度上都分别存在不同的差异，差异没有规律性。因此我们可以说学历不是影响园所文化认同的绝对因素。

（四）教职工园所文化认同的职称差异分析

从幼儿园的人员结构上我们看出，无职称的教职工认同度偏低，而这些教职工多半以保育和厨房人员为主。究其原因，我们认为他们在工作中多关注工作的内容，培训也基本是与工作相关的实操内容，接触园所文化理念和教育观念相对较少，所以认同度偏低。而在三级、二级、一级、高级教师中，我们看到其文化认同度相差无几，说明在教师和管理岗位中教职工们文化认同度高。究其原因也与职工们每日的工作内容相关，管理岗位和一线教师多会关注教育理念，而自身的教学和科研成果又是评选职称的要求，所以他们会根据教育的改革和园所文化随时调整自己的教育观念，这样显然整体的认同度就偏高。

（五）教职工园所文化认同的岗位差异分析

经过对表的数据进行筛选，我们发现园所领导对园所文化认同度普遍偏高，原因是园所领导是园所文化理念的主要制定人，对于本园所制定的文化本身的认同度就会偏高。然而门卫和食堂人员的数量偏少，所以这两部分人的数据并没有参考意义。我们看出中层干部、班级教师、保育员存在差异较明显，其中教职工的差异最为明显，此项分数偏低说明教职工对待每一项工作任务会因岗位的不同而产生不同思考，教职工处理问题的方式还是缺少全面性。

（六）教职工幼儿园文化认同问题总结

问题一：本园所的教职工在三个维度上的文化认同程度均普遍较高，但就整体而言，认知认同要高于情感认同和行为认同，说明我们在情感认同和行为认同上还需要加强。

问题二：基于幼儿园的性质，园所男性职工比较少，且不占据重要的岗位，所以我们还应以提升女性教职工文化认同度为主；而中层管理人员认同度几乎无差异，所以应提升一线教师和保育员教师的文化认同程度。

问题三：不同学历的教师对园所文化认同程度无明显规律，但通过观察也发现硕士学历有两位教师，他们在各个维度上的认同度的平均值要高于本科及其他学历教师。

问题四：经过数据对比，年龄较大的教职工在本园的工作年限相对也较长，他们对园所文化的整体认同程度也相对较高，所以我们应加强对青年教职工和在本园工作时间较短的教职工的园所文化渗透，努力提升他们的文化认同程度。

问题五：一线教师对工作绩效的观点上有明显差异，大部分教师并不关注绩效，只是出于本能认真工作，这和园所文化认同带来的积极影响是分不开的；今后应注重转变以"直接影响个人绩效评价的工作更投入"为思想倾向的教职工，不断提升这部分人的文化认同程度。

六、教职工园所文化认同的提升对策

（一）改进教职工文化认同的内部策略

1. 提高教职工园所文化认同的自觉性

鼓励教职工充分认识到园所文化的重要性，教职工应肯定自身在园所文化建设中的重要地位，作为园所文化建设最重要的主体，教职工对园所文化建设有着不可替代的作用。尤其是一线教师在与小朋友的相处中，潜移默化地体现了办园理念和思想，同时也通过一日生活传递生活技能，促进幼儿良好情感、态度、价值观的形成，影响着幼儿的认知过程。

2. 拓展教职工文化认同的全面性

首先，加强园所文化宣传。园长在幼儿园文化建设中起到关键作用。但只有园长一人认同办园理念，其他管理者、教师、家长等没有就办园理念达成共识是远远不够的。如果园所文化缺乏共同智慧培植的沃土，就难以真正被落实到广大师幼的行动中。要认识到：教职工是幼儿园文化建设的主力军和主要实践者，儿童是幼儿园文化建设成果的享用者，家长是幼儿园文化建设的推动者，专家学者是园所文化建设的引领者和支持者。其次，在实践反思中拓展园所文化认知认同。一线教师和保育员人数占全园总人数的很大一部分，因而提升这部分人的认知认同势在必行。最后，提升教职工园所文化认同的情感积极性。完善教师激励机制，促进教师专业成长，同时营造宽松、和谐的人文环境，提升教职工的工作幸福感。

（二）改进教职工文化认同的外部策略

1. 优化管理、以人为本，提升文化认同的原动力

以人为本的管理方式是从教职工的角度、考虑教职工感受而采取的一种全新管理理念和模式。它以教职工共同价值观为核心，以实现教职工的自我价值为目标，为教职工提供宽松、愉悦的精神文化氛围。

2. 绘制蓝图、营造愿景，挖掘文化认同的目标力

教职工的共同愿景承载着教职工的理想，它是在个人愿景基础之上形成的。所有教职工都希望自己的园所能不断发展，综合能力不断增强，同时也希望自身能够在群体中得到较好的发展和进步，这些都是教职工集体荣誉感的体现。

3. 物质文化建设与教职工的需要相结合，激发文化认同的物化力

幼儿园环境的教育性不仅蕴含在环境之中，而且蕴含在环境创设的过程中。物质文化建设的主要目的是打造幼儿舒适的生活和游

戏的环境，物质文化建设直接影响教职工的精神风貌，积极向上的物质文化环境可以增强工作对教职工的吸引力，激发幼儿的游戏乐趣，塑造正确的价值观念，涵养师幼情操，增进师幼情感。

4. 精神文化建设与教职工的信念相结合，凝聚文化认同的内驱力

精神文化是园所文化中的重中之重，是引领园所发展的航标，它可以团结教职工奋斗的向心力，为教职工发展提供动力源泉。首先，注重师德建设，树立行业新风，教师的职业道德是教师投身于教育事业的根本动力。其次，加强行为管理，教职工职业道德和教职工情操的培养离不开职业道德规范的要求，应在园所内制定《向幼教师行为规范》《我做最美教师》等职业道德规范要求，重视修师德、筑师魂，努力将教师内在的师德修养转化为外在的言行，使教职工在整体气质、教育行为艺术上得以提升。教师尊重、鼓励、支持幼儿的行为，使园所精神文化成为看得见的有形文化。

5. 行为文化建设与教职工的成长相结合，实现文化认同的渐远力

行为文化是人在具体日常生活中所表现出来的文化形态总和。行为文化受很多因素影响，它可以通过行为折射出人的信仰、观念、思想、精神和态度。首先，开展职后培训弥补教职工学历欠缺。其次，探索课程建设，促教师课程文化发展。我园进行了以社会领域主题为主的园本课程的编写研究工作，经过几年的实践研究，园所中已经形成了关注儿童，以社会教育为依托的生活化游戏课程。在课程建设的探索中，不仅教师专业能力得到提升，也让教师文化认同得到提升。最后，搭建发展平台促教师专业成长。为加强教师自身的理论学习，园所不断完善教学条件与设施，定期培训青年教师

的教学、带班能力，使教师获得成就感。根据不同类型的教师设置不同的考核标准，青年教师上过关课，骨干教师上优质课，学科带头人上示范课，使每位教师都有展示自己教学技能的机会和舞台。围绕这些活动，教师之间相互说课、听课、评课，不断反思，在这些交流互动过程中，青年教师业务能力得以提高，更加自信，因而对园所的文化认同度也会不断提高。

总之，对于向阳幼儿园园所文化理念的研究仍在继续，我们在充分考量"向阳文化""温暖·向善"的内涵，结合社会领域教育活动的特点，最终形成"向阳文化"的文化框架体系，并引领园所各项工作的健康可持续发展。接下来我们会继续加强提升教职工的文化认同的研究，不断创新幼儿园文化，使其生命力不断加强，让园所文化的内在核心价值与幼儿园可持续发展的目标始终保持一致。